Ylva Ellneby

Kinder unter Stress
Was wir dagegen tun können

aus dem Schwedischen übersetzt von
Marie Henriksen

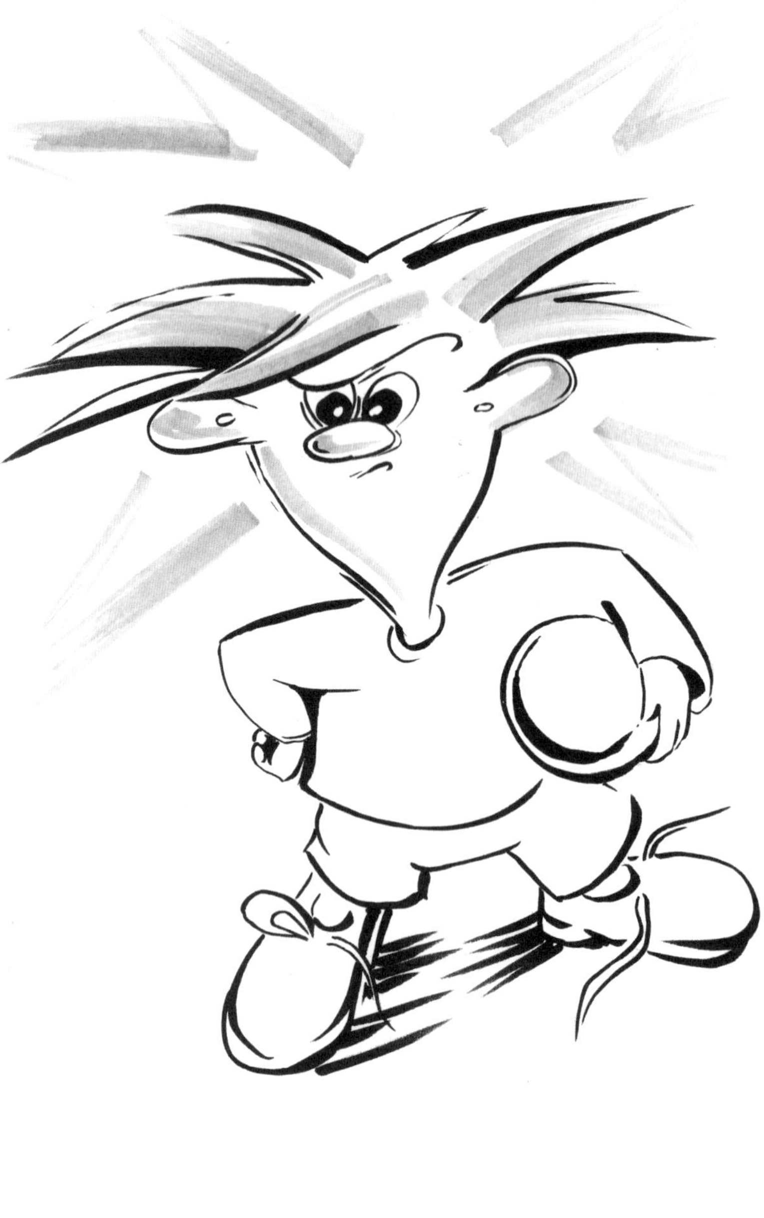

Ylva Ellneby

Kinder unter Stress
Was wir dagegen tun können

aus dem Schwedischen übersetzt von
Marie Henriksen

beustverlag

Die Deutsche Bibliothek – Cip-Einheitsaufnahme

Ellneby, Ylva:
Kinder unter Stress. Was wir dagegen tun können / Ylva Ellneby. –
[Übers.: Marie Henriksen]. – München: Beust, 2001
(KidsWorld)
Einheitssacht.: Om Barn och Stress – och vad vi kan göra åt det
ISBN 3-89530-069-1

1. Auflage November 2001

© Ylva Ellneby und Bokförlaget Natur och Kultur, Stockholm 1999
Titel der schwedischen Originalausgabe: *Om Barn och Stress –
och vad vi kan göra åt det*

© 2001 der deutschen Ausgabe
Beust Verlag, Fraunhoferstr. 13, 80469 München
www.beustverlag.de
Alle Rechte vorbehalten. Reproduktionen, Speicherung in Datenverarbeitungsanlagen, Wiedergabe auf elektronischen, fotomechanischen oder ähnlichen Wegen, Funk und Vortrag – auch auszugsweise – nur mit Genehmigung des Copyrightinhabers.

ILLUSTRATIONEN: Christiane Fleissner, München
LEKTORAT: Jürgen Bolz für *gaiatext*, München
LAYOUTDESIGN, SATZ UND PRODUKTION: Yvonne Heizinger,
gaiatext, München
UMSCHLAGDESIGN: Markus Härle für *gaiatext*, München
DRUCK: Offizin Andersen Nexö, Leipzig

ISBN 3-89530-069-1

Printed in Germany

Inhalt

Vorwort 10

Danksagung 11

01 Kinder und Stress 13
Gestresste Kinder 14
Stress bei Kindern entgegenwirken 24
Die Kinder in der Casa de los Niños 28
Alles ist relativ 28

02 Stress und Stressfaktoren 33
Was ist Stress? 34
Stress: eine Reaktion des Körpers 34
Positiver und negativer Stress 38
Es gibt eine Grenze 39
Stress am Anfang des Lebens 43
Stress während Schwangerschaft und Geburt 43
Säuglingsstress 44
Geregelte Wachzeiten und inneres Gleichgewicht 45
Enge Bindung an eine Person 46
Schrei- und Schlafschwierigkeiten verursachen Stress 46
Essen ohne Stress 47
Ursachen für Stress bei Kindern 49
Zu viele Beziehungen 49
Geteilter Raum und geteilte Aufmerksamkeit 50
Zu wenig Anregung 51
Ein überfüllter Terminkalender 51
Scheidung der Eltern 53
Arbeitslosigkeit 55
Lärm 58
Kinder, die sich auf ihre Sinne nicht verlassen können ... 61

Inhalt

Nicht verstanden werden – nicht verstehen 65
Spätentwickler 68
Überforderung beim Sport 69
Aufgepasst im Straßenverkehr! 70
Schule als Stressfaktor 71
Stress in der Pubertät 74

03 Stressverhalten und Stresstoleranz 77

Stressverhalten bei Kindern **78**
Stress und Allergien 81
Kampf oder Flucht 81
Wie Kinder vor Problemen flüchten 82
Die üblichen körperlichen Stresssymptome 83
Fluchtverhalten von Teenagern 86
Kampfverhalten bei kleinen Kindern 87
Kampfverhalten bei Schulkindern 89
Kummer und Stress 91
Posttraumatische Stressreaktionen 93

Stress identifizieren **95**
Stresstest 97

Stress aushalten **102**
Strategien, um Stress zu vermeiden 102
Weshalb manche Kinder mit Stress besser zurechtkommen als andere 105
Impulskontrolle, eine wichtige Eigenschaft 106
Stress und Krankheiten – neu betrachtet 108

Interview mit Kindergartenkindern zum Thema Stress **113**

04 Stress bei Kindern entgegenwirken 117

Warum Eltern ihre Kinder stressen **118**
Entwicklungsstress und Kraftstress 120
Die Kunst, deutliche und vernünftige Grenzen zu setzen 121
Böse werden, ohne Böses zu tun 123
Verschiedene Erziehungsmodelle und ihre Folgen 124
Gefühle bejahen 125
Kindern Zeit geben 126
Manche Kinder brauchen therapeutische Hilfe 127

Inhalt

Kinder und Gefühle 130
Gefühle sind wichtig 130

Empathie contra Mobbing 136
Entwicklung von Empathie 137
Erziehung zur Empathie 139
Erniedrigung – ein Gegensatz zur Empathie 140
EQ als Lerninhalt 142
Ein Begleiter in der Welt der Gefühle 142
Liebe allein ist nicht genug 145

Spielen ist lebenswichtig 150
Willst du mit mir spielen? 150
Die Pädagogik des freien Spiels 151
Auch Schulkinder müssen spielen 152

Gewalt – für viele Kinder ein Stressfaktor 154
Gewalt und Fernsehkonsum 154
Gewalt contra Empathie 157
Wie gefährlich sind Gewaltdarstellungen in den Medien? ... 158
Gewalttätige Kinder 158

05 Entspannung fördern – Selbstvertrauen stärken 163

Massage – ein Gegengewicht gegen Gewalt 164
Fass mich an! 164
Massagepause 165
Massieren Sie Ihr Kind selbst! 166
Massage in der Schule 170

Berührungsspiele 175
Berührungsspiele für kleine Kinder 176
Berührungsspiele für größere Kinder 176
Eine einfache Yoga-Übung für Kinder 180

Wichtig: eine ansprechende Umgebung 183
Es begann mit seidenen Bändern 184

Snoezelen – ein Weg, um abzuschalten 186
Snoezelen in Bullerby 188
Ein Studienbesuch in Balders Hus 189
Die Snoezelen-Methodik in Björkbacken 195
»Zimmer für die Sinne« in der Schule 200

Inhalt

Andere Methoden, Stress bei Kindern zu bekämpfen 202
Die besten Tricks aus Bullerby 202
Die besten Tricks aus Björkbacken 203
Vorschläge aus anderen Kindergärten 204

Schulkindern Stress bewusst machen 206
Training in Lebenstüchtigkeit 207
Das Selbst stärken 211

Musik zum Stressabbau 215
Ruhige Musik für Säuglinge 215
Musik für die Kinderkrippe 215
Spiele mit Tönen 217
Intelligentere Kinder mit Musik? 218
Mozart macht Schulklassen ruhiger 218

06 Die Bedeutung der Umgebung 221

Die Umgebung als Stressfaktor 222
Mehr Erwachsene – weniger Stress 222
Das eigene Wort verstehen 223
Frühstück und Zwischenmahlzeiten zu flexiblen Zeiten 225
Die heilenden Kräfte der Natur 226
Stress und Konzentration passen nicht zusammen 228
Kinder spielen gern draußen 229
Kindergärten zum Wohlfühlen 231

Wie man einen Hof verwandelt 237
Bäume und Büsche 238
Gras, Kies oder Asphalt? 239
Ein eigener Gemüsegarten 239
Wasser, Wind und Feuer 240
Hügel, Baumstümpfe, Seile 241
Die Ramsch-Ecke 242
Laubbecken 243
Autoreifen 243
Tiere – aber nicht im Käfig 244
Auf jeden Hof gehört ein Sandkasten 244
Und der Schnee! 245
Eine eigene Eisbahn 246
Doppelseile zum Balancieren 246

Kinder ohne Stress 247

Inhalt

07 Acht Gesprächsabende zum Thema »Stress bei Kindern« **251**

Stress und Stressfaktoren: zwei Gesprächsabende 252
Erstes Treffen: Stress in der heutigen Gesellschaft 252
Zweites Treffen: Was löst Stress bei Kindern aus? 253

Stressverhalten, Stress identifizieren und aushalten:
zwei Gesprächsabende 254
Drittes Treffen: Stressverhalten bei Kindern 254
Viertes Treffen: Welche Kinder kommen besser mit Stress zurecht als andere? 255

Stress bei Kindern entgegenwirken: zwei Gesprächsabende 256
Fünftes Treffen: Das Verhalten der Erwachsenen 256
Sechstes Treffen: Spiel und Empathie gegen Gewalt 257

Abschalten und das Selbstvertrauen stärken: ein Gesprächsabend 258
Siebtes Treffen: Lebenstüchtigkeitstraining für Kinder 258

Die Bedeutung der Umgebung: ein Gesprächsabend 260
Achtes Treffen: Die Bedeutung einer stressfeien Umgebung 260

Literaturhinweise **261**
Quellenverzeichnis 261
Weiterführende Literatur 262
Weitere deutschsprachige Titel zum Thema »Kinder unter Stress« 263

Register **264**

Vorwort

Ylva Ellnebys Buch erfüllt ein wichtiges Bedürfnis. Die heutige Lebenswirklichkeit von Kindern ist schwer zu begreifen und komplizierter als jemals zuvor. Und weil sich auch das Tempo im Leben von Kindern erhöht hat, müssen Eltern und Pädagogen lernen, auf welche Weise sie mehr Ruhe in den kindlichen Alltag bringen können. Die Verfasserin weiß ungemein viel über die Bedürfnisse von Kindern, und sie teilt dieses Wissen großzügig mit ihren Lesern. Die Situationen, die sie beschreibt, sind leicht wiedererkennbar, und der Leser vertraut sich dankbar ihrem guten Rat an.

Die Stressforschung entwickelt sich dynamisch weiter, und es zeigt sich immer mehr, wie vielfältig verknüpft Körper und Seele sind. Ylva Ellnebys Buch gibt eine wichtige und kundige Beschreibung dieser Verknüpfungen aus der Perspektive von Kindern und aus der Perspektive von Eltern und Erziehern.

Es ist nicht immer leicht, sich in die Situation von Kindern einzufühlen, aber Ylva Ellneby hilft uns dabei. Sie erinnert uns daran, dass Dinge, die uns Erwachsenen geringfügig erscheinen, bei Kindern großen Stress auslösen können.

Ich wünsche diesem Buch viele Leser. Das würde vielen Kindern das Leben leichter machen.

Töres Theorell
Professor am Karolinska Institutet, Stockholm
Leiter des Instituts für psychosoziale Medizin, IPM

Danksagung

Alle Eltern wünschen ihren Kindern eine glückliche Kindheit. Aber selbst eine glückliche Kindheit bringt Herausforderungen mit sich, die Stress auslösen können. Und auch eine weniger glückliche Kindheit kann der Auftakt zu einem guten Leben sein. Das habe ich von Beatriz gelernt, die die *Casa de los Niños* gegründet hat und betreibt.

Die *Casa de los Niños* ist eine Einrichtung zur Arbeit mit Straßenkindern in Buenos Aires, in der ich immer wieder einmal gearbeitet habe.

Unabhängig davon, ob die Verhältnisse eine glückliche oder eine weniger glückliche Kindheit zulassen: Eine gute Entwicklung ist nicht denkbar ohne Liebe, viel Liebe.

Ich danke allen Kindern in Schweden und Argentinien, die mir immer wieder Lust machen, zu schreiben. Und ich danke Beatriz, die mir gezeigt hat, was Kinder wirklich brauchen.

Ylva Ellneby

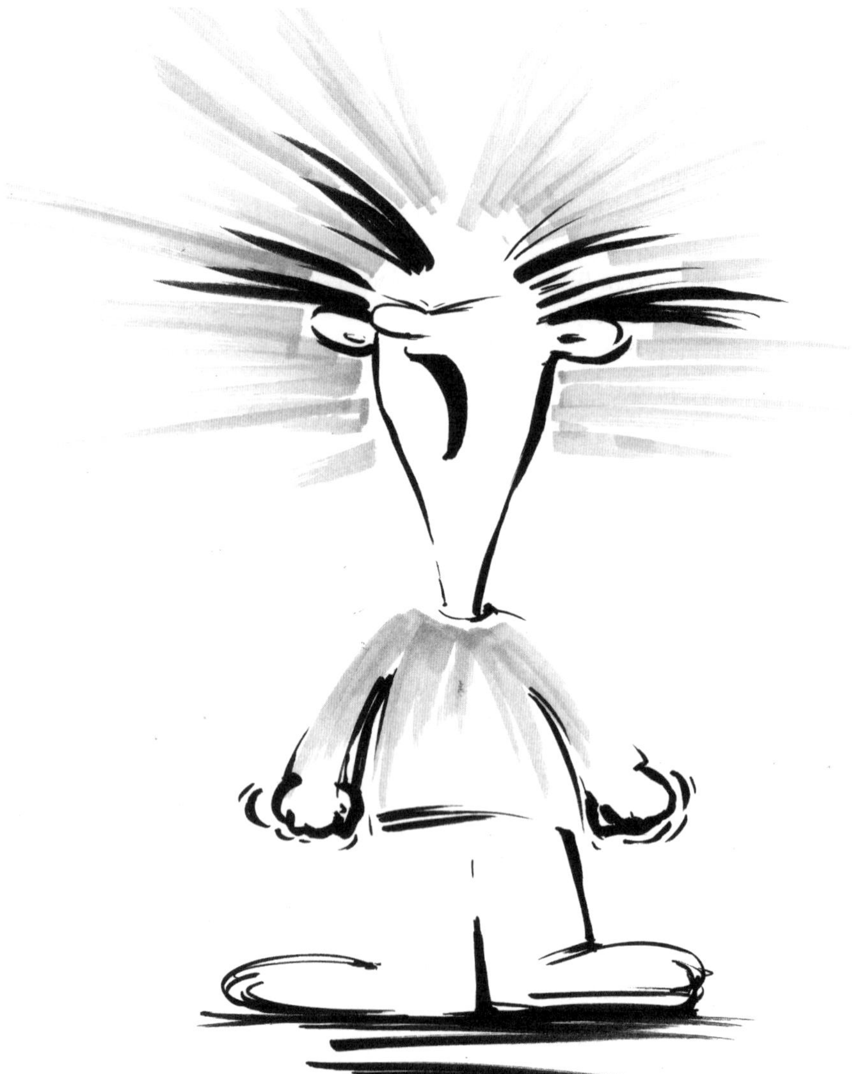

01

Kinder und Stress

Gestresste Kinder

»Kinder« und »Stress« sind zwei Begriffe, die wir gewöhnlich nicht in einem Atemzug nennen. Und doch begegne ich immer häufiger gestressten Kindern.

Als Spezialpädagogin habe ich oft die Möglichkeit, über einen relativ langen Zeitraum mit einzelnen Kindern zu arbeiten. Dabei stelle ich immer wieder fest, dass manche Kinder Schwierigkeiten haben, sich zu konzentrieren, und dies trotz guter persönlicher Voraussetzungen und angemessener Hilfestellung und Anregung. Irgendetwas behindert diese Kinder oder beeinflusst sie negativ.

Gleichzeitig ist mir aufgefallen, dass Kinder sich entspannen, wenn man ihnen viel Zeit widmet und sie ausreichend persönliche Nähe und Berührung erfahren – und in demselben Maße, in dem diese Kinder Vertrauen zu mir fassen und sich entspannen, fällt ihnen auch das Lernen leichter.

Theoretische Arbeit und langjährige Erfahrung gleichermaßen haben mir bewusst gemacht, dass bei manchen Kindern Stressreaktionen ausgelöst werden, wenn sich bestimmte Belastungen häufen. Einige Kinder sind davon stärker betroffen als andere. Sichtbar werden solche Reaktionen in Form von Verhaltensänderungen, Essstörungen und Schlafschwierigkeiten, Konzentrations- und Lernschwächen sowie Gesundheitsproblemen.

Dabei ist Stress nicht immer etwas Negatives. Würden wir allen Stress aus unserem Leben verbannen, so gingen mit ihm Antriebskräfte und Herausforderungen verloren, Kräfte also, die uns vorwärts bringen und unsere Entwicklung fördern.

Das Wort »Stress« steht für die körperlichen und seelischen Reaktionen auf einen starken Eindruck oder eine schwere Belastung, unabhängig davon, ob das Erlebnis positiv oder negativ bewertet wird. Die moderne Stressforschung beschreibt Stress als einen dynamischen Prozess, in dem die Fähigkeiten des Menschen den Anforderungen seiner Umwelt gegenüberstehen.

Der Begriff »Stress« wurde bereits 1946 von dem Arzt und Wissenschaftler Hans Selye geprägt, der später das Internationale Institut für Stressforschung in Montreal gründete. Er beschrieb auch als erster Forscher Stress bei Kindern und formulierte seine Beobachtungen u. a. folgendermaßen: »Eltern würden ihre Kinder in erheblich geringerem Maße Stress aussetzen, wenn sie einsehen würden, dass nicht alle Kinder Rennpferde sind. Manche sind eben Schildkröten!«

Hans Selye betonte, dass Stress bei Kindern in erster Linie vom Verhalten der Eltern und anderer Erwachsener in bestimmten Situationen hervorgerufen wird. In den meisten Fällen geht es darum, dass die Erwachsenen zu hohe und falsche Anforderungen an die Leistungs- und Anpassungsfähigkeit des Kindes stellen.

Wenn ein Kind Anforderungen begegnet, die seinem aktuellen Entwicklungsstand entsprechen, so ist das ein Ansporn zur Weiterentwicklung. Handelt es sich aber um Anforderungen und Erwartungen, denen es sich nicht gewachsen fühlt, dann ist die gestellte Aufgabe kein Ansporn mehr, sondern verursacht allzu häufig Stress. Leistungsdruck, zu viele unterschiedliche Aktivitäten zusätzlich zur Schule oder zum Kindergarten, der häufige Aufenthalt in großen Gruppen mit hohem Lärmpegel oder der Zwang, sich mit vielen anderen Kindern und Erwachsenen zu arrangieren: All das kann Kinder aufregen und stressen.

Selbstverständlich gilt das auch für familiäre Belastungen wie z. B. Todesfälle, Arbeitslosigkeit eines Elternteils oder Trennung der Eltern. Viele Kinder leben heute als Scheidungskinder eigentlich in zwei Familien und in einem ganzen Geflecht von Beziehungen, auf die sie Rücksicht nehmen müssen. Das stellt hohe Anforderungen an die Anpassungsfähigkeit, und selbst wenn das ganze Familiensystem allem Anschein nach sehr gut funktioniert, kann es doch eine Vielzahl von Komplikationen enthalten, die zumindest zeitweise zu Stress führen.

Sogar positive Ereignisse und Erlebnisse können Kinder in Stress versetzen, vor allem, wenn sie zeitlich zusammenfallen: Das Kind bekommt ein Tier geschenkt, es feiert seinen Geburtstag, tritt eine lang ersehnte Reise an, die Familie zieht in eine neue Wohnung (selbst wenn es nur ein paar Straßen weiter ist) … Zufällige kleinere Störungen wie ein Konflikt mit einem Lehrer, Krach mit der besten Freundin oder ein Streit der Eltern: All das kann bei Kindern Stress auslösen.

Wir Erwachsenen unterschätzen nur allzu leicht, wie stark Kinder auf Probleme reagieren. Wenn wir einem Kind begegnen, verwenden wir normalerweise unseren eigenen Bezugsrahmen. Aber wie das Indianer-Sprichwort schon sagt: »Man soll kein Urteil über einen Menschen fällen, solange man nicht eine Meile in seinen Mokassins gelaufen ist.« Auch kleine, geringfügige Ereignisse können in den Augen eines Kindes erschreckend und unüberschaubar sein.

Aber nicht alle Kinder reagieren auf die gleiche Weise. Was beim einen Kind Stress hervorruft, bleibt bei einem anderen vielleicht ganz ohne Wirkung. Kinder sind nun einmal vom frühesten Alter an unterschiedlich belastbar. Die Eigenschaften, die Stress entgegenwirken – Konzentrationsvermögen, die Fähigkeit, Misserfolge zu ertragen und zu warten, bis die eigenen Wünsche erfüllt werden –, sind unterschiedlich verteilt. Kinder, die Gefühle empfinden, zeigen und ausdrücken können, kommen besser mit Stress zurecht als andere.

Auch das natürliche und soziale Umfeld sieht unterschiedlich aus. Manche Kinder leben nicht nur in einer belastenden Umgebung, sondern haben außerdem zu wenig

Gelegenheit zu Aktivitäten, die Freude und Entspannung bringen. Andere Kinder erleben viel Harmonie und Entspannung als Ausgleich für die Anforderungen, denen sie ausgesetzt sind.

Und schließlich spielt das Alter eine Rolle: Bestimmte Phasen im Leben eines Kindes sind »stressiger« als andere, z. B. das Trotzalter und die Pubertät.

Bei unseren Vorfahren hatten Stressreaktionen die Aufgabe, Menschen für Kampf oder Flucht bereitzumachen, sobald eine Gefahr drohte. Dieselben Reaktionen zeigen sich heute noch, wenn wir übermäßig hohen Anforderungen oder Belastungen ausgesetzt sind. Auch wenn die Gefahren und Bedrohungen heute in der Regel anders aussehen als in der Frühzeit des Menschen, können wir bei gestressten Kindern (und Erwachsenen) das Flucht- und Kampfverhalten doch immer noch beobachten.

Fluchtreaktionen sind z. B. wirkliche oder eingebildete Krankheiten, passiver Fernsehkonsum, Drogenprobleme oder Apathie, während Kampfreaktionen sich zumeist in verschiedenen Formen von Aggressivität äußern.

Nachdem Stress sich in so vielfältigen Symptomen äußern kann, ist er manchmal schwer zu identifizieren, aber auffällige Verhaltensänderungen sind immer ein Warnsignal. Wenn ein Kind, das bisher umgänglich und vergnügt war, plötzlich reizbar erscheint und sich aggressiv oder rücksichtslos verhält, wenn Kinder ihre Essgewohnheiten radikal verändern und plötzlich aus Kummer besonders viel essen oder im Gegenteil schlechten Appetit zeigen, sind das oft Hinweise darauf, dass irgendetwas nicht stimmt. Wenn ein Kind plötzlich schlecht schläft oder häufig Albträume hat, kann auch das ein Zeichen sein, dass etwas nicht in Ordnung ist. Wenn ein Kind sich schlecht konzentrieren kann, sehr müde ist oder die Lebensfreude verliert, dann sollte das als ernsthafter Hilferuf verstanden werden.

Stress kann sich auch in psychosomatischen Krankheitssymptomen äußern, die meist im Bauchraum angesiedelt sind, also Magen- oder Bauchschmerzen, Erbrechen, Verstopfung oder Durchfall. Aber auch die Haut kann Stress-Signale zeigen, z. B. in Form von Ausschlägen, Ekzemen oder Allergien. Selbst Asthma kann durch Stress ausgelöst werden. Wiederkehrende Kopfschmerzen bei Schulkindern ist häufig eine Reaktion auf psychischen Stress, die es ernst zu nehmen gilt.

Wir müssen versuchen zu verstehen, was die Reaktionen des Kindes bedeuten; erst dann können wir ihm helfen, den Stress zu verringern, dem es ausgesetzt ist. In manchen Fällen können die Symptome schon bei Schulkindern bis ans Burnout-Syndrom heranreichen.

Und obwohl wir es als Eltern doch gut meinen, sind es manchmal gerade unser guter Wille und unser Ehrgeiz, die Stresssymptome auslösen. Wie z. B. bei Tove.

Tove (10 Jahre alt)

Die Stresssymptome haben in Form von schleichendem Kopfweh und anhaltenden Bauchschmerzen begonnen. Tove war immer ein umgängliches, fröhliches Kind, aber jetzt weint sie beim kleinsten Anlass und bekommt gelegentlich Wutanfälle. Als sie sich vor ihren Eltern immer mehr verschließt und sich regelrecht abkapselt, suchen die Eltern Hilfe bei einer kinderpsychiatrischen Beratungsstelle. Aber zu diesem Zeitpunkt geht es Tove schon lange schlecht.

Bereits im Kindergartenalter hat Tove mit Ballettunterricht begonnen, zweimal in der Woche, Montag und Freitag. Ihre Mutter ist in ihrer eigenen Jugend eine viel versprechende Tänzerin gewesen, aber das war lange vor Toves Geburt. Inzwischen, mit zehn Jahren, ist Tove täglich unterwegs: Dienstag und Donnerstag Rhythmik und Tanztraining, Mittwoch Pfadfinder, Samstag Reitstunden, wenn nicht ein zusätzliches Tanztraining angesetzt ist. Zu Weihnachten hat sie einen Terminkalender geschenkt bekommen, damit sie ihre vielfältigen Aktivitäten im Griff behält. Den Kalender hat sie auf dem Weg zum Training im Bus verloren. Erst als es Tove so schlecht geht, dass es den Eltern Kummer bereitet, sind sie in der Lage zu erkennen, dass das alles zu viel für ihre Tochter ist.

Gestresste Kinder

Es ist unsere Aufgabe als Eltern, darauf zu achten, dass der Terminkalender unserer Kinder nicht zu voll wird. Und wir müssen darauf gefasst sein, dass unsere Kinder leichten Herzens ausgerechnet auf die Aktivitäten verzichten, deren Fortsetzung wir gern sähen.

Wenn die Anforderungen und der Ehrgeiz der Eltern die Fähigkeiten des Kindes übersteigen, bekommen Kinder oft Schuldgefühle und fürchten, ihren Eltern nicht zu genügen. Auf das Selbstbewusstsein des Kindes hat ein solches Gefühl eine verheerende Wirkung. In den meisten Fällen begreifen wir Erwachsenen gar nicht, wie sehr wir durch unser eigenes Verhalten unsere Kinder unter Stress setzen.

Hat der Stress bei Kindern in den letzten Jahrzehnten zugenommen? Das ist schwer zu sagen, weil Kinder früher nicht unter diesem Aspekt beobachtet worden sind. Noch vor relativ kurzer Zeit hat man abweichendes Verhalten von Kindern mit individuellen Schwierigkeiten oder mit Mängeln in der nächsten Umgebung in Verbindung gebracht.

Aber die Kinder von heute leben in einer Welt, die sich radikal verändert hat. Früher blieben die Mütter in den allermeisten Fällen zu Hause, solange die Kinder klein waren. Unter diesen Umständen war es z. B. nicht nötig, Kinder früh morgens aus dem Bett zu reißen, sie beim Frühstück zur Eile anzutreiben und dann in die Dunkelheit und Kälte eines Wintermorgens zu scheuchen. In Schweden kommen sehr viele Kinder im Alter von $1^{1}/_{2}$ Jahren in eine Kinderkrippe und verbringen von da an ihre Zeit in immer größeren Gruppen von Kindern – bis sie fast erwachsen sind und die Schule verlassen.

Moderne Medien – Radio, Fernsehen, Video, Computerspiele und Internet, um nur die wichtigsten zu nennen – versorgen Kinder und Jugendliche mit mehr Eindrücken und Informationen, als diese verarbeiten, einordnen und verstehen können. Kinder sind heute einem ständigen Informationsfluss ausgesetzt, wenn wir sie nicht davor schützen. Sie leben in einer Welt, die vollgemüllt ist mit Tönen und Bildern, mit Sinneseindrücken, die vom frühesten Alter an Stress erzeugen.

Alle Eltern wollen das Beste für ihre Kinder, und doch gibt es viele, die ihre Kinder in Aufregung und Stress versetzen, ohne es zu merken. Oft liegt das an den Anforderungen, denen die Eltern selbst ausgesetzt sind. Zusätzlich sind viele Eltern heute zunehmend beunruhigt angesichts der Gefahren, die ihren Kindern drohen – im Straßenverkehr, in der Schule und ganz allgemein in der Zukunft. Nicht wenige Eltern müssen die große Verantwortung für ihre Kinder allein tragen, ohne Partner und ohne unterstützendes familiäres Netzwerk. Und die Unsicherheit im Arbeitsleben hat zugenommen – und mit ihr die Sorge um die eigene wirtschaftliche Lage.

So fällt es den meisten Eltern wahrlich nicht schwer, ein schlechtes Gewissen zu entwickeln. Es kann große Probleme bereiten, die eigene Berufstätigkeit und das Bedürfnis der Kinder nach Zeit, Kontinuität, Ruhe und Sicherheit unter einen Hut zu bringen. Und genau dieser doppelte Ehrgeiz im Beruf und als Eltern führt dann zu Schuldgefühlen, entweder an der einen oder an der anderen Stelle. Ich begegne häufig Eltern, die mir berichten, wie viel Kraft ihr Alltag kostet, und ebenso oft erlebe ich Pädagogen, die erschöpft und gereizt sind, ohne wirklich zu wissen, weshalb. Und viele Kinder zeigen mit Angst, Unruhe, Kummer und Aggressivität, dass es ihnen nicht gut geht.

Es ist aber leider nicht ungewöhnlich, dass Kinder Stress ausgesetzt sind, ohne dass es die Erwachsenen in ihrer Umgebung überhaupt merken. In einer Schule in den USA hat man vor einiger Zeit eine Gruppe Eltern gebeten, ihre Kinder einzuschätzen, was Glück und Wohlbefinden anging. Die weitaus meisten Eltern antworteten, dass ihre Kinder sehr glücklich und zufrieden seien – als man aber die Kinder befragte, bezeichnete sich etwa die Hälfte der Kinder als ausgesprochen einsam und unglücklich.

Selbstverständlich treffe ich auch viele Eltern, die sehr zufrieden mit ihren Lebensumständen sind, Pädagogen in Schulen und Kindergärten, die gern arbeiten, und glückliche, in sich ruhende Kinder. Aber es besteht Anlass zu der Frage, wie die Wirklichkeit für viele Kinder aussieht.

Kleine Kinder, die sich den ganzen Tag in großen Gruppen aufhalten und von den Eltern getrennt sind, haben zu selten ruhigen Kontakt mit einem Erwachsenen. Und sie bleiben in Gruppen, die immer größer werden, ohne jemals etwas anderes kennen gelernt zu haben oder eine Wahlmöglichkeit zu haben. Kinder werden heute in einen Alltag hineingeboren, der von Anbeginn an durch Stress geprägt ist. Wie sollen sie sich da aus eigener Kraft Orte und Aktivitäten suchen, die ihnen Ruhe und Harmonie schenken?

Sie würden sie vielleicht nicht einmal erkennen!

Es wäre also unsere Aufgabe als Erwachsene, Kindern Alternativen aufzuzeigen, die Ruhe ins Leben bringen. Das Problem ist nur, dass viele Erwachsene heutzutage selbst so gestresst und überdreht sind, so belastet mit zu viel Arbeit und zu vielen Aktivitäten und zu wenig Zeit, dass wir nicht mehr bemerken, wie es den Kindern wirklich geht.

Je größer Kindergruppen sind, desto mehr wächst auch das Risiko, das Verhalten eines Kindes falsch zu interpretieren. Wir erleben ein Kind vielleicht als anstrengend und zeitraubend, ohne zu sehen, woher das Verhalten dieses Kindes rührt. Und dann ist die Gefahr groß, dass wir alles nur noch schlimmer machen, indem wir schimpfen und strafen, statt zu unterstützen und zu ermuntern.

Ein Mitarbeitergespräch in der Blaumeisen-Gruppe

Im Anschluss an ein pädagogisches Beratungsgespräch mit den Mitarbeitern eines Kindergartens bleibe ich noch ein Weilchen. Die Kinder kommen von draußen herein, ziehen ihre Jacken aus und rennen mit roten Wangen in den großen Raum, in dessen Ecke auch der Esstisch steht. Die Blaumeisen-Gruppe besteht aus acht Kindern unter zwei Jahren und acht Kindern im Alter zwischen zwei und fünf Jahren. Tobias, der 2½ ist, geht über Tisch und Bänke. Im einen Moment steht er auf dem Tisch, hopst dann auf einen Stuhl und reißt im Fallen einen anderen Jungen mit sich. Geschrei und Weinen, eine Erzieherin tröstet – und Tobias klettert wieder auf den Tisch.

Miriam, fünf Jahre alt, sucht Kontakt zu mir. Sie erzählt, wie sie heißt, fragt mich nach meinem Namen und zeigt mir, dass sie mit geschlossenen Füßen hüpfen kann. Das Frühstücksgeschirr steht noch auf dem Tisch, und ein paar Jungen rempeln im Spiel so unglücklich dagegen, dass einige Gläser umfallen und ein Teller zerbricht. Miriam, die mir gerade einen neuen Hüpfschritt vorführt, wird blass und rennt zum Fenster, wo sie mit gesenktem Kopf stehen bleibt. Sie beobachtet abwartend, was passiert. Eine Erzieherin kommt in den Raum, stellt die Gläser kommentarlos auf und nimmt den zerbrochenen Teller mit. Zögernd kommt Miriam zurück zu mir.

Miriam und Tobias sind Geschwister, und gerade über diese beiden Kinder haben wir heute hauptsächlich gesprochen. Die Erzieher der Gruppe heißen Lena, Johan und Siv.

Lena und Siv reden aufgeregt durcheinander. »Wir wissen nicht, wie wir allen Kindern gerecht werden sollen, wenn Miriam und Tobias so viel Zeit in Anspruch nehmen. Tobias ist ein netter kleiner Kobold, aber er ist den ganzen Tag in Bewegung. Miriam ist anstrengend, weil sie ständig die volle Aufmerksamkeit braucht. Wenn man ihr die gleichen Aufgaben stellt wie den anderen Fünfjährigen, fragt sie die ganze Zeit, ob sie auch alles richtig macht. Sie traut sich nichts zu, wenn kein Erwachsener daneben steht und zusieht.

Sie kann nichts ausschneiden, nähen oder malen, wenn man ihr nicht immer wieder sagt, dass sie es richtig macht. Wenn sie eine Perlenkette aufzieht, fragt sie bei jeder Perle, welche sie als nächste nehmen soll. Wenn einer von uns mit Tobias weggeht, wird sie unruhig und fragt ständig, wohin wir gehen, oder wo Tobias ist.«

Wenn Miriam sich so verhält und keine Aufgabe ohne die Hilfe eines Erwachsenen erledigen kann, reagiert vor allem Lena oft gereizt. Schließlich muss sie ihre Aufmerksamkeit ständig zwischen so vielen kleinen Kindern aufteilen. Wenn Miriam ständig darauf lauert, was mit Tobias geschieht, lässt sich Lena von ihrem Verhalten provozieren und reagiert gereizt. Lena weiß, dass sie sich Miriam gegenüber ungerecht verhält, aber es passiert ihr immer wieder.

Wir sind uns einig: Miriam scheint sich nicht darauf zu verlassen, dass die Erzieher sich wirklich um Tobias kümmern. Johan weist darauf hin, dass sie sich offenbar überhaupt nicht auf Erwachsene verlässt, und er hat den Eindruck, dass die Eltern der beiden Kinder sich in Erziehungsfragen nicht einig sind. Siv ist bekümmert, dass es ihr nicht gelingt, mit den Eltern zu sprechen, weil sie es immer so eilig haben, wenn sie die Kinder bringen oder abholen.

Lena, Siv und Johan haben sehr wohl verstanden, dass Miriams Reaktionen ihre Ursache in Angst und Unsicherheit haben. Miriam hat Angst, etwas falsch zu machen, Angst, es den anderen nicht recht zu machen, Angst, dass die Erwachsenen böse auf sie sein könnten. Es ist auch ganz deutlich, dass Miriam sich für ihren kleinen Bruder verantwortlich fühlt und deshalb nicht wagt, sich zu entspannen.

Wir einigen uns darauf, dass eine Veränderung der Haltung gegenüber Miriam die erste Maßnahme sein muss. Wenn sie nicht wagt, eine Aufgabe selbstständig zu erledigen, muss einer der Erwachsenen sie mit ihr zusammen angehen und Unterstützung und Bestätigung anbieten: »Du machst das gut!« Wenn sie eine Perlenkette aufzieht, kann man ihr ein kleines Häufchen Perlen geben und sie bitten, zu rufen, wenn sie sie aufgefädelt hat, sie dann ermuntern und ihr neue Perlen geben. So bekommt sie die Möglichkeit, allmählich ihren eigenen Fähigkeiten mehr zu vertrauen. Wenn sie sich Sorgen um Tobias macht, muss man ihr klar machen, dass man ihre Unruhe wahrnimmt und versteht, dass sie aber ganz beruhigt sein kann, weil jetzt die Erwachsenen die Verantwortung übernehmen.

Als weitere Maßnahme ist es wichtig, eine Verständigung mit den Eltern zu erreichen. Nachdem sie offenbar beim Bringen und Abholen der Kinder immer gestresst sind, wäre es besser, sie zu fragen, wann sie Zeit für ein Gespräch haben.

Miriam ist kein besonders anstrengendes Kind, aber die Umstände bewirken, dass die Erzieher in diesem Kindergarten sie als allzu fordernd und aufdringlich empfinden. Miriam leidet ganz offensichtlich unter mehreren Stressfaktoren, aber Lena, Johan und Siv haben das einfach nicht durchschaut. Wenn auch die Erwachsenen unter Stress stehen, können sie die Probleme von Kindern nicht immer erkennen, sondern interpretieren sie leicht als anstrengendes Verhalten. Und die Mitarbeiter in Kindergärten stehen nur allzu oft unter Stress, schließlich sind sie zumeist selbst Eltern mit kleinen Kindern. Das bedeutet, dass auch ihr eigener Tag vielleicht schon mit Familienkonflikten und Zeitmangel begonnen hat.

Stress bei Kindern entgegenwirken

Um die Situation eines Kindes zu verändern, müssen wir uns darüber klar werden, was Gesundheitsprobleme und Stress hervorruft, aber vor allem müssen wir wissen, was Kinder positiv beeinflussen kann.

Der Blick auf das, was man als gesund oder ungesund bezeichnet, verändert sich ständig. Lange Zeit hat man sich darauf konzentriert, zu beobachten, weshalb ein Kind oder auch ein Erwachsener sich nicht wohl fühlt oder gar krank wird, und dann versucht, diese Faktoren abzustellen. Heute hingegen versucht man zu erkennen, was Menschen gesund erhält.

Ungesund ist nicht immer nur ein Zuviel an schlechten Einflüssen, sondern oft auch ein Zuwenig an guten Dingen. Wenn wir uns diese Sichtweise zu Eigen machen, können wir leichter erkennen, wie wir Kindern helfen können, den Stress zu bewältigen, der nun einmal zu unserer Gesellschaft und zu unserem Leben gehört.

Man kann es mit zwei Waagschalen vergleichen: In der einen Schale sammelt sich alles an, was zu Stress führt, in der anderen Schale all das, was gut tut und dem Stress entgegenwirkt. Wenn wir feststellen, dass ein Kind sein Verhalten verändert, oder dass es ihm nicht gut geht, müssen wir entweder das Gewicht in der einen Waagschale verringern oder das in der anderen erhöhen. Wir müssen diejenigen Faktoren vermehren, die heilend wirken und gut tun. Nicht die einzelnen Stressfaktoren für sich genommen lösen Stressreaktionen bei Kindern aus, sondern die Gesamtmenge der Belastungen.

Alle Eltern wollen nur das Beste für ihre Kinder. Und das Beste, was wir für Kinder tun können, ist, ihnen reichlich von unserer Zeit zu schenken. Vielleicht müssen wir manchmal bereit sein, unsere Erwartungen an das Kind umzustellen, oder lernen, deutliche und vernünftige Grenzen zu setzen. Das ist nicht leicht, ebenso wenig wie das Vorhaben, dem Kind ein Begleiter in die Welt der Gefühle zu sein, wenn es seine Fähigkeit zur Empathie (das Vermögen, sich in andere Menschen hineinzuversetzen) ausbilden soll.

»Alle Kinder sind von Natur aus freundlich«, hat der indische Philosoph Ravi Shankar bei einem Besuch in Stockholm gesagt. Und er fuhr fort: »Wenn sie es nicht sind, dann liegt das daran, dass sie unter Stress stehen.« Auf die Frage, wie man Kinder dazu bringt, weiterhin freundlich zu sein, antwortete er: »Durch Spiele, bei denen Kinder ihre Fähigkeit zur Empathie entwickeln können.«

Diese Fähigkeit zur Empathie ist Kindern angeboren, und unter günstigen Bedingungen entwickelt sie sich weiter. Wächst das Kind jedoch auf, ohne einfühlsam behandelt zu werden, dann kann diese Fähigkeit verloren gehen.

Eine Schulklasse, Mittelstufe, fährt in einem U-Bahnhof mit der Rolltreppe. Eines der Mädchen hat Höhenangst und fühlt sich unwohl. Die Klassenkameradin, die neben ihr steht, umarmt sie und verbirgt den Kopf der verängstigten Freundin an ihrer Brust. Einer der Jungen klopft ihr tröstend auf den Rücken und sagt: »Ganz ruhig, ich verrate nicht, wie hoch es ist.«

Diese Kinder haben im Unterricht an dem Thema Empathie gearbeitet und sind darin geübt, sich um andere zu kümmern. Deshalb konnten sie einer Klassenkameradin, die sich nicht gut fühlte, Sicherheit vermitteln und Mitgefühl zeigen.

In den folgenden Kapiteln werde ich zunächst die Belastungen beschreiben, denen Kinder heutzutage ausgesetzt sind und die zu Stress führen können. Aber das eigentliche Ziel meines Buches ist es, verschiedene Möglichkeiten aufzuzeigen, die das Stressniveau bei Kindern senken können und gleichzeitig Anregungen bieten, ohne allzu fordernd zu sein.

Zeit und Erfahrung haben uns Erwachsene – vielleicht – gelehrt, zu spüren, was uns gut tut. Es geht dabei stets um ein Gleichgewicht in unserem Leben. Aber unseren Kindern müssen wir helfen, dieses Gleichgewicht zu schaffen. Kleine Kinder sind davon abhängig, dass wir diese Verantwortung voll und ganz wahrnehmen.

Etwas ältere Kinder können allmählich lernen, ihr eigenes Stressverhalten zu erkennen, und sich bewusst machen, welche Situationen bei ihnen Stress erzeugen. In diesem Buch findet sich deshalb u. a. auch ein konkretes Modell zur Steigerung des Stressbewusstseins bei Schulkindern.

In Schule und Kindergarten können wir sehr viel tun, um Stress zu verringern. Mehr Betreuungspersonen und kleinere Gruppen senken den Spiegel an Stresshormonen bei Kindern, ebenso wie häufige Aufenthalte in der Natur. Eine Senkung des Geräuschpegels kann ebenfalls Stress entgegenwirken, und das Gleiche gilt, wenn man Kindern Gelegenheit und Zeit zum ungestörten Spiel gibt. Dabei werden Kinder auch darin gefördert, ihre Gefühle auf die unterschiedlichsten Weisen auszudrücken.

Massage im Kindergarten und in der Schule hat an Beliebtheit gewonnen, seitdem wir mehr darüber wissen, wie das Ruhe-und-Frieden-Hormon Oxytocin uns beeinflusst. Diesen Aspekt behandle ich in den folgenden Kapiteln ebenso wie die Beobachtung, dass klassische Musik uns zu mehr Wohlbefinden und Leistungsfähigkeit verhilft, während sie uns gleichzeitig beruhigt.

»Snoezelen« ist ein niederländisches Wort; es lässt sich mit »schlummern«, »dösen«, »sich entspannen« übersetzen und bezeichnet eine Methode, die in den Niederlanden in der Arbeit mit behinderten Kindern und Jugendlichen entwickelt wurde. Sie wird inzwischen in einer weiterentwickelten Form u.a. auch in Kindergärten und einzelnen Schulen praktiziert. »Snoezelen« umfasst eine Stimulation der Sinne, die darauf abzielt, Aufmerksamkeit und Konzentration zu entwickeln und so das Zusammenspiel von Kindern untereinander und von Kindern und Erwachsenen zu vertiefen. Diese Anregung der Sinne, die nicht mit Anforderungen verbunden ist, verringert Stress und wirkt ihm entgegen. Mehr darüber finden Sie weiter hinten in diesem Buch. Dort wird u.a. beschrieben, wie zwei Kindergärten und eine Schule das »Snoezelen« in ihre Arbeit einbezogen haben (vgl. S. 186).

Es ist auch darüber zu sprechen, wie das Umfeld in Innen- und Außenbereichen Kinder und Erwachsene beeinflusst und was einige Kindergärten und Schulen unternommen haben, um den Stress bei ihren Kindern zu verringern, indem hier bewusst Veränderungen herbeigeführt wurden.

In Schweden trägt die Stressforschung zu Versuchen bei, das Arbeitsumfeld den Voraussetzungen und Bedürfnissen der Erwachsenen anzupassen. Selbst über Stress bei Pflanzen und Tieren ist inzwischen viel gesagt und geschrieben worden, nur über Kinder, die unter Stress leiden, gibt es immer noch sehr wenig Informationen.

Ich hoffe, dass dieses Buch die Lücke ein Stück weit schließen kann und sowohl Eltern als auch Pädagogen in Kindergarten und Schule, aber auch vielen anderen, die mit Kindern arbeiten, eine Hilfe sein wird. Gleichzeitig wünsche ich mir, dass es ein Beitrag zu der Diskussion sein kann, wie wir uns die Gesellschaft vorstellen, in der unsere Kinder aufwachsen.

Zwischenruf: Die Kinder in der Casa de los Niños

Alles ist relativ

Vor kurzem bin ich aus Argentinien zurückgekommen, von meinem alljährlichen Besuch in der *Casa de los Niños*, einem Straßenkinderprojekt in Buenos Aires. Diese Kinder leben unter enormem Stress, im Slum, umgeben von Gewalt, Drogen, Sex und Krankheiten. Unter großem Stress leben auch ihre Eltern und die Betreuer in der *Casa de los Niños*. Die Kinder sind ständig und überall bedroht, und die schlimmste Bedrohung ist, dass sie entführt und wichtiger innerer Organe beraubt werden könnten. Trotz schwierigster Bedingungen versucht man mit der Arbeit der *Casa de los Niños* ein Umfeld zu schaffen, das Stress entgegenwirkt, einfach damit diese Kinder sich zu Erwachsenen entwickeln können, die die Fähigkeit besitzen, ein Gefühl für die Bedürfnisse anderer zu empfinden.

Angesichts dieser schwierigen Ausgangslage ist es leichter zu sehen, was Kinder positiv beeinflusst, was ihr Vertrauen stärkt und ihr Gefühlsleben und ihre Empathie entwickeln hilft, was ihnen Freude macht und ihnen Gelegenheit bietet, sich zu entspannen. Das Rezept in der *Casa de los Niños* beruht auf sehr viel Liebe, festen Grenzen und einer unglaublich intensiven Arbeit an der Entwicklung der empathischen Fähigkeiten bei den Kindern. Sie sollen unbedingt die Bedürfnisse und Gefühle anderer Menchen spüren und verstehen lernen. Der Grundsatz dieser Arbeit lautet: Alle Kinder, egal wo sie leben, müssen jeden Tag beachtet und bestätigt werden.

In der *Casa de los Niños* stehen die Kinder jeden Morgen vor Beatriz' Büro Schlange, bevor sie in die Schule gehen. Beatriz ist die Vorsteherin und Initiatorin des Projekts, das sie zu ihrem Lebenswerk gemacht hat.

Eines nach dem anderen kommen sie zu ihr, werden umarmt und geküsst, hören, wie sehr sie geliebt werden, und dürfen dann einen Duft auswählen: Erdbeere, Tropical oder Blumenduft, billige Parfümimitationen, ein Geschenk von einer benachbarten Firma. Es ist wichtig, sauber zu sein und gut zu riechen, auch wenn man im Slum wohnt.

In der *Casa de los Niños* sollen die Kinder möglichst viele sinnliche Erfahrungen machen, während sie lernen. Sie pflücken blaue Blüten vom Jacarandabaum, sortieren sie und legen wunderschöne Muster damit oder kleben Bilder. Sie hören Musik und lassen sich ein wenig massieren, und all das verringert ihre aggressiven Impulse. Einem Kind über die Hand zu streicheln, während man mit ihm redet, kostet keine zusätzliche Zeit.

Der Wunsch nach Berührung ist so stark, dass er selbst die Schmerzen bei einer Zahnbehandlung aufwiegt. Wenn der Zahnarzt in die *Casa de los Niños* kommt, wartet immer eine lange Schlange auf ihn. Das Gleiche gilt für die provisorische ärztliche Sprechstunde, bei der Handauflegen aus Mangel an Medikamenten oft das Einzige ist, was gegen Kopf- oder Bauchweh angeboten werden kann.

Kinder, die die verschiedensten Gefühle erleben und ausdrücken können, sind oft besser in der Lage, mit Stress umzugehen, als andere. In der *Casa de los Niños* wird mit Musik und Tanz dafür gesorgt, dass die Kinder ihre Gefühle ausleben und verarbeiten können. In einer Ecke des gepflasterten Hofes steht ein Kassettenrekorder, ein Geschenk aus Schweden. Lateinamerikanische Rhythmen verleiten selbst ungelenke Körper dazu, sich zu bewegen, Füße finden in den Tanzschritt, Arme beginnen frei zu schwingen – Oberkörper, Hüften, Po, alles wird lebendig. Viele Kinder sind gute Tänzer, andere hampeln nur herum, aber in jedem Tanz drückt sich Freude aus.

Die Kinder, die sauer aufeinander sind, die ihre Aggressionen an Menschen und Sachen ausgetobt haben, bekommen Gelegenheit, in Ruhe und Frieden dazusitzen und sich etwas Gutes auszudenken, eine Freundlichkeit für irgendjemanden. Das ist nicht immer ganz leicht. Man muss das üben. Alberto z. B. muss noch viel üben, jeden Tag. Er ist neun Jahre alt und ein Überlebenskünstler. Er hat sich mit Betteln und Stehlen durchgeschlagen und irgendwann angefangen, die sexuellen Dienste seiner siebenjährigen Schwester Mafalda zu verkaufen. Um sein Verhalten ändern zu können, braucht er viel Liebe, aber auch klare Grenzen. Er wird geliebt, aber was er tut, ist nicht immer akzeptabel.

Da Straßenkinder sehr oft Kinder ohne Zukunft sind, hat die UNO-Deklaration über die Rechte der Kinder – die in der *Casa de los Niños* strikt umgesetzt wird – große Bedeutung für die Stärkung ihres Selbstbewusstseins. In dieser Deklaration ist ein für alle Mal gesagt, was man mit Kindern tun darf und was nicht, wo die Selbstbestimmung von Kindern beginnt. Mafalda wird lernen, dass ihr Körper ihr selbst gehört und dass niemand sich an ihr vergreifen oder sie schlagen darf. Mit Handpuppen spielt sie immer und immer wieder ihre eigenen Erlebnisse durch, und dabei kann sie ihren Gefühlen freien Lauf lassen. Mit Hilfe der Puppen übt sie sich darin, Nein zu sagen, Grenzen zu setzen, und das alles stärkt ihr Selbstbewusstsein.

In der *Casa de los Niños* haben diese Kinder auch zum ersten Mal Gelegenheit, sich zu überlegen, welches Essen sie mögen und welches nicht. Die meisten haben das bisher nie erlebt, denn sie haben sich ihre Mahlzeiten aus Müllsäcken geholt und noch nie an einem gedeckten Tisch gesessen. Wie auch immer – es ist ein Menschenrecht, zu spüren, was man mag und was nicht.

Die Küche ist das Reich von Lola, die 73 Jahre alt ist. Binnen einer einzigen schwindelnden Minute hat sie alles verloren, als ein Staudamm brach und das Hotel, das sie mit ihrer Familie führte, von den Wassermassen weggerissen wurde. Warm und duftend steht sie jetzt da, rührt in Töpfen und Tiegeln und verwandelt alle möglichen Zutaten in ein Festessen.

»Das hier ist das Beste, was mir passieren konnte«, sagt sie. Hier wird mit Liebe gekocht, und Lolas Mahlzeiten muss man langsam genießen. Auch das ist ein Heilmittel gegen Aggression und Stress.

Jeden Freitag wäscht sich Lola mit Lavendelseife, zieht sich hübsch an und geht mit ihrem neuen Freund zum Tango tanzen. Es ist wichtig, sich selbst etwas Gutes zu tun, dem eigenen Stress zu Leibe zu rücken, wenn man anderen etwas Gutes tun will.

Im Großen und Ganzen umfasst die Philosophie der *Casa de los Niños* genau das, was alle Kinder auf der ganzen Welt brauchen, um sich wohl zu fühlen.

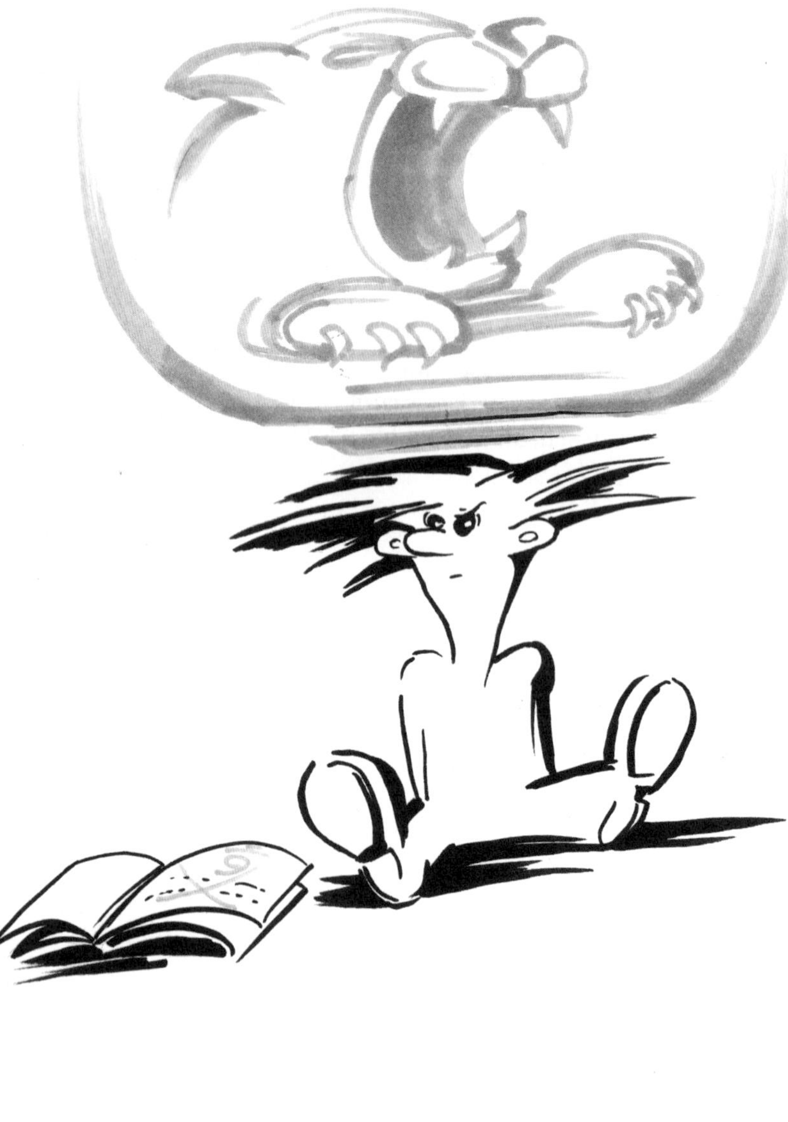

02

Stress und Stressfaktoren

Was ist Stress?

Nächste Woche Montag habe ich eine wichtige Prüfung, für die ich noch nichts gelernt habe, und gestern habe ich eine Zahnfüllung und ein Stück vom Zahn verloren. Einen Termin beim Zahnarzt bekomme ich frühestens für Donnerstag, aber da muss ich mit Malin, unserer jüngsten Tochter, zum Arzt. Sie hat schon seit einer Woche einen juckenden Ausschlag. Mein Mann muss auf eine Geschäftsreise nach Portugal, obwohl er versprochen hatte, mit Camilla, unser ältesten Tochter, am Mittwoch einen Ausflug zu machen. Und eben hat meine Mutter angerufen und wollte, dass ich ihr beim Fensterputzen helfe, und Eva, meine beste Freundin, hat angefragt, ob wir nicht mal wieder abends ins Kino gehen wollen. Am Wochenende haben wir Gäste, und ich weiß nicht einmal, ob ich dazu komme, aufzuräumen und einzukaufen.

Was hier beschrieben wird, ist noch kein Stress, sondern es sind Stressfaktoren, »Stressoren«, Umstände also, die zu Stress führen können. Selbst wenn wir uns noch so bemühen, können wir uns vor solchen Umständen nicht schützen. Die Belastungen, die in unserem Leben mit Kindern, Eltern, Schule und Arbeit ständig auftreten, sind oft starke Stressoren, aber sie sind nun einmal Teil unseres Lebens. Erst wenn wir zu vielen Stressfaktoren gleichzeitig ausgesetzt sind, kann das zu Krankheit oder seelischer Erschöpfung führen.

Stress: eine Reaktion des Körpers

»Stress« ist ein englisches Wort für Spannung oder Druck. In der Medizin und Psychologie wird der Begriff verwendet, um die Anpassungsreaktionen des Körpers zu beschreiben, die durch seelische oder körperliche Belastungen ausgelöst werden. Stress ist also eine Reaktion auf besonders große körperliche, emotionale oder geistige Anforderungen und Belastungen.

»Zuerst kommt es zu einer schnellen Mobilisierung von Energiereserven. Die ältesten Teile unseres Gehirns schicken Signale an das Nervensystem. Es wird eine Art Großalarm ausgelöst, Adrenalin schießt ins Blut, Puls und Atmung beschleunigen sich. Magen und Eingeweide stellen die Verdauungsarbeit ein, und der Blutdruck steigt dramatisch an. Alle Sinne werden geschärft, um jeden optischen und akustischen Eindruck aufzunehmen. Die Stresshormone Adrenalin, Noradrenalin und Kortisol werden aktiviert, um weitere Energiereserven anzuzapfen.«

Mit diesen Worten beschrieb der Pionier der Stressforschung Hans Selye die physiologischen Reaktionen des Körpers auf Belastungen. Selye kennzeichnete vier Stufen: Alarm, Widerstand, Erschöpfung und Erholung. Die moderne Stressforschung definiert Stress als einen dynamischen Vorgang, in dem die Fähigkeiten des Einzelnen und die Anforderungen der Umgebung eng zusammenspielen. Deshalb können Menschen auf Belastungen so unterschiedlich reagieren.

Die Belastung muss dabei nicht einmal wirklich stattfinden. Stress kann schon durch ein Gefühl von Bedrohung ausgelöst werden, weil auch unsere Gefühle das Alarmsystem des Körpers beeinflussen. Puls und Blutdruck steigen dann an, die Atmung beschleunigt sich, und alle Muskeln spannen sich an.

Diese Stressreaktionen hatten ursprünglich die Funktion, unsere Vorfahren auf Kampf, Flucht oder Muskelarbeit vorzubereiten, sobald eine Bedrohung oder Gefahr auftauchte. Die Anforderungen, die auf den modernen Menschen einstürmen, rufen die gleichen Reaktionen hervor, aber heute sind sie unter Umständen eher schädlich als nützlich. Denn die meisten unserer alltäglichen Probleme lassen sich mit Muskelkraft nicht lösen.

Unsere heutigen Belastungen sind eher seelischer als körperlicher Natur, und sie dauern oft viel zu lange an.

Darauf ist unser uraltes Krisensystem nicht ausgelegt, und dies wiederum kann dazu führen, dass wir ständig einen zu hohen Spiegel an Stresshormonen mit uns herumtragen. Dieser anhaltende, intensive und fortgesetzte Stress kann zu Krankheiten führen, wenn die Situation zu lange andauert und wenn wir zu selten in ein Gleichgewicht kommen, wo wir unsere Energiereserven wieder auffüllen können.

Wenn die Produktion von Stresshormonen steigt, stellt der Körper einige Funktionen auf eine höhere Arbeitsleistung ein. Und wenn die Anforderungen lange Zeit sehr hoch sind, passt sich der Körper dem höheren Leistungsniveau an. Wir stehen dann sozusagen ständig unter Vollgas. Das geht in der Regel lange Zeit gut. Aber irgendwann, ganz plötzlich, funktioniert das Gaspedal nicht mehr richtig – Körper und Seele sind einfach für ein sehr hohes Tempo über einen langen Zeitraum nicht ausgelegt. Dann brennen wir aus und werden anfällig für körperliche und seelische Beschwerden. Lang anhaltender Stress macht aber nicht nur anfällig für Krankheiten, er beschleunigt auch den Alterungsprozess.

Die Berufsgruppen, die mit Menschen arbeiten, z. B. Pflegepersonal, Pädagogen im Kindergarten und in der Schule, sind mehr als andere lang anhaltendem Stress ausgesetzt. Da Frauen in diesen Berufen häufiger anzutreffen sind als Männer, ist ihr Stressrisiko besonders hoch. Hinzu kommt, dass Frauen im Schnitt auch mehr Fähigkeit zur Empathie besitzen als Männer und deshalb gar nicht anders können, als sich für andere einzusetzen, die ihrer Hilfe bedürfen. Nach einer Untersuchung von Peter Währborg, die im Sahlgrenska-Krankenhaus in Stockholm durchgeführt wurde, ist der Spiegel an Stresshormonen im Blut von Personen, die sich leicht in die Lage anderer Menschen hineinversetzen können, besonders hoch (Dagens Nyheter, 8. 12. 1998).

Diese Beobachtung darf nicht zu dem Schluss verleiten, Empathie habe an und für sich eine Stress auslösende

Wirkung. Aber das Engagement für andere sollte nicht ständig im Vordergrund des eigenen Lebens stehen, rund um die Uhr und jahraus, jahrein.

Eine Gesellschaft, die in ständiger Veränderung begriffen ist, stellt ununterbrochen neue Anforderungen sowohl an unser Können als auch an unsere Leistungen. Das Problem dabei ist, dass sich das menschliche Gehirn nicht verändert hat. Es ist nicht darauf ausgelegt, den lang anhaltenden psychischen Stress zu ertragen, dem viele Menschen heutzutage ausgesetzt sind. Ärzte und Wissenschaftler sprechen deshalb von *Hirnstress* als der großen Volkskrankheit des 21. Jahrhunderts.

Im 19. Jahrhundert nahm die Menschheit den Kampf gegen die Bakterien auf; im 20. Jahrhundert wurden die Viruskrankheiten bekämpft, vor allem durch vorbeugende Maßnahmen wie z. B. Impfungen. Gegen Hirnstress kennen wir noch keine allgemein anerkannte Prävention. Und doch gehen Wissenschaftler davon aus, dass die nächste Generation vor allem an Stress und psychisch ausgelösten Krankheiten sterben wird.

Mit kurzfristigem, akutem Stress können wir relativ leicht umgehen, aber lang andauernder Stress beeinflusst die chemischen Vorgänge im Gehirn, und das hat wiederum Einfluss auf die verschiedensten Teile unseres Körpers. Ein anhaltend hohes Stressniveau erhöht unter anderem das Risiko für Herzinfarkt, Bluthochdruck und Hirnblutungen. Ein anhaltend hoher Spiegel von Stresshormonen im Gehirn bringt außerdem Nervenzellen zum Absterben, was wiederum zu Gedächtnisschwund und Demenzkrankheiten führen kann.

Nachdem wir allem Anschein nach unser Gehirn nicht verändern können, müssen wir stattdessen versuchen, gesellschaftliche Verhältnisse zu schaffen, die es uns erlauben, mit dem alltäglichen Stress umzugehen. Die gesellschaftliche Veränderung muss schon im Kindergarten beginnen, oder noch besser bei der Beratung junger Mütter, denn man weiß inzwischen, dass eine positive Umgebung während der allerersten Säuglingszeit zu einer besseren Stresstoleranz im späteren Leben führt.

Positiver und negativer Stress

Stress beeinflusst uns sowohl körperlich als auch seelisch, unabhängig davon, ob wir die auslösende Situation als anregend oder als unangenehm empfinden. Ein Kinderfest, ein Vortrag, eine anspruchsvolle Arbeit – all das kann sehr schön und befriedigend sein, aber der Adrenalinausstoß steigt in jeder anstrengenden Situation. Stress ist also nicht nur eine Reaktion auf unangenehme Erlebnisse.

Wenn zwischen den Anforderungen und unserem Leistungsvermögen ein Gleichgewicht herrscht, kann Stress als eine positive Herausforderung empfunden werden. Wenn wir Einfluss auf und Kontrolle über eine Arbeitssituation haben, erleben wir gesteigerte Arbeitsanforderungen sehr oft als stimulierend, als eine Steigerung der Arbeitsfreude. Und wenn wir uns von anderen Menschen emotional unterstützt fühlen, schützt uns das gegen den negativen Stress.

Als Erwachsene suchen wir unbewusst ein Gleichgewicht zwischen unseren eigenen Bedürfnissen und dem Druck, dem wir ausgesetzt sind. Wenn allzu hohe Anforderungen an uns gestellt werden, fühlen wir uns gestresst. Andererseits kann uns ein Leben, das in Monotonie und Routine erstarrt ist, auch ermüden und in der Folge stressen. Wir brauchen beides, Herausforderung und Ruhe, um uns wohl zu fühlen.

Nach einer stressigen Phase brauchen wir die Möglichkeit, unsere Batterien wieder aufzuladen. Als Erwachsene tun wir das z. B., indem wir uns in die Natur begeben, spazieren gehen, Golf spielen, segeln oder einem anderen Hobby nachgehen. Aber wie können wir unseren Kindern zeigen, wie man die Batterien wieder auflädt?

Was bei uns Erwachsenen den meisten Stress verursacht, ist der Mangel an Zeit und an Einfluss auf unsere eigene Situation. Lange Phasen der Ungewissheit und Hilflosigkeit lösen ebenso Stress aus und erhöhen den Spiegel an Stresshormonen im Körper. Der schlimmste Stress entsteht allerdings, wenn Menschen gekränkt werden, keinen Sinn mehr im Leben sehen oder vollkommene Ohnmacht erleben.

Sowohl positiver als auch negativer Stress ist ein Teil unseres Lebens, aber er muss durch stressfreie Stunden und Erlebnisse kompensiert werden. Damit wir uns wohl fühlen, brauchen wir ein Gleichgewicht von Anspannung und Entspannung.

Es gibt eine Grenze

Säuglinge erleben Stress, wenn sie nass oder hungrig sind oder sich einsam fühlen. Ihre Fähigkeit zur Anpassung an eine unangenehme Situation ist zu Anfang sehr gering ausgeprägt. Sobald sie Unbehagen verspüren, beginnen sie zu schreien, bis sie Nahrung oder Trost erhalten. Aber die Anpassungsfähigkeit wächst, und Übung macht auch hier den Meister.

Wir können uns mit etwas Training an die verschiedensten Lebenslagen und Aufgaben anpassen. Wenn wir uns dazu entschließen, uns einer anspruchsvollen Sportart zu widmen, kann unser Körper zu Beginn noch nicht viel leisten, aber durch tägliches Training versetzen wir ihn in die Lage, immer größere Anforderungen zu meistern.

Auf dieselbe Art und Weise können wir uns darin üben, unsere Toleranz gegen psychischen Stress zu erhöhen, der sich nun einmal nicht vermeiden lässt, wenn wir einem anspruchsvollen Beruf nachgehen, Verantwortung für Kinder oder kranke Eltern übernehmen und gleichzeitig ein einigermaßen aufgeräumtes Zuhause haben wollen – und Zeit für unsere Freunde, vielleicht noch ein wenig Fortbildung und das eine oder andere Hobby.

Aber irgendwo hat alle Anpassungsfähigkeit ihre Grenzen. Wir haben ein ganz klar begrenztes Maß an Energie, um mit den Herausforderungen des Alltags zurechtzukommen.

Durch Ausruhen und Entspannung können wir unsere Energiereserven wieder auffüllen. Was uns voneinander unterscheidet, so Hans Selye, ist der Umfang unserer Energiereserven. Er hat auch beobachtet, dass dieser Umfang an Energiereserven offenbar angeboren ist, und dass die meisten Menschen ihr Leben auf der Grundlage ihres eigenen Energieniveaus organisieren. Menschen mit hohem Energieniveau tun oft tausend Dinge neben ihrem normalen Arbeitsalltag, während Menschen mit niedrigem Energieniveau mit ihrem beruflichen Alltag unter Umständen vollkommen ausgelastet sind. Unsere Körper und unsere Sinne haben tatsächlich unterschiedlich viel Kraft, um Belastungen standzuhalten. Niemand jedoch kann unendlich viel Stress ertragen, ohne dass seine Kräfte nachlassen.

Es gibt eine Grenze für das, was wir aushalten können.

Da wir als Individuen nun einmal unterschiedlich sind, müssen wir lernen, auf die Signale unseres Körpers zu hören. Wir dürfen uns nicht völlig verausgaben – wir müssen eine gewisse Reserve auf Vorrat halten. Wenn etwas Unvorhergesehenes geschieht, müssen wir auf diese Reserve zurückgreifen können, und das geht nur, wenn sie nicht bereits aufgebraucht ist. Die Grenzen unserer Fähigkeit zur Anpassung oder zum Widerstand gegen Stress sollten uns zu denken geben.

Kein Auto bewegt sich auch nur einen Meter weit, wenn man ihm lediglich Benzin in Aussicht stellt. Und wenn es einen Benzinmotor hat, wird es mit Diesel nicht fahren.

Als Erwachsener kann ich darüber nachdenken – und es mir in gewissen Grenzen auch aussuchen –, welchen Situationen ich mich aussetzen will und kann. Kinder haben diese Möglichkeit nicht. Sie müssen sich einem Dasein anpassen, das wir Erwachsenen bestimmen, ob sie dazu in der Lage sind oder nicht, und dies u. a., weil Erwachsene allzu oft so tun, als hätten alle Kinder dieselben Fähigkeiten. Ein Kind aber, das sich zu vielen unterschiedlichen Situationen anpassen muss und zu vielen zu hohen Anforderungen ausgesetzt ist, muss oft seine Energiereserven angreifen, um seinen Alltag zu bewältigen.

Es ist einfach so: Wir Erwachsenen sind verantwortlich für das Wohlergehen unserer Kinder. Wir müssen versuchen, so viele negative Stressfaktoren wie möglich auszuschalten. Zudem müssen wir unsere Kinder dafür fit machen, mit dem verbleibenden Stress, der ja für ihre Entwicklung auch nötig ist, umzugehen. Und schließlich müssen wir ihnen zeigen, wie man sich entspannt.

Wir Erwachsenen verursachen den Stress unserer Kinder. Und nur wir Erwachsenen können daran etwas ändern.

Kristian

Kristian und Lene leben mit ihren Eltern in einem gepflegten Wohngebiet mit Einfamilienhäusern. Sie gehen in den Tallgården-Kindergarten. Sie sind immer ordentlich angezogen – mit Kleidung von guter Qualität, der richtigen Größe, der Jahreszeit und dem Wetter entsprechend ausgewählt. Ihr Zuhause ist aufgeräumt, hell und gemütlich. Die Eltern haben einen angesehenen Beruf, leben in geordneten wirtschaftlichen Verhältnissen und sind voller Ehrgeiz, sowohl im Beruf als auch ihren Kindern gegenüber. Sie wollen »gute Eltern« sein. Kristian ist fünf Jahre alt und geht außer in den Kindergarten noch zum Schwimmtraining und in eine Fußballschule. Lene, die zwei Jahre alt ist, geht bisher »nur« in den Kindergarten, allerdings den ganzen Tag. Kristian, der große Bruder, will immer zeigen, wie tüchtig er ist. Er will sich auf keinen Fall schmutzig machen und tobt eigentlich nie wild herum.

Lene ruht in sich selbst. Unbeeindruckt von Ermahnungen und Aufforderungen geht sie ihren eigenen Weg, zufrieden und fröhlich und voller Selbstvertrauen.

Mit Kristians Selbstvertrauen ist es schlechter bestellt, und in seiner Unsicherheit flüchtet er sich oft in vorauseilenden Gehorsam. Weil er es gern allen recht machen will, erleben die Erzieherinnen ihn oft als »Petze«. Er übernimmt häufig die Verantwortung für Lenes Benehmen, und er versucht die anderen Kinder daran zu hindern, etwas Verbotenes zu tun. Wenn ihm das nicht gelingt, petzt er tatsächlich.

Kristian sucht sich immer Beschäftigungen aus, bei denen er sich seiner Sache sicher ist. Mit Brettspielen und Puzzles kommt er gut zurecht, aber ans Malen und Gestalten wagt er sich nicht, und noch weniger an irgendwelche Aktivitäten, die neu für ihn sind. Er hat Angst, Fehler zu machen, Angst vor dem Misserfolg. Motorisch ist er aktiv: Er hüpft gern auf dem Trampolin oder klettert an der Strickleiter hinauf.

Als Kristian noch kleiner war, litt er mehrmals unter Mittelohrentzündung und konnte längere Zeit schlecht hören. Seine Koordination beim Sehen ist nicht sehr gut entwickelt, und manchmal schielt er. Die Bewegungsspiele, die er selbst wählt, sind gut für seine Entwicklung, aber seine Eltern sind der Ansicht, er springe nur irgendwie herum. Sie wollen, dass er still sitzt, etwas »Vernünftiges« tut und lernt.

Nach einem angespannten und unruhigen Vormittag ist Kristian oft müde und würde während der Ruhepause nach dem Mittagessen gern schlafen. Aber das darf er nicht, denn dann schläft er abends zu Hause schlecht ein. Kristian weiß, dass er nicht schlafen soll, und wenn er doch einschlummert und eine der Erzieherinnen ihn anstößt, wacht er mit einem Ruck auf und hat ein furchtbar schlechtes Gewissen. Die Erwachsenen wissen nicht, was sie tun sollen, denn wenn sie ihn schlafen lassen, wächst sein schlechtes Gewissen noch.

Die Eltern machen sich große Sorgen um Kristians Entwicklung und setzen ihn unter hohen Leistungsdruck. Die Erzieherinnen wissen nicht, ob sie mit den Eltern über Kristians Schwierigkeiten sprechen sollen, denn sie fürchten, dass daraus nur noch höhere Leistungsanforderungen und noch mehr Druck entstehen, sich ordentlich zu benehmen. Kristian kämpft, aber so sehr er sich auch anstrengt, der Druck steigt ständig. Er ist in einem Teufelskreis gefangen, weil die Eltern sein Dilemma nicht sehen oder nicht verstehen, und weil die Erzieherinnen nicht wissen, was sie tun sollen, um ihm zu helfen.

Eine der wichtigsten Ursachen für Stress bei Kindern ist das Gefühl der Unzulänglichkeit: nicht genug zu können, nichts zu taugen. Kinder, die außerdem noch ein spät reifendes Nervensystem besitzen oder die, wie Kristian, Probleme mit dem Hören oder Sehen haben, bilden eine echte Risikogruppe. Im Alter von fünf bis sechs Jahren können Kinder nämlich sehr wohl spüren, wenn sie den Anforderungen der Umgebung nicht entsprechen, und das kann ihr Selbstbewusstsein erheblich beeinträchtigen.

Stress am Anfang des Lebens

Stress während Schwangerschaft und Geburt

Ein australischer Wissenschaftler hat zu zeigen versucht, wie ungeborene Kinder auf unterschiedliche Gefühlszustände ihrer Mütter reagieren. Im Rahmen eines Versuchs sahen die Mütter emotional aufgeladene Filme an, und man konnte bei den ungeborenen Kindern eine Beschleunigung des Herzschlags feststellen, wenn die Mütter sich von den Filmen beeindrucken ließen. Daraus wurde der Schluss gezogen, dass das Gefühlsleben der Mütter den Fetus beeinflusst. Es ist allerdings bis heute nicht wissenschaftlich nachgewiesen, dass es Kinder beeinträchtigt, wenn es der Mutter während der Schwangerschaft psychisch nicht gut geht.

Manche Berichte scheinen zu zeigen, dass Frauen, die in der Endphase der Schwangerschaft extremem Stress ausgesetzt waren, unruhige Schreikinder bekommen. Aber der Zusammenhang zwischen dem Stress der Mutter und der Unruhe des Kindes ist nicht wirklich nachweisbar. Es gibt auch keinen Hinweis darauf, dass Stresshormone von der Mutter aufs Kind übergehen können.

Geboren zu werden ist ein sehr stressiges Ereignis im Leben eines Kindes, selbst bei einer unkomplizierten Entbindung. Schon zu Beginn der Geburt ist der Spiegel des Stresshormons Noradrenalin beim Kind fünfmal so hoch wie bei einem Erwachsenen im Ruhezustand. Wenn die Presswehen beginnen und das Kind durch den Geburtskanal geschoben wird, steigt der Spiegel auf das Zwanzigfache an, und bei einer komplizierten Geburt steigt er sogar noch höher. Die werdende Mutter hat bei weitem nicht so hohe Stresshormon-Werte wie das Kind (Lagercrantz 1998).

Stress wird oft mit negativen Erlebnissen verknüpft, aber der Stress, dem das Kind während der Geburt ausgesetzt ist, ist positiv, denn er hilft dem Kind, außerhalb der Gebärmutter leben zu können. Adrenalin und Noradrenalin schützen das Neugeborene, indem sie die Pumpleistung des Herzens erhöhen und so einem Sauerstoffmangel während der Geburt vorbeugen. Adrenalin hemmt außerdem die Bildung von Wasser in der Lunge und sorgt dafür, dass die Lunge ausreichend mit Luft gefüllt wird.

Ob das Kind während der Geburt Schmerzen empfindet oder nicht, weiß man nicht. Wir wissen aber, dass sich im Blut von Neugeborenen hohe Konzentrationen an Endorphinen, körpereigenen Morphinen finden. Diese Stoffe setzen die Schmerzempfindlichkeit herab.

Der Stress und der Adrenalinschub während der Geburt machen das Kind wach. Deshalb sind Kinder oft noch einige Stunden nach der Geburt hellwach, und Eltern und Kind können einander gut kennen lernen.

Säuglingsstress

Unsere Gesellschaft verändert sich fortlaufend. Vor 30 Jahren verlief die Säuglingszeit vollkommen anders als heute. Da wurden die Kinder alle vier Stunden gestillt, und das niemals in der Öffentlichkeit, sondern in Stille und Ruhe, sodass Mutter und Kind sich aufeinander konzentrieren konnten. Heute vertreten wir viel freiere Ansichten darüber, wie oft und wo Kinder gestillt werden sollen.

Das hat seine guten Seiten, bringt aber auch neue Probleme mit sich. Ein Kind, das selbst bestimmen kann, wann es essen will, findet allmählich einen angemessenen Rhythmus. Es stellt sich ebenso allmählich auf längere

Schlafphasen während der Nacht und auf eine Ruhezeit am Vor- und am Nachmittag ein. Um aber diesen Rhythmus finden zu können, braucht es Ruhe und Gelassenheit und feste Routinen. Ruhe und Routine helfen dem Kind, zu erkennen, was es braucht.

Nun stimmen aber die Bedürfnisse von Kindern und Erwachsenen nicht immer überein. Heute nehmen junge Mütter in der Regel ganz selbstverständlich weiterhin am gesellschaftlichen Leben teil, und das Neugeborene begleitet sie überallhin. In Großstädten findet man nicht selten Neugeborene in Einkaufszentren, Museen und Cafés und an anderen Orten, wo Mütter sich treffen. Die Kinder werden dort gestillt, wo man sich zufällig befindet.

Das ist aber nicht immer wirklich gut für die Kinder, weil das wichtige Zusammenspiel zwischen Mutter und Kind durch Lärm und helles Licht gestört werden kann, zumal wenn das Kind nicht die ungeteilte Aufmerksamkeit seiner Mutter hat.

Geregelte Wachzeiten und inneres Gleichgewicht

Die moderne Säuglingsforschung hat uns gezeigt, dass Kinder schon bei der Geburt aktiv sind, Anregung suchen und in ihrer Umwelt eine Struktur zu erkennen versuchen. Von Anfang an ist das Kind auf ein aktives Zusammenspiel mit anderen Menschen eingestellt. Nehmen die Eindrücke allerdings überhand, so kommt das Kind damit nicht mehr zurecht. Säuglinge können ihre Wachphasen regulieren und in gewissem Maße steuern, in welchem Takt und Umfang sie an dem Zusammenspiel mit anderen teilnehmen wollen. Das Gefühl des inneren Gleichgewichts scheint das Kind zu motivieren, sich zu öffnen und äußere Eindrücke entgegenzunehmen (Havnesköld & Risholm Mothander 1995).

Diese Fähigkeit, ein Gleichgewicht herzustellen zwischen der Öffnung zur äußeren Anregung und dem Abschalten, um Überstimulation zu vermeiden, scheint ein Leben lang seine wichtige Funktion zu behalten.

Enge Bindung an eine Person

Das Wichtigste für ein Neugeborenes ist die Schaffung einer engen, vertrauensvollen Bindung und die Möglichkeit, ein Gefühl des Zutrauens zu entwickeln. Wenn sich das Kind auf den Menschen verlassen kann, der es umsorgt, entwickelt es auch das Gefühl, dass andere Menschen vertrauenswürdig sind. Ein Kind, das vernachlässigt oder unbeständig versorgt wird, entwickelt stattdessen Misstrauen gegenüber dem Dasein und das Gefühl, sich auf niemanden verlassen zu können. Ein Kind mit einem Grundgefühl der Unsicherheit wird ständig unter Stress leben. Damit sich aber das wichtige Gefühl des Vertrauens bei einem Neugeborenen entwickeln kann, müssen die Bedürfnisse des Kindes vor denen der Eltern Vorrang haben.

Der Säugling muss sein Bedürfnis nach Kontakt mit seinen Eltern befriedigen können. Wenn das Kind keine Antworten erhält, sei es durch Blickkontakt, Lachen oder Berührung, kann ihm das ernsthaft schaden, wie ich in meinem Buch *Om du inte rör mig så dör jag* (Ohne Berührung muss ich sterben) beschrieben habe.

Schrei- und Schlafschwierigkeiten verursachen Stress

Ein Drittel aller Säuglinge in der Provinz Stockholm leidet an Essstörungen, Schrei- oder Schlafproblemen, so berichtet der »Kinderbericht« des Krankenhauses Huddinge. Diese Kinder bereiten ihren Eltern besonders große

Schwierigkeiten. Um Eltern und Kindern zu helfen, hat man verschiedene Methoden anderer Kulturen untersucht und erprobt, Kulturen, in denen die Kinder weniger schreien als in den westlichen Industrieländern. Dort werden die Kinder viel am Körper getragen, dürfen bei den Eltern schlafen, werden massiert, in den Schlaf gesungen und gewiegt.

Der beste Schutz gegen Stress im Säuglingsalter ist die sichere Bindung an die Eltern. Eine Voraussetzung dafür ist enger Körperkontakt. Ein Tragetuch kann dabei eine große Hilfe sein. Wenn das Kind darin getragen wird (auch wenn es nicht schreit), erlebt es ständig Ruhe und Sicherheit. Die Möglichkeit, im Bett der Eltern zu schlafen, kann ebenfalls Stress und Unruhe beim Kind verringern. Die Eltern sind da, aber das Kind lernt bald, ohne Hilfe wieder einzuschlafen, wenn es nachts wach geworden ist. Säuglingsmassage ist eine andere Methode, zwischen Eltern und Kind körperliche Nähe herzustellen. Bei der Massage und Berührung wird ein »Ruhehormon« ausgeschüttet, Oxytocin, das dafür sorgt, dass das Kind sich sicherer und wohler fühlt und Gefühle von Vertrauen und Bindung erlebt (mehr über den Zusammenhang zwischen Massage und Oxytocin in Kapitel 4).

Essen ohne Stress

Die Geschmackserlebnisse des ersten Lebensjahres haben Einfluss darauf, welche Nahrungsmittel das Kind später annehmen wird. Kinder im Alter von vier Monaten scheinen ganz besonders empfänglich für und interessiert an neuen Geschmacksrichtungen zu sein, aber schon mit sechs Monaten ist ein Gutteil dieser Lust wieder verschwunden. Die Phase, in der das Kind für neue Geschmacksempfindungen besonders empfänglich ist, ist also sehr kurz. Das bedeutet, dass Kinder schon lange vor dem ersten Geburtstag die Möglichkeit erhalten sollten, neue Geschmacksrichtungen und Konsistenzen zu erleben und sich daran zu gewöhnen, um später richtige Mahlzeiten zu akzeptieren und nicht nur flüssige oder pürierte Nahrung.

Wie Kinder neue, ungewohnte Speisen erleben, hängt von ihrer Umgebung ab. Ein Säugling wird neugierig, wenn er einen Erwachsenen essen sieht. Ein Kindergartenkind wird neue Gerichte probieren, wenn es gemeinsam mit anderen Kindern isst, die das Essen mögen. Manchmal braucht es viele kleine Appetithäppchen, bis sich ein Kind an eine neue Speise oder einen unbekannten Geschmack gewöhnt. Es geschieht häufig, dass die Erwachsenen diesbezügliche Versuche zu früh aufgeben.

Auch beim Essen ist also das Zusammenspiel zwischen Kindern und Erwachsenen wichtig. Deshalb sollten die Erwachsenen sich zu den Kindern setzen und in aller Ruhe essen. Während der Mahlzeiten kann das Kind Konzentration durch Blickkontakt und Kommunikation einüben, ein wichtiges Training, um sich allmählich auch auf andere Aufgaben konzentrieren zu können. Kleine Kinder brauchen Ruhe, wenn sie essen. In einer allzu lauten und unruhigen Umgebung ist es schwierig, sich aufs Essen zu konzentrieren.

Ursachen für Stress bei Kindern

Zu viele Beziehungen

An einem ganz gewöhnlichen Tag im Leben eines Kindergartenkindes geschehen viele Dinge, die Probleme und Konflikte schaffen können. Das Kind hat mit vielen verschiedenen Erwachsenen und mit vielleicht bis zu 20 anderen Kindern zu tun. Während der langen Öffnungszeiten des Kindergartens lösen sich erwachsene Betreuungspersonen ab. Hinzu kommen Praktikanten, die mit den Gewohnheiten und Unarten des einzelnen Kindes nicht vertraut sind. Manchmal komme ich in einen Kindergarten, ohne dass auch nur ein Kind fragt, wer ich bin. Gehen dort so viele Erwachsene ein und aus, dass die Kinder gar nicht mehr darauf reagieren?

Kinderpsychologen haben darauf hingewiesen, welchen Risiken Kinder durch den ständigen Personalwechsel in Kindergärten ausgesetzt sind. Wenn ein Erwachsener, dem das Kind vertraut, die Gruppe verlässt und durch einen anderen ersetzt wird, der nach einiger Zeit ebenfalls verschwindet, wird das Kind irgendwann nur noch auf ganz oberflächlicher Ebene Kontakt suchen. Es lernt, dass Menschen austauschbar sind, und möglicherweise wird es sich irgendwann davor hüten, sich an irgendjemanden zu binden.

Auch an dieser Stelle herrscht ein Gegensatz zwischen den Interessen der Kinder und denen der Erwachsenen. Die Erwachsenen nehmen freie Tage, haben eine andere Arbeitsstelle, gehen in Urlaub oder genießen ein Babyjahr.

Die Kinder wollen, dass alles so bleibt, wie es ist. Und natürlich fällt die Lösung in diesem Konflikt zumeist zum Vorteil der Erwachsenen aus.

Geteilter Raum und geteilte Aufmerksamkeit

Den Raum immer mit anderen teilen zu müssen, ist belastend, ebenso wie das Erlebnis, nur selten einen Erwachsenen ganz für sich zu haben. Experimente mit Ratten zeigen, dass die Tiere aggressiv werden, wenn sie auf zu engem Raum zusammenleben müssen, und nach meiner Erfahrung gilt dasselbe auch für Menschen. Alle Mitarbeiter in Kindergärten und Schulen wissen, dass es umso ruhiger zugeht, je kleiner die Kindergruppen sind.

Die Wissenschaftlerin und Dozentin Ingrid Pramling hat in ihren Studien gezeigt, dass es für Kleinkindgruppen besser ist, wenn sie weniger Kinder mit weniger Erwachsenen umfassen als mehr Kinder mit mehr Erwachsenen. Mit jedem zusätzlichen Kind und mit jedem zusätzlichen Erwachsenen wächst die Zahl der Beziehungen, die das Kleinkind eingehen muss. Das gelingt nicht allen Kindern, und in Gruppen mit mehr Kindern und Erwachsenen zeigen Kinder eher Niedergeschlagenheit und Apathie als in kleineren Gruppen mit weniger Betreuungspersonen.

Dass Kinder auch gesünder sind, wenn sie mehr Fläche zur Verfügung haben, kann man u. a. einem Bericht des dänischen Gesundheitsministeriums entnehmen. Dieser Bericht stellt fest, dass immer mehr Kleinkinder an Infektionen erkranken, die sie sich im Kindergarten zuziehen, und zwar deshalb, weil sich dort mehr Kinder aufhalten als früher. Gleichzeitig weist der Bericht auf Berechnungen hin, die zeigen, dass die Krankheitshäufigkeit jedes Kindes mit jedem zusätzlichen Quadratmeter Bewegungsraum um elf Prozent sinkt.

Zu wenig Anregung

Kinder, die über einen längeren Zeitraum hinweg nichts Sinnvolles zu tun haben, werden unruhig und können Stresssymptome zeigen, denn für das Funktionieren unseres Gehirns sind Anregungen aus der Umgebung unabdingbar. Das gilt für Kinder und Erwachsene gleichermaßen.

Wenn Kinder nicht genug Anregung erleben, verlässt ihr Gehirn jenen wachen Zustand, der nötig ist, um sinnvoll denken und handeln zu können, um sich zu konzentrieren und das emotionale Gleichgewicht zu bewahren.

Zu wenig Anregung, das kann ganz einfach bedeuten: Es ist »zu wenig los«. Dieser Zustand kann Unruhe, Unlust und Unmut hervorrufen, die ihrerseits zu Passivität führen, bis das Kind schließlich keine Initiative mehr ergreift.

Andererseits: Obwohl Kinder Anregung brauchen, muss es unbedingt auch Zeiten geben, in denen sie nicht wissen, was sie tun sollen. Wenn Kinder sich schnell langweilen, sobald sie nicht durch fertiges Spielzeug oder geplante Aktivitäten angeregt werden, kann der Grund in einem Zuviel an Planung liegen. Zu viel Planung behindert irgendwann die Entwicklung der eigenen kreativen Fähigkeiten.

Ein überfüllter Terminkalender

Heute ist ein Mangel an Anregung in der Regel nicht das entscheidende Problem. Vielmehr sind Kinder, die ständig einen vollen Terminkalender haben und nie Zeit finden, einfach vor sich hin zu leben, der Gefahr ausgesetzt, Stress zu entwickeln. Kinder brauchen aber Zeit, nur um einfach da zu sein, Zeit zum Spielen und Zeit, die sie gemeinsam mit ihren Eltern verbringen, wenn der Kindergartentag oder der Schultag zu Ende ist.

Natürlich wollen wir Eltern, dass unsere Kinder etwas Sinnvolles tun, was ihrer Entwicklung förderlich ist; also melden wir unsere Kinder im Fußballverein an, zum Reiten, zum Tanzen, bei den Pfadfindern usw. Dahinter können auch unsere eigenen nie erfüllten Träume stehen, Dinge, die wir als Kinder nicht tun durften. Nun sollen unsere Kinder unsere Träume verwirklichen.

Der Alltag wird dadurch aber immer stärker reglementiert, und es gibt Kinder, die einen eigenen Terminkalender führen müssen, um alle ihre wöchentlichen Beschäftigungen im Blick zu behalten. Selbst kleine Kinder werden zur Eile angetrieben, um die unterschiedlichsten Aktivitäten im Zeitplan unterzubringen.

Das bedeutet: Der Ehrgeiz der Erwachsenen geht oft über die Fähigkeiten des Kindes hinaus. Die Anpassungsfähigkeit von Kindern ist begrenzt, und irgendwann gelingt es ihnen nicht mehr, zwischen den verschiedenen Aktivitäten hin und her zu springen.

Denn ein Kinderhirn, das zu vielen Eindrücken ausgesetzt ist, wird überstimuliert, was dazu führen kann, dass das Kind aufgeregt, angespannt und unruhig wird, und dass es ihm schwer fällt, die Gedanken zu ordnen und sich zu konzentrieren. Das passiert uns allen von Zeit zu Zeit, wenn unser Leben an Tempo gewinnt, aber inzwischen beginnt diese Art der Aufregung schon sehr früh im Leben.

Hinzu kommt, dass selbst die Begleitumstände einer Freizeitbeschäftigung mit Stress und Unbehagen verbunden sein können, die die Lust an der Beschäftigung abtöten. Ein Beispiel:

Die siebenjährige Camilla fürchtet sich jede Woche, wenn sie allein mit dem Bus in die Stadt zur Klavierstunde fahren muss. »Ich habe solche Angst, wenn ich auf den Bus warte, dass mir übel wird. Wenn ich nun neben irgend so einem alten Mann sitzen muss? Aber Mama findet, ich bin groß genug, um allein zu fahren.«

Ein entrümpelter Terminkalender lässt Kinder Zeit finden: Zeit für sich, für ihre Freunde, Geschwister, Eltern, Großeltern und, ja, auch Zeit für die Beschäftigung mit dem, was sie in der Schule lernen.

Scheidung der Eltern

Es ist heute kein ungewöhnliches Schicksal mehr, ein Scheidungskind zu sein. Etwa sieben Prozent aller Kindergartenkinder in Schweden sind davon betroffen. 13 Prozent aller Schulkinder leben mit einem allein erziehenden Elternteil, und neun Prozent der Schulkinder leben in einer Familie mit Stiefvater oder Stiefmutter. Zum Vergleich: In Deutschland nimmt die Zahl der »Scheidungskinder« jährlich um rund 140 000 Kinder und Jugendliche zu.

Der Einzelfall einer Scheidung oder Trennung ist allerdings nicht weniger schmerzhaft, nur weil so viele davon betroffen sind. Es gibt Kinder, bei denen schon der bloße Gedanke an eine mögliche Trennung der Eltern Stress auslöst.

Wenn der Fall tatsächlich eintritt, leiden viele Kinder sehr darunter. Ohne irgendwelchen Einfluss auf die Situation nehmen zu können, müssen sie sich damit abfinden, dass ihre Familie zerbricht. Hinzu kommt, dass viele Kinder die Schuld für die Scheidung der Eltern bei sich suchen.

Die Reaktionen sind immer wieder die gleichen: Das Kind trauert, erlebt Leere und Sehnsucht, idealisiert vielleicht den abwesenden Elternteil oder schottet sich im Gegenteil ganz von ihm ab. Die meisten Kinder träumen davon, dass die Familie wieder zusammenfindet.

Entscheidend für das jeweilige Befinden des Kindes ist jedoch nicht die Scheidung selbst, sondern es sind die vielen Konflikte, die damit einhergehen. In der Zeit, in der sich die Familie auflöst, wird ein Kindergartenkind vielleicht Rückschritte in seiner Entwicklung zeigen, wird quengeln, wieder in die Hosen machen oder Aufgaben schlechter bewältigen als bisher. Es kann auch mit Unruhe oder Trauer reagieren, wenn es im Kindergarten abgeliefert wird. Schulkinder können Konzentrationsschwächen zeigen oder Schwierigkeiten haben, dem Unterricht zu folgen. Sie können traurig oder niedergeschlagen sein und sich von den Klassenkameraden abwenden. Diese Reaktionen legen sich wieder und verschwinden zumeist, wenn die Situation sich beruhigt hat. Im besten Fall haben sich Eltern und Kinder zwei Jahre nach der Trennung einigermaßen wieder gefangen.

Für viele Kinder bedeutet die Scheidung der Eltern, dass diese nun weit voneinander entfernt wohnen. Das heißt wiederum, dass viele Kinder allein reisen müssen, um den Elternteil zu besuchen, bei dem sie nicht ständig leben. Auch wenn Kinder gerade im Flugzeug sehr gut betreut werden, Aufmerksamkeit, Spielzeug und Süßigkeiten geschenkt bekommen, kann eine solche Reise für manche Kinder ungeheuer stressig sein. Vor allem kleine Kinder können starke Verlassenheitsgefühle entwickeln, oder aber Schuldgefühle gegenüber dem Elternteil, den sie verlassen. In einem Flugzeug mit lauter fremden Menschen zu verreisen, stellt Anforderungen, denen nur ältere Kinder ausgesetzt werden sollten.

Es kommt vor, dass Kinder bei einer Scheidung zur Vertrauensperson des einen Elternteils werden. Damit sind sie einer Situation ausgesetzt, für die sie weder reif noch erfahren genug sind. Sie müssen nicht nur Informationen verarbeiten, die sie nicht verstehen, sie geraten damit auch mitten hinein in die Konflikte der Erwachsenen.

Eine andere Art, Kinder in überfordernder Weise wie einen Partner zu behandeln, besteht darin, sie allein vor schwierige Entscheidungen zu stellen. Es ist sehr schwer für ein kleines Kind, selbst die Verantwortung zu übernehmen und zu entscheiden, bei welchem Elternteil es Weihnachten feiern oder die Ferien verbringen will oder wo es wohnen wird. Nachdem die Eltern die wichtigsten Menschen im Leben des Kindes sind, kann jede länger andauernde Trennung von ihnen eine emotionale Überlastung hervorrufen.

Wie Kinder die Krise verarbeiten und durchstehen, die beim Auseinanderbrechen der Familie ausgelöst wird, hängt zu einem Großteil davon ab, wie es den Eltern dabei geht, und wie diese selbst ihre Konflikte lösen. Es ist ungeheuer wichtig, dass das Kind weiterhin viel Kontakt mit beiden Eltern haben darf. Andere Erwachsene im Leben des Kindes, also Großeltern, nahe stehende Verwandte, Erzieher und Lehrer können in dieser Zeit ebenfalls eine große Hilfe sein, vorausgesetzt, sie begreifen, was die Trennung der Eltern bedeutet.

Eine Scheidung wirkt sich in der Regel nicht schädlich auf die Entwickung des Kindes aus, jedenfalls nicht dauerhaft. Aber wenn die Trennung mit anderen Problemen zusammenfällt, können die Konsequenzen schwer wiegen.

Arbeitslosigkeit

Es sollte selbstverständlich sein, dass Kinder das Recht auf ihren Kindergarten- oder Hortplatz in einem Betriebskindergarten behalten, falls sie und die Eltern das wünschen, wenn ein Elternteil seinen Arbeitsplatz verliert. Alles andere wäre eine Strafe. Das Kind braucht seine Freunde, und die Eltern brauchen eine Kinderbetreuung, um Arbeit zu suchen. Außerdem braucht das Kind ein sicheres Umfeld, um sich zu entspannen und zu aktivieren, wenn es den Eltern schlecht geht.

Ein Elternteil, der seine Arbeit verliert, kann in Konflikte mit sich selbst und seiner Umgebung geraten. Das kostet viel Kraft und kann die Fähigkeit zur Empathie und zum Verständnis für die Situation der anderen Familienmitglieder mindern. Das ganze Dasein gerät ins Wanken. In dieser bedrohlichen Situation sind Stressreaktionen die Regel, und sie können zu mächtigen Stimmungsschwankungen führen. Das macht die Reaktionen der Eltern für das Kind schwer vorhersehbar, und die Ungeduld der Eltern schafft große Unsicherheit. In einer Zeit seelischer Belastungen kann es Eltern schwerer fallen als sonst, ihre Kinder zu unterstützen und die Bedürfnisse der Kinder an die erste Stellen zu setzen.

Gerade arbeitslos gewordene Erwachsene sind zunächst zornig. Dieser Zorn kann sich auf vielerlei Weise äußern, nicht nur im unmittelbaren Zusammenhang mit dem Verlust des Arbeitsplatzes. Sowohl der nach außen gerichtete Zorn als auch derjenige, der sich nach innen wendet und sich in Kummer und Traurigkeit äußert, ist für Kinder schwer zu handhaben. Kinder denken nämlich oft, dass sie am Befinden der Eltern schuld sind.

Die Zeit zwischen der Kündigung und dem Ausscheiden aus dem beruflichen Alltag kann von Arbeitsunlust, Unruhe und Rastlosigkeit geprägt sein. Muskelanspannungen und Schlafprobleme sind andere häufige Stressreaktionen.

Die ernsthafteste Folge ist jedoch die Isolation, denn aus ihr findet man nur schwer wieder heraus. Isolation entsteht zumeist aus einem Gefühl der Hoffnungslosigkeit, Verzweiflung und Resignation, und sie führt nicht selten zur Depression.

Der Stress der Eltern trifft in hohem Maße die Kinder, die stark davon beeinflusst sind, wie es den Eltern geht. Bei Schulkindern ist in dieser Situation oft zeitweise die schulische Leistungsfähigkeit beeinträchtigt. Dann ist es sehr wichtig, dass die Lehrer wissen, was mit dem Kind los ist, die gängigsten Stressreaktionen kennen und den Umgang mit Stress bewusst steuern können. Der zeitweise Leistungsabfall des Kindes kann sonst dazu führen, dass der Stress und die damit verbundenen Probleme noch schlimmer werden, im schlimmsten Fall dauerhaft. Das Kind braucht Möglichkeiten, seine Stressreaktionen zu verarbeiten, indem es mit Erwachsenen spricht und seine Gefühle ausdrücken kann. Es braucht Verständnis dafür, dass es im Augenblick nicht so leistungsfähig ist, es braucht die Möglichkeit, für einige Zeit in der Schule kürzer zu treten, von Hausaufgaben entlastet und mehr in Gruppenarbeit eingebunden zu werden.

Viele Kinder, selbst solche im Kindergartenalter, verstehen recht genau, was Arbeitslosigkeit bedeutet, und sie machen sich Gedanken darüber, wie man mit der Situation umgehen könnte. Väter könnten kochen lernen, Mütter mehr bei den Hausaufgaben helfen. Kleine Kinder finden es oft ganz schön, wenn die Eltern bei ihnen zu Hause sind. Etwas ältere Kinder versuchen oft die Situation zu mildern, indem sie z. B. ihre eigene Traurigkeit nicht zeigen oder um nichts mehr bitten. Eine andere Art, ihre Anteilnahme zu zeigen, ist die Hilfe der Kinder beim Putzen, Einkaufen, Kochen und anderen Hausarbeiten. Damit das Kind die Situation auf eine konstruktive Weise betrachten kann, muss es sich als Teil des Geschehens fühlen. Wenn die Eltern dem Kind nicht erzählen, was geschieht, können die Fantasien schlimmer werden als die Wirklichkeit. Was das Kind am meisten fürchtet, ist ein Umzug oder ein Streit der Eltern.

Prof. Elisabeth Näsman und die Psychologin Christina von Gerber vom Soziologischen Institut der Universität Uppsala haben in ihrem Buch *Mamma pappa utan jobb* (Mama und Papa ohne Arbeit) gezeigt, was mit Kindern geschieht, deren Eltern arbeitslos werden.

Es zeigte sich dabei, dass die meisten Kinder relativ gut mit der Situation zurechtkommen, dass aber manche Kinder in große Schwierigkeiten geraten, die in unterschiedliche Stressreaktionen münden können. Das Buch beschreibt drei wichtige, hilfreiche Verhaltensweisen bei Familienkrisen.

▌ Schließen Sie das Kind nicht aus! Kinder brauchen Informationen über das, was geschieht. Sonst könnten sie glauben, sie hätten Schuld an der veränderten Situation.

▌ Übernehmen Sie Verantwortung für Ihre eigene seelische und körperliche Verfassung! Auch wenn es schwer fällt, es ist wichtig, dass sich die Erwachsenen in Form halten, körperlich und seelisch. Durch körperliche Aktivität wird zudem eine Menge negativer Energie verbraucht, und Stresssymptome werden verringert. Sonst kann man leicht in einen Teufelskreis von Isolation und Verzweiflung geraten.

I Informieren Sie Schule und Kindergarten. Viele Eltern finden es peinlich, von ihrer Arbeitslosigkeit zu erzählen. Sie können nur schwer über die problembeladene Situation sprechen und informieren deshalb Schule und Kindergarten nicht. Aber für das Kind ist es besser, wenn Lehrer und Erzieher darüber informiert sind, in welchen Schwierigkeiten die Familie ist. Dann können sie auch ihre Anforderungen anpassen, um den Stress für das Kind nicht noch weiter zu steigern.

Lärm

Lärm ist nicht gleich Lärm. Kinder geben positive Laute von sich, wenn sie fröhlich spielen und ihren Gefühlen Ausdruck verleihen. Im Gegensatz dazu stehen negative Laute, die aus Konflikten und der Konkurrenz um Aufmerksamkeit entstehen.

Kinder sind laut, und das ist vollkommen normal. Wenn wir die Spiele von Kindern dämpfen, dämpfen wir auch ihre Gefühlsentwicklung. Wenn wir die Laute ersticken, ersticken wir auch das Spiel. Laute geben Anlass zu reichen Sinneserlebnissen, und viele unterschiedliche Hörerlebnisse beeinflussen die Entwicklung des Kindes positiv.

Die Geräusche in einem Kindergarten bestehen zu einem großen Teil aus menschlichen Stimmen und lebhaften Aktivitäten. Kinder lieben Takt, Rhythmus und Höhepunkte (richtig schöne laute Hörerlebnisse), die allerdings bei den Erwachsenen nicht immer auf die gleiche Wertschätzung treffen.

Aber immer mehr Kinder klagen über Lärm. Im Herbst 1998 gab der schwedische Kinder-Ombudsmannes die Empfehlung, Kinder vor schädlichem Lärm zu schützen. Nachdem Kinder oft und gern selbst Lärm verursachen, könnte man leicht glauben, dass sie Lärm auch besser aushalten als die Erwachsenen und eine laute Umgebung eher genießen. Dabei ist das Gehör von Kindern empfindlicher als das von Erwachsenen, denn ihre Ohren haben eine andere Form. Der Gehörgang ist schmaler und kürzer, sodass akustische Impulse verstärkt und als lauter erlebt werden.

Kleine Kinder lauten Geräuschen auszusetzen, grenzt an Kindesmisshandlung. Bei einem Mittsommerfest in Stockholm habe ich mehrere Familien gesehen, die ihre Babys der ohrenbetäubenden Musik aussetzten, die bei diesem öffentlichen Spektakel anscheinend notwendig ist.

Kinder, die in den späten Achtzigerjahren geboren wurden, sind in einer lärmverschmutzten Welt aufgewachsen. Die Kindergruppen sind größer geworden, sowohl im Kindergarten als auch in der Schule. Die Anzahl an Haushaltsmaschinen ist erheblich gestiegen. Niederfrequenter Lärm von Ventilatoren und Straßenverkehr ist eine weitere Störquelle. Daneben werden wir mit Musik aus Lautsprechern belästigt, im Kaufhaus, im Schwimmbad und an anderen öffentlichen Orten. Moderne Musikanlagen können unglaublich laut aufgedreht werden. Früher zerstörte es den Lautsprecher – ein eingebauter Sicherheitsfaktor –, wenn die Lautstärke einen gewissen Pegel erreichte. Das ist heute (leider, möchte man manchmal sagen) nicht mehr der Fall.

Lärm verursacht Hörschäden

Schon 1975 veröffentlichte die Technische Hochschule in Stockholm einen Bericht mit dem Titel »Lärm im Kinderzimmer«, der Folgendes zeigte:

- Kinder und Erzieher sind den ganzen Tag Lärm in einer Höhe von 70 bis 80 Dezibel ausgesetzt. Ein derartig hoher Lärmpegel kann Hörschädigungen verursachen. Arbeitsschutz-Gesetze schreiben Ohrenschützer vor, sobald der Lärm über einen Zeitraum von fünfeinhalb Stunden 85 Dezibel überschreitet. Zum Vergleich: In Deutschland schreibt die so genannte Arbeitsstättenverordnung vor, dass der Lärm in Räumen, in denen geistig gearbeitet wird, sowie in Ruhe- und Pausenräumen einen Pegel von 55 Dezibel nicht überschreiten darf; in Räumen, in denen organisatorische Verwaltungsarbeit geleistet wird, liegt der Grenzwert bei 75 Dezibel, in jeder anderen Arbeitsumgebung bei 85 Dezibel.

- Es gibt einen klaren Zusammenhang zwischen der Zahl der Kinder und dem Lärmpegel.
- Starker Lärm wird vor allem durch grobmotorische Spiele und aggressives Verhalten der Kinder verursacht.
- Die Anwesenheit eines Erwachsenen führt zu mehr Variationen des Lärmpegels.

Die Untersuchung zeigte, dass der Lärmpegel im Zusammenhang steht mit der Gruppenstärke, der Zahl der Erzieher, der Menge an Spielmaterial, der Art der Aktivitäten, der Bauart und Einrichtung des Raums. Es erwies sich auch, dass Lärm im Kindergarten nicht nur als unangenehm empfunden wird, sondern auch ungesund ist. Lärm verursacht nicht nur Hörschäden, sondern auch psychische Probleme wie Gereiztheit, Stress, Konzentrations- und Kommunikationsschwierigkeiten.

Die Ohrenkliniken in Schweden berichteten 1998, dass jedes Jahr 360 Kinder und Jugendliche durch zu viel Lärm Hörschädigungen davontragen. In einer Enquête-Studie des Kinder-Ombudsmannes klagte jede(r) dritte 10-Jährige in Schweden über zu viel Lärm im Klassenzimmer. Ein ständig zu hoher Lärmpegel stresst sowohl die Kinder als auch die Erwachsenen und hindert sie daran, zu denken, zu überlegen und letzten Endes zu lernen.

Lärm hemmt die kindliche Entwicklung

Neuere Forschungsergebnisse der Cornell Universität in New York zeigen, dass Lärm Kinder nicht nur stresst, sondern auch ihre geistige und sprachliche Entwicklung hemmt. Die Forscher testeten zwei Gruppen in einem Kindergarten, insgesamt 90 Kinder im Alter von viereinhalb Jahren. Beide Gruppen wurden auf ihre sprachlichen und verstandesmäßigen Fähigkeiten hin untersucht. Die erste Gruppe wurde 1996 getestet, die andere ein Jahr später, nachdem der Kindergarten mit einer Lärmdämmung ausgerüstet worden war. Das Lärmniveau in diesem Kindergarten war dadurch von durchschnittlich 76 auf 71 Dezibel gesenkt worden.

Die Forschungsergebnisse zeigten große Unterschiede hinsichtlich der Fähigkeit der Kinder, Zahlen, Buchstaben und einfache Wörter zu lesen. Nach Ansicht der Forscher vermindert Lärm die Möglichkeiten von Kindern, grundlegende sprachliche Fertigkeiten zu erlernen.

Viele Kinder und Jugendliche benutzen Musik, um sich gegen unerwünschte Geräusche abzuschirmen, wenn sie lernen oder sich auf etwas konzentrieren wollen. Die Musik wirkt wie eine Mauer gegen die Umgebung, aber man kann das auch übertreiben. »Wenn meine Stereoanlage streikt, werde ich verrückt«, hat ein Gymnasiast mir gegenüber einmal behauptet. Die Flucht in die Musik ist angenehm und anspruchslos, darf aber kein Ersatz für menschliche Kontakte werden.

Kinder, die sich auf ihre Sinne nicht verlassen können

Die *Sehfähigkeit* ist bei der Geburt noch nicht vollständig entwickelt. Während der gesamten Vorschulzeit geht ein komplizierter Entwicklungsprozess vor sich. Erst im Alter von vier bis fünf Jahren ist die Fähigkeit des »binokularen Sehens« voll ausgebildet. Das heißt, erst in diesem Alter können beide Augen zusammen ein Objekt fixieren, und erst dann kann der Sinneseindruck von beiden Augen zu einem Bild verschmolzen werden.

Eine gut entwickelte Fähigkeit, Gesehenes zu verstehen und wiederzugeben, ist aber die Voraussetzung dafür, dass das Kind ohne Schwierigkeiten lesen und rechnen lernt und die Fertigkeiten entwickelt, die für den Schulerfolg notwendig sind. Viele Kinder kommen in die Schule und sind schlecht auf die visuellen Herausforderungen vorbereitet. Es ist aber ein bedeutender Stressfaktor, wenn das Kind sich auf seine Sinne nicht verlassen kann, und sehr häufig vermeiden Kinder mit schlechtem Sehvermögen solche Aktivitäten, bei denen das Sehen eine entscheidende Rolle spielt, z. B. Puzzlespiele, Handarbeiten, Zeichnen oder Schreiben.

Das Kinder derlei Aktivitäten vermeiden, kann darauf beruhen, dass

- die Sehschärfe im Nahbereich vermindert ist,
- das Kind leicht schielt,
- die Augenmotorik nicht in Ordnung ist (rund um jedes Auge befinden sich sechs Muskeln, die vielleicht mehr Training benötigen),
- das Kind Schwierigkeiten beim Wechsel zwischen verschiedenen Sehentfernungen hat,
- das Kind noch kein führendes Auge für das Nahsehen ausgebildet hat und zwischen dem rechten und linken Auge wechselt.

Wenn der Verdacht auf Sehschwierigkeiten besteht, sollten Kinder unter acht Jahren einem Augenarzt vorgestellt werden. Größere Kindern können auch von einem Optiker untersucht werden. Viele Kinder, die über Müdigkeit oder

Kopfschmerzen klagen, die sich schwer konzentrieren können oder feststellen, dass die Buchstaben beim Lesen auf und ab hüpfen, haben Sehschwierigkeiten. Ihre Augen arbeiten nicht so, wie sie sollen. Manche Optiker haben eine spezielle Ausbildung und können Kindern bei derartig verursachten Lese- und Schreibproblemen helfen.

Das *Hörverstehen* ist die Fähigkeit, Gehörtes zu verstehen und wiederzugeben und das Gehörte mit früheren Hörerlebnissen in Verbindung zu bringen. Dazu muss das Hörvermögen gut ausgebildet sein, vor allem die Hörunterscheidung und das Hörgedächtnis. Mit Hörunterscheidung meint man die Fähigkeit, verschiedene Laute, Aussprachen, Wörter, Satzteile und Aussagen richtig aufzufassen und zu unterscheiden. Bei kleinen Kindern ist es normal, dass sie ähnliche Laute verwechseln, aber wenn ein Kind im Alter von fünf bis sechs Jahren noch Schwierigkeiten hat, Laute voneinander zu unterscheiden, führt das oft zu Sprech- und vor allem Ausspracheproblemen.

Für das Lernen ist es aber entscheidend, sich an das zu erinnern, was gesagt wird. Wenn das Hörgedächtnis zu Beginn der Schulzeit nicht richtig arbeitet, wird es für das Kind sehr anstrengend. Ein Kind, dass sich an eine Anweisung nicht erinnert, hat Schwierigkeiten, eine Aufgabe zu verstehen und auszuführen. Das führt seinerseits zu Konzentrationsproblemen.

Wenn man den Eindruck hat, dass ein Kind nicht gut hört, sollte man einen Hörtest durchführen lassen.

Störungen in der sprachlichen Entwicklung, Leseschwierigkeiten, Stressempfindlichkeit, Konzentrationsschwierigkeiten oder allgemeine Unausgeglichenheit können ihren Grund aber auch darin haben, dass das Kind »anders« hört, mit dem falschen Ohr oder tatsächlich zu gut hört.

Alfred Tomatis, ein französischer Hals-Nasen-Ohren-Arzt, vermutet, dass traumatische Erlebnisse vor der Geburt oder während der Kindheit im späteren Leben zu psychischen Blockaden führen können. Seine Forschungen zeigen, dass eine verringerte Fähigkeit zuzuhören Auswirkungen auf Konzentration, Gedächtnis, Stimm- und Sprechqualität, Empathie, Lernfähigkeit, Motorik und Gleichgewichtssinn hat. Seine Messungen gehen über den normalen Hörbereich hinaus, sowohl bei hohen als auch bei niedrigen Frequenzen. Er vermutet, dass niedrige Frequenzen das Gehirn ermüden, während hohe Frequenzen die Hirnaktivität erhöhen.

Wer niedrige Frequenzen *zu* gut hört, für den werden die Geräusche von Gebläsen und Maschinen, scharrende Stühle und anderer Lärm ungeheuer ermüdend. Wer hohe Frequenzen schlecht hört, verpasst allzu leicht die Zwischentöne und gerät auf diese Weise in Stress. Abweichungen dieser Art werden bei einem normalen Hörtest nicht immer festgestellt.

Für die Sprachentwicklung ist es günstig, wenn das rechte Ohr beim Hören dominiert. Wenn nämlich die Signale, die die Sprachentwicklung steuern, vom rechten Ohr aufgenommen werden, werden sie direkt im Hörzentrum des Gehirns in der linken Gehirnhälfte verarbeitet. Wenn das linke Ohr das stärkere ist, müssen sprachliche Laute einen mühsamen Umweg durch das Gehirn machen, bevor sie im Hörzentrum landen. Dadurch wird die Verarbeitung von Höreindrücken erschwert, und auf diese Weise kann das Kind unsicher werden und muss dann oft nachfragen.

Nach Tomatis bietet sich für Kinder mit Hörabweichungen eine Behandlung mit Musik an. Vor dieser Behandlung wird untersucht, welche Tonhöhen und Frequenzbereiche das Kind unzureichend aufnimmt. Dann wird das Gehör mit Hilfe spezieller Kopfhörer trainiert, die gregorianische Choräle oder Kompositionen von Mozart filtern. Diese Musik stimuliert das Innen- und Mittelohr so, dass die Blockaden und Störungen im Gehirn behoben werden. Das Kind soll die gefilterte Musik jeden Tag mit den Kopfhörern anhören. Nach einer Weile wird erneut gemessen, und die Musik wird entsprechend angepasst.

In Schweden ist diese Methode noch einigermaßen umstritten. Im »Vestibulen« in Mönsterås und im Sensomotorischen Zentrum in Mjölby arbeitet man allerdings schon seit vielen Jahren mit einer Modifizierung der Tomatis-Methode, unter Anleitung des Dänen Kjeld Johansen von der Insel Bornholm, der seit mehr als dreißig Jahren mit Kindern arbeitet, die unter Hörschwierigkeiten leiden. Die Musiktherapie hat in beiden Institutionen vielen Kindern geholfen. Auch in Sollentuna am Rand von Stockholm gibt es jetzt ein Tomatis-Zentrum, wo mit dieser Methode gearbeitet wird.

Nicht verstanden werden – nicht verstehen

Wenn man nicht verstanden wird oder die anderen nicht versteht, ist das ein starker Stressfaktor. Wer sich mit Worten nicht ausdrücken kann, verschafft sich oft auf andere Weise Gehör: mit Schreien, Treten, Schlagen, Schubsen oder Anklammern. Und manche Kinder ziehen sich einfach ins Schweigen zurück.

Als Sprechpädagogin im Kindergartenbereich habe ich viele Kinder kennen gelernt, die Sprachschwierigkeiten hatten und gleichzeitig deutliche Stresssymptome zeigten. Zwei davon sind Lina und Robert.

Lina

Lina war eine dickliche Sechsjährige mit mangelndem Selbstvertrauen. Sie konnte sich anderen Kindern gegenüber nur schwer verständlich machen. Die Höhepunkte des Tages waren für Lina die Mahlzeiten: Da musste sie nicht sprechen, denn sie hatte die ganze Zeit etwas zu essen im Mund. Ihre Eltern und die Erzieherinnen im Kindergarten konnten sie kaum dazu bringen, vernünftige Mengen zu essen. Lina fand im Essen Trost und Ersatz für ihre mangelhaften sozialen Kontakte, die auf ihren Sprachschwierigkeiten beruhten. Sie tat sich mit allen Aktivitäten schwer, die irgendeine Anforderung stellten. Dann rannte sie sofort zur Toilette. Trotz wiederholter Untersuchungen konnte man für ihren ständigen Harndrang keine körperliche Erklärung finden.

Robert

Der sechsjährige Robert stotterte so sehr, dass die anderen Kinder es kaum ertragen konnten, ihm zuzuhören. Er konnte sich nur schwer durchsetzen und wurde selten aufgefordert, mitzuspielen. Seine Enttäuschung darüber äußerte sich in Aggressivität. Unzählige Zeichnungen seiner Kameraden hatte er zerstört, indem er Farbe darauf gespritzt hatte, den Malenden geschubst hatte, oder schlicht und einfach das Bild zerrissen hatte. In seinen eigenen Zeichnungen zeigte sich die gleiche Aggressivität: Er malte sehr oft »schreckliche Sachen«, wie er sagte, oder Menschen, die sich selbst oder anderen wehtaten.

Roberts Verhalten machte ihn oft zum Sündenbock in der Gruppe. Er konnte es niemandem recht machen. Die anderen Kinder hatten Angst vor ihm, und die Diskussionen der Erzieherinnen drehten sich immer öfter um Roberts Verhalten, und allzu selten um die Hintergründe dieses Verhaltens.

Es kann manchmal schwierig sein, Ursache und Wirkung von vornherein zu unterscheiden. Wahrscheinlich wurde Roberts Stottern durch die ständigen Konflikte mit den anderen Kindern noch verschlimmert. Natürlich reagieren nicht alle Kinder so stark wie Lina und Robert, aber Verständigungsschwierigkeiten beeinträchtigen oft das Selbstgefühl des Kindes.

In einer normalen Kindergartengruppe finden sich im Schnitt zwei bis vier Kinder, die Hilfe bei ihrer sprachlichen Entwicklung benötigen. Ein sprachlicher Spätentwickler, der keine Hilfe findet, läuft eher Gefahr, von Lernschwierigkeiten betroffen zu sein – und damit auch von dem Stress, der sich entwickelt, wenn man den Erwartungen der Umgebung nicht genügt.

Ursachen für Stress bei Kindern

Bei einer Reihenuntersuchung von 260 Kindergartenkindern (darunter auch Kinder aus ausländischen Familien) im Alter zwischen vier und sechs Jahren in einer mittelgroßen schwedischen Stadt zeigte sich, dass fast die Hälfte der Kinder Hilfe brauchte, auf ein Sprachniveau zu kommen, das ihnen einen unproblematischen Schulbesuch ermöglicht hätte. Bei dieser Untersuchung wurden folgende Faktoren betrachtet:

- Phonologie: Wie gut kann das Kind verschiedene Laute voneinander unterscheiden und sie richtig einordnen?
- Syntax: Wie setzt das Kind Aussagen zusammen?
- Grammatik
- Sprachbewusstsein: also die Fähigkeit, Wörter zusammenzusetzen und zu teilen, Reime zu bilden, eine Verwandtschaft zwischen Wörtern und Begriffen zu erkennen.
- Wortschatz: Ein sechs- bis siebenjähriges schwedisches Kind hat einen aktiven Wortschatz von etwa 2000 und einen passiven Wortschatz von etwa 8000 Wörtern. Je eingeschränkter der Wortschatz eines Kindes ist, desto schlechter sind die Voraussetzungen, um komplizierte Begriffe zu verstehen.

Ein Viertel der Kinder in dieser Untersuchung hatte so große Schwierigkeiten, dass davon die Fähigkeit, lesen und schreiben zu lernen, betroffen war. Ein weiteres Viertel brauchte zusätzliche Aufmerksamkeit und Anregung. Andere Berichte aus anderen Landesteilen haben ähnliche Ergebnisse erbracht.

Heute wissen wir, dass eine verzögerte sprachliche Entwicklung ein sehr häufiger Grund für Legasthenie ist. Mindestens die Hälfte aller Legastheniker sind sprachliche Spätentwickler. Solche Kinder können bereits im Kindergarten entdeckt werden, und es gibt dort viele Möglichkeiten zum Üben und zur Anregung.

Entscheidend für die sprachliche Entwicklung ist ein enger Kontakt mit Erwachsenen, die Zeit zum Zuhören und zum Gespräch haben. Kleine Kindergruppen und eine gute Ausbildung des Betreuungspersonals sind also eine gute Grundlage für die sprachliche Entwicklung von Kindern. Auf diese Weise verringert sich der Stress, der entsteht, wenn ein Kind nicht versteht, was gesagt wird, oder sich selbst nicht zufriedenstellend ausdrücken kann.

Spätentwickler

Ein Kind mit einer sichtbaren Behinderung wird in den meisten Fällen frühzeitig erkannt und bekommt dann – hoffentlich – die Hilfen, die es braucht. Wenn ein Kind sich langsam entwickelt, sieht man das dagegen nicht von außen. Deshalb werden an diese Kinder oft zu hohe Anforderungen gestellt, was Verhalten und Leistung angeht.

Eine verspätete Entwicklung hat nichts mit Begabung oder Intelligenz zu tun. Wenn Spätentwickler die richtige Anregung bekommen und ihrem Leistungsvermögen entsprechende Aufgaben erhalten, holen sie gegenüber ihren gleichaltrigen Kameraden zumeist schnell auf. Ein Spätentwickler, der nicht bemerkt wird, steht dagegen allzu häufig vor Anforderungen, die nur seinem chronologischen Alter entsprechen, und das führt zu Stress bei einem Kind, das den Erwartungen seiner Umgebung nicht entsprechen kann.

Die weitaus meisten Spätentwickler sind Jungen – viermal so viele wie Mädchen. Das erklärt sich teilweise daraus, dass das zentrale Nervensystem von Jungen sich langsamer entwickelt als das von Mädchen. Was diese Kinder vor allem brauchen, sind sensomotorische Aktivitäten, also Möglichkeiten, sich so zu bewegen, dass Gelenke, Muskeln und Gleichgewichtssinn angeregt werden. Auf diese Weise wird eine Muskelspannung erreicht, die es dem Kind ermöglicht, aufrecht zu stehen und seine Bewegungen zu steuern und zu planen. Sensomotorische Aktivitäten stimulieren das Gehirn, sodass das Kind seine Sinneseindrücke leichter sortieren, organisieren und verarbeiten kann – eine wichtige Voraussetzung fürs Lernen.

Ein Kind, das allzu hohen Anforderungen ausgesetzt ist, erlebt oft ein Gefühl des Misserfolgs, das sein Selbstbewusstsein und sein Selbstvertrauen beeinträchtigt. Ein solches Kind wird vielleicht irgendwann gar keine Versuche mehr wagen, sondern Ausflüchte suchen, um den Anforderungen zu entgehen. Aber es kostet sehr viel Kraft, die eigenen Mängel zu verbergen, Kraft, die man besser dazu verwendet, etwas zu versuchen und die Freude zu erleben, wenn man es geschafft hat.

Überforderung beim Sport

Jedes fünfte Kind in Schweden, das Sport treibt, steht unter erheblichem Leistungsdruck, den die Eltern ausüben. Das sind etwa 45 000 Kinder. Diese Zahlen hat eine Untersuchung der Universität Göteborg erbracht. Der Leistungsdruck ist selbst in den jüngeren Altersgruppen erschreckend hoch, und dies gilt vor allem für den Schwimmsport und das Tennisspielen. Insgesamt sind Kinder in Einzelsportarten eher gefährdet als in Mannschaftssportarten.

Göran Patriksson, Professor für Sportpädagogik, war verantwortlich für diese Untersuchung und ist der Ansicht, dass allzu viele Kinder in Gefahr sind, Schaden an ihrem Selbstbewusstsein zu nehmen, wenn die Eltern den sportlichen Aktivitäten zu viel Gewicht beimessen. Diese Kinder erleben, dass ihre Eltern nicht zufrieden sind, obwohl sie doch alles tun, was sie können. Sie schämen sich, wenn ihre Eltern in Gegenwart anderer Kinder und Eltern Zorn oder Enttäuschung zeigen. Es gibt Kinder, die trainieren und an Wettkämpfen teilnehmen, obwohl sie das eigentlich nicht wollen.

Aber nur sieben Prozent der Eltern geben zu, dass sie Druck auf ihre Kinder ausüben. Die meisten Eltern haben keine Ahnung davon, wie ihre Kinder die Situation erleben.

Natürlich ist Sport gut für Kinder, aber es dürfen nicht nur die Wettkampfergebnisse zählen. Wenn ein Achtjähriger während eines Fußballspiels die ganze Zeit auf der Bank sitzen muss oder nur für einige Minuten aufs Spielfeld darf, empfängt er negative Signale: »Du taugst nichts, nur die besten Spieler zählen.« Solche Erlebnisse sind für das Selbstbewusstsein verheerend.

Aufgepasst im Straßenverkehr!

Kinder entwickeln sich im Umgang mit anderen Kindern und Erwachsenen, und für ihre Entwicklung ist es wichtig, dass sie sich frei bewegen können, um selbst zu entscheiden, mit wem sie spielen wollen. Kinder, die in einer Umgebung mit viel Straßenverkehr aufwachsen, tun sich schwer damit, zu ihren Freunden und wieder nach Hause zu kommen, und deshalb haben sie auch Schwierigkeiten mit dem Aufbau eigener sozialer Netze.

Obwohl die Zahl der Autos zugenommen hat, sinken die Zahlen verletzter oder getöteter Kinder. Das ist eine erfreuliche Entwicklung, sofern der Grund für diese abnehmenden Zahlen nicht darin liegt, dass die Bewegungsfreiheit der Kinder eingeschränkt wurde bzw. dass Kinder sich an den Straßenverkehr angepasst haben und nicht umgekehrt.

In einer Umgebung mit viel Straßenverkehr leben Kinder gefährlich, und die Eltern haben Angst. Aber nicht nur die Eltern sind beunruhigt. In einer Studie, die etwa 100 Schülerinnen und Schüler von zweiten, fünften und achten Klassen umfasste, berichtete rund die Hälfte der Kinder, dass sie sich vor Autos und dem Straßenverkehr fürchten. Dabei wären viele Dinge, vor denen sie konkret Angst haben, leicht zu vermeiden. Sie erzählten z. B. von

Verkehrsregeln, die nicht eingehalten werden: von Mopeds und Fahrrädern auf Gehwegen, von Autos, die auf einem Hof fahren, auf dem Kinder spielen. Hohe Schneehaufen und Hecken, Lärm und Abgase sind andere Faktoren, die Kindern auf der Straße Angst einflößen. Viele der befragten Kinder kannten jemanden, der Opfer eines Verkehrsunfalls geworden war. Obwohl die meisten Kinder die Verkehrsregeln befolgen, die man ihnen beigebracht hat, fühlen sie sich nicht sicher!

Schule als Stressfaktor

Der Schulbesuch von Kindern entspricht der Arbeit von Erwachsenen, aber er findet unter anderen Bedingungen statt. Während wir Erwachsenen uns in gewissem Umfang aussuchen können, was wir arbeiten, haben Kinder keine Wahl. Die Schule ist theoretisch ausgerichtet und beruht auf Prüfungen und Kontrolle, was zur Konkurrenz ermuntert. Wer das Lerntempo nicht mithält, nicht gut sieht oder hört oder sich langsamer entwickelt als andere, für den kann die Schule sehr frustrierend sein. Viele Kinder sind deshalb in der Schule chronischem Stress ausgesetzt.

Das Klassenzimmer schränkt die Bewegungsfreiheit ein, und die Schulhöfe gleichen in vielen Fällen einer Steinwüste. Der Schultag ist voll von allen möglichen Ereignissen; schnell wechseln Stoffe und Themen, sodass viele Kinder gar nicht richtig ans Arbeiten kommen, bevor sie schon wieder unterbrochen werden. Die traditionellen schulischen Arbeitsweisen stressen viele Kinder, weil sie von Thema zu Thema gejagt werden, von einer erwachsenen Autorität zur anderen. Die Kinder erleben nie, das etwas »fertig« ist. Dabei geht das Gefühl für Zusammenhänge verloren, und viele Kinder verstehen überhaupt nicht, wohin ihre Arbeit in der Schule führen soll.

Aber es gibt natürlich Veränderungen, an manchen Schulen sogar große Veränderungen. Neue pädagogische Methoden finden immer mehr Anklang, und einige Schulen haben andere Unterrichtsformen eingeführt. Die Bifrost-Schule in Dänemark ist ein solches Beispiel, wo die Lust der Schüler am Lernen im Mittelpunkt steht und das Klassenzimmer flexibel genutzt wird. Wissen wird dadurch vermittelt, dass man den Forschergeist und die Kreativität der Kinder anspricht. Ein bestimmtes Thema steht für eine ganze Weile im Blickfeld und beschäftigt während dieser Zeit die gesamte Schule. Durch solche Unterrichtsmethoden begreifen die Schüler Zusammenhänge in ihrem Lernen, und sie lernen fürs Leben. Viele Schulen in Schweden haben sich inzwischen von der Bifrost-Pädagogik inspirieren lassen.

Burnout schon in der Schule?

Jakob begann die Schule mit der großen Erwartung, dass er Lesen und Schreiben lernen würde, abends länger aufbleiben dürfte und künftig mehr Taschengeld erhielte. Jetzt war er endlich groß.

Aber das brachte auch steigende Anforderungen mit sich. In den ersten Schuljahren war es noch unmerklich, aber nach der dritten Klasse wollte Jakob nach den Sommerferien nicht mehr in die Schule zurück. Er hatte oft Bauchschmerzen, weinte beim kleinsten Misserfolg und zog sich von seinen Klassenkameraden zurück. Er konnte und wollte am Nachmittag nichts mehr unternehmen; die meiste Zeit verbrachte er in seinem Bett vor dem Fernseher.

Da Stress bei Kindern bisher nicht eigens erforscht worden ist, wissen wir nicht genau, was geschieht, wenn ein Kind über lange Zeit unter Stress gelebt hat.

Eine Studie von Robert L. Veninga und James P. Spradley hat allerdings wichtige Gemeinsamkeiten von Jugendlichen nachgewiesen, die schon in der Schule vom so genannten Burn-out-Syndrom betroffen sind. Veninga und Spradley beschreiben das Ausbrennen in fünf Stadien:

1 Flitterwochen: Das Kind beginnt eifrig und erwartungsvoll seine Schulzeit.

2 Brennstoffmangel: Konkurrenz und ständiger Leistungsdruck führen dazu, dass das Kind seine Energiereserven angreifen muss, die nicht in gleichem Maße wieder aufgefüllt werden, wie sie verbraucht werden.

3 Chronische Stresssymptome: Das Kind fühlt sich unwohl in der Schule, ist müde, hat aber trotzdem Schlafprobleme. Der chronische Stress wird häufig durch Allergien verschlimmert, und das Kind wird anfällig für Krankheiten und Unfälle.

4 Krisen: Einige Kinder werden in diesem Stadium verhaltensauffällig, wirken aggressiv oder verschlossen. Manche Kinder beginnen gewohnheitsmäßig zu mogeln oder die Schule zu schwänzen. Auch Drogenprobleme können vorkommen.

5 Mit dem Rücken zur Wand: Wenn die Energiereserven aufgebraucht sind, wird der Schulstress als unerträglich empfunden. Wenn das Kind keine Hilfe findet, verliert es alle Kraft.

Da Kinder bisher nicht ausreichend auf Stresssymptome hin beobachtet werden, können sie in das Krisenstadium geraten, bevor die Erwachsenen die Lage wirklich verstehen und die Situation zu ändern versuchen.

Nun weiß man aber, dass ein Erwachsener, der in das fünfte Stadium geraten ist, also »mit dem Rücken zur Wand steht«, Monate, manchmal Jahre braucht, bis er sich erholt. Auch für ein Schulkind kann der Weg zurück sehr lang sein, und das Kind gerät mit dem Lernen und mit seiner Entwicklung ins Hintertreffen.

Stress in der Pubertät

Der Beginn der Pubertät bringt körperliche und seelische Veränderungen mit sich, die die Jugendlichen in große Verwirrung stürzen können, selbst in einer ansonsten wohl vertrauten Umgebung. Das Verhältnis zu Eltern und Gesellschaft verändert sich, unter anderem dadurch, dass Jugendliche sich häufiger Anordnungen widersetzen und dadurch in Konflikte geraten.

Wenn sich das Verhältnis zu den Eltern stark verschlechtert, oder wenn die Erwachsenen keine Kraft oder Zeit haben, sich zu engagieren, wird das Dasein für das Kind immer stressiger, weil die neue Situation große Unsicherheit hervorruft. Das Bedürfnis nach Unterstützung und Gespräch ist groß, obwohl die Teenager gleichzeitig ihre Unabhängigkeit beweisen müssen.

Aber woher soll diese Unterstützung kommen? Eine Schülerin oder ein Schüler in der Oberstufe hat unter Umständen mehr als zehn verschiedene Lehrer. Der Leistungsdruck steigt, und die Konkurrenz zwischen den Schülern wird härter.

Zur Entwicklung während der Pubertät gehört die gedankliche Beschäftigung mit Sexualität, das Gefühl der Einsamkeit und Unpersönlichkeit, aber auch die Angst, nicht tauglich zu sein. Bei vielen Jugendlichen bezieht sich diese Angst vor allem auf ihr Aussehen, das sie stark beschäftigt. Gelegentlich sind Essstörungen die Folge.

Da es in diesem Alter so unendlich schwer fällt, tiefe Bedürfnisse zu äußern – »Sieh mich an, hör mir zu, hilf mir, es tut so weh in meiner Seele« –, suchen viele Jugendliche nach einfacheren Lösungen. Und es fällt leichter, um Äußerlichkeiten zu bitten, um ein neues Kleidungsstück, um mehr Taschengeld oder um die Erlaubnis, abends länger wegzubleiben.

Stress in der Pubertät kann sich in Lernschwierigkeiten äußern, in aggressivem Verhalten, Kopf- und Magenschmerzen, Schlafproblemen und Alkohol- oder Drogenkonsum. Ein gestresster und gehetzter junger Mensch ist eher unfallgefährdet als ein ausgeglichener Gleichaltriger, denn Teenager mit Problemen neigen eher dazu, Risiken einzugehen, und gehen davon aus, dass ihnen schon nichts zustoßen wird.

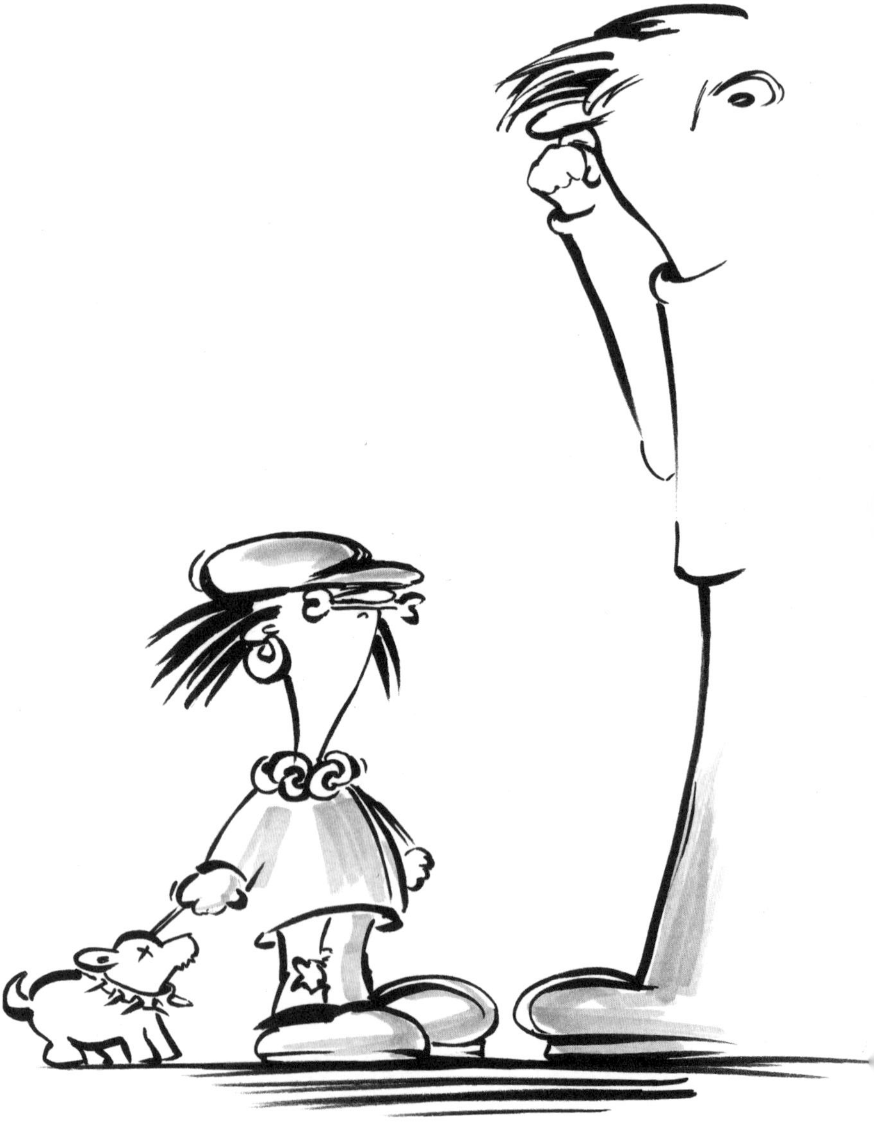

03

Stressverhalten und Stresstoleranz

Stressverhalten bei Kindern

Das Trotzalter und die Pubertät sind Phasen im Leben eines Kindes, die normalerweise besonders stark mit Stress verbunden sind. Deshalb können zusätzliche Stresssituationen zu belastend für ein Kind werden, das schon genug damit zu tun hat, die Anforderungen und Mühen des Alltags zu meistern. In diesen Phasen kann auch das Verhältnis zwischen dem Kind und der Erwachsenenwelt konfliktbeladen sein. Das führt bei dem Kind möglicherweise zu Zweifeln daran, ob es wirklich geliebt wird. Da diese Phasen aber wichtig für die Entwicklung der Selbstständigkeit sind, ist es für Eltern und Erzieher ein schwieriger Balanceakt, viel Liebe, angemessene Freiheit und feste Grenzen miteinander zu verbinden.

Marianne Cederblad, Professorin für Kinderpsychiatrie an der Universitätsklinik in Lund, beschäftigt sich seit langer Zeit mit der Problematik von Kindern und Stress. Sie hat in einem Interview folgende Beispiele skizziert, um verschiedene Symptome von Stress bei Kindern und ihre Ursachen zu beschreiben:

Frida, 4 Jahre

Symptome: Frida lebt mit ihrer Mutter zusammen, die als Krankenschwester arbeitet. Frida isst zu Hause nicht; sie wehrt sich, wenn sie sich anziehen soll, und schlägt manchmal plötzlich nach ihrer Mutter. Da ihre Mutter zu unregelmäßigen Zeiten arbeitet, wird Frida oft von ihrer Großmutter abgeholt und darf auch bei ihr übernachten, wenn die Mutter Spätdienst hat. Dann bettelt Frida ständig um Süßigkeiten, und die Großmutter gibt nach, damit das Kind ruhig ist.

Ursachen: Frida will mehr Zeit mit ihrer Mutter verbringen. Sie versteht nicht, warum ihre Mutter so oft fort sein muss. Sie ist wütend darüber, dass ihre Mutter so oft müde ist und einschläft, bevor sie die Gute-Nacht-Geschichte zu Ende vorgelesen hat. Morgens ist es oft hektisch, es gibt fast kein Frühstück, anziehen und raus in die Dunkelheit und Kälte. Im Bus auf dem Weg zum Kindergarten müssen sie oft die ganze Zeit stehen. Frida ist müde, sie braucht Trost, und sie tröstet sich mit Süßigkeiten.

Lotta, 11 Jahre

Symptome: Lotta klagt häufig über Bauchschmerzen. In letzter Zeit sind auch Kopfschmerzen dazugekommen. Ihre Mutter muss jeden Tag betteln, damit Lotta zur Schule geht. Lotta will nicht mehr zur Schule gehen. Es geht ihr schlecht, und sie sagt, sie hat Angst, sich in der Schule übergeben zu müssen.

Ursachen: Vor sechs Monaten haben sich Lottas Eltern getrennt. Lotta und ihr kleiner Bruder leben bei der Mutter. Die Eltern haben Lotta die Trennung nicht richtig erklärt, was dazu führt, dass sie sich einbildet, sie könnte einer der Gründe für die Trennung sein. Lottas eigentliche Klassenlehrerin ist seit einiger Zeit krank, und Lotta hatte in diesem Schuljahr schon mit sechs Vertretungen zu tun. Die Jungen in der Klasse reagieren darauf mit Unruhe, und das empfindet Lotta als sehr anstrengend.

Anders, 14 Jahre

Symptome: Anders reagiert in letzter Zeit zunehmend gereizt auf Dinge, die ihn früher überhaupt nicht berührt haben. Wenn die Eltern ihn fragen, was los ist, weigert er sich, mit ihnen über sein Verhalten zu sprechen. Er zieht sich dann in sein Zimmer zurück und knallt die Tür hinter sich zu. Da sitzt er dann, schweigend und unnahbar.

Ursachen: Anders ist ein guter Leichtathlet. Außerdem spielt er noch Fußball und Hockey. Unter der Woche geht er zum Training und am Wochenende zu Wettkämpfen und Punktspielen. Sein Vater unterstützt ihn voll und ganz und bringt ihn oft zum Training oder zu Wettkämpfen. Aber allmählich leidet die Schule, und Anders weiß das, wagt es aber nicht zuzugeben. Er schafft es nicht immer, seine Hausaufgaben zu machen, weil Training und Wettkämpfe seine ganze Zeit in Anspruch nehmen. Anders treibt gern Sport, aber er fühlt sich durch die Erwartungen seines Vaters unter Druck gesetzt. Er will es allen recht machen und wagt nicht auszusprechen, wie er sich fühlt.

Stress kann auf vielerlei Weise Ausdruck finden, und er ist manchmal schwer zu identifizieren, aber die folgenden Verhaltensweisen können auf ein gestresstes Kind hinweisen. Jede für sich muss nichts Besonderes bedeuten, aber wenn man mehrere gleichzeitig beobachtet, sollte man das als Signal deuten, dass das Kind möglicherweise Hilfe braucht:

- allgemeine Reizbarkeit, die sich in Aggressivität oder Rücksichtslosigkeit äußern kann
- Impulsivität
- Konzentrationsschwäche, Ruhelosigkeit
- Niedergeschlagenheit oder Verlust an Lebensfreude
- Müdigkeit
- nervöse Zuckungen
- nervöses Lachen
- Stottern
- Zähneknirschen
- Schlaflosigkeit
- Hyperaktivität
- häufiger Gang zur Toilette
- schlechter Appetit oder Trostessen
- Albträume
- Neigung zu Unfällen

Stress und Allergien

Vor einiger Zeit ging eine Untersuchung des Karolinska-Instituts durch die Presse, in der Stress als Ursache dafür genannt wurde, dass die Allergien bei Kindern in der westlichen Welt so drastisch zugenommen haben. Stress schwächt das Immunsystem, das sich dann nicht mehr gegen die allergieauslösenden Stoffe in der Umgebung des Kindes zur Wehr setzen kann.

Ingrid Anderzén von der Abteilung für Stressforschung am Karolinska-Institut hat fünf Jahre lang Stressfaktoren bei Familien beobachtet, die im Ausland arbeiteten, und sie mit Stressfaktoren bei solchen Familien verglichen, die in Schweden lebten. In beiden Gruppen gab es jeweils 20 Kinder. Vor Beginn der Studie wurden sämtliche Kinder auf ihre Neigung zu Allergien hin untersucht. In beiden Gruppen konnte bei einem Fünftel der Kinder eine solche Neigung festgestellt werden.

Nach einem Jahr war bei den Kindern, die ins Ausland umgezogen waren, die Allergieneigung auf 50 Prozent gestiegen, während sie bei der anderen Gruppe unverändert bei 20 Prozent lag. Es ist unwahrscheinlich, dass nur Stress Allergien hervorruft, aber in Kombination mit anderen Belastungen wird das Immunsystem geschwächt, und das gibt Allergien die Möglichkeit, auszubrechen.

Kampf oder Flucht

Wenn wir einer Stressreaktion ausgesetzt sind, werden Stresshormone ins Blut ausgeschüttet, die dafür sorgen, dass der Puls und der Blutdruck steigen, die Atmung flacher wird, die Muskeln sich anspannen und Seh- und Hörvermögen geschärft werden. Für die frühen Jäger- und Sammlerkulturen waren diese körperlichen Reaktionen maßgeschneidert. Heute suchen Flucht- und Kampfreaktionen nach einem anderen Ausdruck.

Bei Kindern ist Kampf durch Aggression gekennzeichnet, die zu einer Ausdrucksform von Schmerz und Unlust wird. Flucht vor dem, was ein Kind als problematisch empfindet, ist eine Art, der Auseinandersetzung mit einem belastenden Alltag zu entkommen.

Wie Kinder vor Problemen flüchten

- Abschalten: Kleine Kinder können sich einfach dazu entschließen, einzuschlummern, um nichts mehr sehen zu müssen. Oder sie halten sich die Ohren zu, um nichts mehr zu hören.

- Leugnen: Eine andere Art, ein Problem »auszuradieren«, ist zu leugnen, dass es überhaupt existiert. Ich habe in meiner Arbeit ein Mädchen kennen gelernt, von dem wir annahmen, es sei vom Vater sexuell missbraucht worden. Wenn sie ihre Familie malte, ließ sie ihren Vater einfach weg. Sie weigerte sich auch, mit anderen Menschen als ihren Eltern zu sprechen, und diese so genannte selektive Stummheit war ein sehr starkes Signal dafür, dass dieses Mädchen in Wirklichkeit etwas Wichtiges zu erzählen hatte.

- Schlaf: Manche Kinder flüchten sich in den Schlaf. Selbst Neugeborene, die einen schweren Verlust erlitten haben, oder Kinder, die gerade von ihrer Mutter getrennt worden sind, schlafen oft mehr als andere Kinder. Ich habe einmal ein Kinderheim in Jordanien besucht, wo viele der Kinder fast ständig schliefen. Das Personal deutete das aus Unwissenheit als Zeichen dafür, dass die Kinder brav und zufrieden waren. Selbst hier in Schweden habe ich Kinder getroffen, die ungewöhnlich viel schliefen und bei denen die Erzieher instinktiv das Gefühl hatten, dass etwas nicht stimmte.

- Vergessen: Kinder können flüchten, indem sie Dinge vor sich herschieben oder Unangenehmes einfach vergessen – einen Besuch beim Zahnarzt, Hausaufgaben oder die Mitteilung über eine Elternversammlung in der nächsten Woche.

- Fernsehen: Unmäßiger Fernsehkonsum ist ebenfalls ein Weg, der Wirklichkeit zu entfliehen. Die Kinder schauen passiv hin, ohne wirklich zu sehen.

- Angst und Phobien: Stress kann sich in Ängsten und Phobien äußern, die das Kind daran hindern, seine Umgebung zu erforschen, und die die Entwicklung von Gefühlen und das Lernvermögen beeinträchtigen.

- Krankheit: Ein unantastbarer Fluchtweg ist der in die Krankheit: Bauch- oder Kopfschmerzen. In unserem hoch spezialisierten Gesundheitswesen gibt es viele Möglichkeiten, die Symptome zu untersuchen und zu behandeln, ohne wirklich zur Kenntnis zu nehmen, welche anderen Faktoren das Kind beeinflussen könnten. Für den Betroffenen sind psychosomatische Krankheiten ebenso real wie eine Grippe. Der Unterschied ist lediglich, dass die Grippe von einem Virus hervorgerufen wird, die psychosomatischen Krankheiten dagegen von psychischen Störungen und Stress.

Die üblichen körperlichen Stresssymptome

Die häufigsten psychosomatischen Beschwerden bei Kindern sind mit dem Bauch verbunden, also Magen- und Bauchschmerzen, Erbrechen, Verstopfung oder Durchfall. Auch die Haut ist ein Organ, das auf Stress und Unruhe reagiert. Ekzeme und Asthma können stressabhängig sein, ebenso wunde Stellen und Risse im Zahnfleisch, Bisswunden an der Innenseite der Wangen und an den Lippen.

Auch Zähneknirschen und verkrampfte Kiefer können auf Stress zurückgehen. Kopfschmerzen sind im Schulalter sehr häufig, oft als Reaktion auf psychischen Stress in Verbindung mit heftigen Gefühlen und Aufregung. Viele Schulkinder mit immer wiederkehrenden Kopfschmerzen denken, dass ihre Beschwerden durch das laute und stressige schulische Umfeld verursacht werden.

In einer Studie, die im Kinderbericht 1998 wiedergegeben wurde, zeigt sich ein Zusammenhang zwischen der Klassengröße und dem Auftreten von Kopfschmerzen bei Schulkindern. In neueren Forschungen hat man auch einen Zusammenhang zwischen Stress und dem Auftreten von Allergien festgestellt.

Selbstverständlich können viele der nachstehend genannten Symptome auch eine körperliche Ursache haben, die sich in entsprechenden Krankheitsbildern äußert. Diese müssen untersucht und ausgeschlossen werden, bevor man nach einer psychosomatischen Ursache für die Beschwerden des Kindes sucht.

Häufige psychosomatische Symptome bei Kindern:
- Bauchschmerzen
- Erbrechen
- Durchfall
- Verstopfung
- Ekzem
- Asthma
- wunde Stellen und Risse im Zahnfleisch
- Bisswunden an der Innenseite der Wangen
- Bisswunden an den Lippen
- Zähneknirschen
- verkrampfte Kiefer
- Kopfschmerzen
- Allergien

Es war nicht der Blinddarm

Mit jedem Arztbesuch wurden Lones Eltern unruhiger, denn niemand konnte herausfinden, was ihrer Tochter fehlte. Und doch hatte Lone ständig Bauchschmerzen, die regelmäßig in Krämpfe übergingen. Lone war gerade in die Schule gekommen, und jeder neue Morgen war begleitet von Weinen und Angst. Deshalb durfte sie oft zu Hause bleiben, wenn ihre Mutter nicht arbeiten musste.

Lone war ehrgeizig und aufmerksam, sodass sie trotz ihres häufigen Fehlens in den ersten Schuljahren gut mitkam. Aber zu Beginn der vierten Klasse traten echte Probleme auf. Lone hatte inzwischen oft Kopfschmerzen, und manchmal wurde sie während des Unterrichts ohnmächtig. Sie war ständig müde, konnte abends aber schlecht einschlafen. Eines Tages weigerte Lone sich endgültig, in die Schule zu gehen. Mit Hilfe des Schulpsychologen kamen sie und ihre Eltern in Kontakt mit einem Therapeuten, der herausfand, worin Lones Probleme ihre Ursache hatten.

Lone war ein Wunschkind, aber ihre Eltern hatten Probleme im Beruf, mit dem Geld und miteinander. Im Alter von drei Jahren war Lone in eine Pflegefamilie gekommen, als ihre Eltern sich trennen wollten. Die Pflegefamilie wohnte 400 Kilometer vom Elternhaus entfernt, und so vergingen sechs Monate, bis Lone ihre Eltern wieder sah. Nun sollte sie plötzlich wieder heimkommen. Inzwischen war ein Geschwisterchen unterwegs. Am Tag ihrer Heimkehr erstaunte Lone ihre Eltern, indem sie schnurstracks in ihr Zimmer ging und weiterspielte, als wäre nichts geschehen.

Die familiären Schwierigkeiten waren aber keineswegs beendet, und bereits im Alter von fünf Jahren wurde Lone zur Vertrauten ihrer Mutter. Sie musste sich Geschichten über die Treulosigkeit ihres Vaters anhören, die sie sehr unglücklich machten, denn sie liebte ihren Vater. Wenn die Mutter Besorgungen machte, musste Lone zu Hause den Babysitter spielen. Die ganze Zeit stand sie am Fenster, hatte Bauchschmerzen und betete zu Gott, dass die Mutter wiederkommen möge. Ihre Eltern stritten sehr oft. Dann weinte die Mutter, und der Vater verschwand abends oft und ging aus. Lone wagte nicht einzuschlafen, bevor sie sicher war, dass beide Eltern schliefen. Jede Nacht stand sie auf, um zu kontrollieren, ob beide in ihren Betten lagen.

Es mutet seltsam an, dass Lones Eltern an eine Blinddarmentzündung glaubten, wenn ihrer Tochter wieder einmal der Bauch wehtat, und dass sie nicht begriffen, dass die Probleme ihrer Tochter mit der Familiensituation zu tun hatten. Aber es ist nicht leicht, Eltern zu sein. Wenn Erwachsene unter starkem, lang andauerndem Stress leben müssen, richtet sich ihre Konzentration auf die eigenen Probleme, und es wird schwierig, die Sorgen anderer Menschen zu sehen und zu verstehen. Das gilt leider auch für die eigenen Kinder. Es kann auch schmerzhaft sein, sich einzugestehen, dass man selbst die Ursache für das Unwohlsein des Kindes sein könnte.

Fluchtverhalten von Teenagern

- Schlaf: Auch ohne Stress können Teenager enorm viel schlafen, aber wenn sie nicht nur den ganzen Sonntagvormittag verschlafen, sondern ein gut Teil des Wochenendes, könnte dies eine Flucht vor einer allzu schweren Belastung sein.

- Fernsehen: In Schweden haben Jugendliche oft ein eigenes Fernsehgerät in ihrem Zimmer. Das macht es ihnen möglich, das Fernsehprogramm wie eine Droge zu missbrauchen. Diese Art von Konsum macht den ganzen Menschen passiv und kann zum Nährboden für Depressionen werden.

- übertriebene Schularbeit: Manche Jugendlichen flüchten sich in die Schularbeit. Wer konzentriert über seinen Hausaufgaben sitzt, kann vielleicht die belastende Wirklichkeit ausschalten.

- Krankheit: Auch für Teenager ist der Weg in die Krankheit ein beliebter Fluchtweg vor Leistungsanforderungen. Wer würde schon jemanden dazu zwingen, in die Schule zu gehen, der Kopf- und Magenschmerzen hat?

- Schuleschwänzen und Apathie: Teenager, die zu nichts mehr Lust haben und auf alle Vorschläge gleichgültig reagieren, signalisieren, dass es ihnen nicht gut geht.

Wenn sie damit beginnen, durch die Stadt zu strolchen, ist das bald ein angenehmer Ersatz für die Schule. Und je öfter Jugendliche die Schule schwänzen, desto mehr Mut erfordert es, wieder in die Schule zu gehen.

I Sex und Drogen: Bei älteren Jugendlichen ist die Flucht in Sex und Drogen nicht selten.

Manche Kinder und Teenager können ihren Stress in konstruktive Aktivitäten umwandeln und so ihr Dasein meistern. Beispiele für solche Aktivitäten sind Musizieren, Zeichnen und Malen, das Schreiben von Gedichten und Erzählungen. Auch Tagträume können eine positive Hilfe sein, solange sie die Wirklichkeit noch nicht ganz und gar ersetzen. Manche Kinder und Jugendliche nutzen das Theater und den damit verbundenen Rollentausch als kleine, zeitweise Flucht aus der Wirklichkeit. Hier können sie sich die Wirklichkeit schaffen, die sie gerade jetzt brauchen.

Kampfverhalten bei kleinen Kindern

Ein Säugling schreit, um sich gegen Hunger, Schmerz und Einsamkeit zu verteidigen. Säuglinge sind nicht manipulativ; wenn sie schreien, brauchen sie wirklich Hilfe. Wenn niemand sie hört oder ihnen zur Hilfe kommt, wird ihr Schreien immer lauter und heftiger, bis sie einfach nicht mehr können.

Kampfverhalten bei Kindergartenkindern kann sich in physischer Gewalt äußern, in Kraftausdrücken, Trotz und Zerstörungswut.

In geringem Umfang sind solche Verhaltensweisen im Kindergartenalter normal, aber wenn das Kind zu oft danach greift, bei den verschiedensten Gelegenheiten, sollte man dies vielleicht zum Anlass nehmen, sich zu fragen, ob das Kind Hilfe benötigt.

- **Physische Gewalt:** Kratzen, treten, kneifen, schlagen, andere Kinder an den Haaren ziehen, ihnen die Spielsachen aus der Hand reißen oder etwas zerstören, was sie gebaut haben – alle diese Verhaltensweisen deuten auf Stress hin. Glückliche, harmonische Kinder sind in der Regel gemeinschaftstauglich, sie gehen vollkommen in ihrem Spiel und ihrer Beschäftigung auf und lassen auch andere in Frieden spielen. Meistens sind es die frustrierten Kinder, die zum Angriff übergehen.

- **Kraftausdrücke:** Kinder, die es sich zur Gewohnheit gemacht haben, zu fluchen und zu schreien – »Blödmann, Arschloch, geh weg, du stinkst« – sind sehr oft Kinder, denen es nicht gut geht. Diese Kinder hungern geradezu nach Aufmerksamkeit und Bestätigung.

- **Trotz:** Wenn Kinder sich weigern, zu essen oder sich anzuziehen, wenn sie den Löffel noch einmal in den Teller hauen, obwohl man es ihnen eben verboten hat, dann protestieren sie gegen irgendetwas. Das gilt auch für Kinder, die für alles unnötig viel Zeit brauchen, die unnötig leise gehen oder unnötig langsam essen. Dieser Trotz kann bei kleinen Kindern seinen stärksten Ausdruck beim Essen und in der Sauberkeitserziehung finden.

- **Zerstörungswut:** Kinder, die ständig alles kaputtmachen oder sich selbst verletzen, die Gegenstände zerbeißen, an den Fingernägeln kauen, mit Kreide Wände beschmieren usw. – diesen Kindern geht es nicht gut. Wenn sie Fliegen die Flügel ausreißen, Ameisen mutwillig zertreten oder mit Steinen nach Tieren werfen, ist das schon ein Ausdruck starker Aggressivität.

»Ich hasse dich, du Scheiß-Alte«

Eines Tages, als ich ins Postamt kam, um ein Paket abzuholen, stand ein Vater mit zwei kleinen Jungen vor mir. Der ältere Junge, etwa vier Jahre alt, drehte sich zu mir um, zeigte die Zähne und fauchte mich an.

Meine Erfahrungen aus dem Kindergarten ließen mich vermuten, dass dort vor kurzem »wilde Tiere« oder etwas Ähnliches gespielt worden war. Ich lächelte den Jungen an, aber er war alles andere als freundlich, fauchte noch schlimmer und biss mich schließlich ins Bein. Nun griff der Vater ein und versuchte den Jungen einzufangen, der seine Angriffe auf mich fortsetzte und schrie: »Ich hasse dich, du Scheiß-Alte!« Das Verhalten des Jungen muss nicht bedeuten, dass er unter Stress stand. Vielleicht war er genau zu diesem Zeitpunkt über irgendetwas sehr wütend und ließ diese Wut an mir aus. Aber wenn sich ein Kind regelmäßig so verhält, zeigt es damit, dass irgendetwas nicht stimmt.

Kampfverhalten bei Schulkindern

- Physische Aggressivität: Kinder, die überall und gegen wen auch immer zuschlagen, haben ein großes Bedürfnis, mitzuteilen, dass es ihnen nicht gut geht. Stehlen ist ein anderer Ausdruck versteckter Aggressivität, ebenso wie der Konsum von Alkohol und Rauschgift.

- Kraftausdrücke: Kinder, die mit sexuell besetzten Wörtern um sich werfen und fluchen, tun das zumeist, um die Erwachsenen zu schockieren. Sie beschimpfen ihre Klassenkameraden mit abfälligen Worten – Fettwanst, Nutte, Brillenschlange, Nigger, Schwarzschädel, Schwuli –, um diese herabzusetzen. Verbale Aggressivität kann sich auch ausdrücken, indem Kinder ständig einen Elternteil reizen und stören, der z. B. telefonieren will, oder indem Kinder gewohnheitsmäßig widersprechen oder lügen.

- Trotz: Stresssymptome können vorliegen, wenn Kinder sich weigern, ihre Hausaufgaben zu machen, wenn sie Schulbücher zerstören oder sie zerreißen oder in ihren herumschmieren. Diese Kinder verweigern Kommunikation. »Was habt ihr heute in der Schule gemacht?« – »Nichts, und überhaupt geht dich das einen Scheiß an.« – »Wohin gehst du?« – »Raus!«

- Aufmerksamkeit erregen: Kinder, die schmollen oder ständig gegen Verbote verstoßen, die z. B. ins Waschbecken der Schultoilette pinkeln, greifen bald zu schwereren Geschützen, um Aufmerksamkeit zu erregen, wenn man ihnen nicht schon vorher Aufmerksamkeit entgegenbringt. Eine mildere, aber ebenso störende Art, Aufmerksamkeit zu erregen, ist das Verhalten als Klassenclown.

- Zerstörungswut: Angriffe auf das Eigentum anderer stellen einen sehr lauten Hilferuf dar. Kinder, die für Vandalismus in der Schule verantwortlich sind, in U-Bahn-Waggons oder an anderen öffentlichen Plätzen, zeigen Stress und seelische Störungen. Ständige Nachlässigkeit, zerrissene Kleider, verlorene oder kaputte Sachen, all das ist ein Weg, einer Situation zu begegnen, die das Kind als wenig befriedigend erlebt.

Mit dem Kind wachsen auch die Probleme. Die Gefühle der Kinder – Unsicherheit, Selbstverachtung, Zorn und Misserfolg – werden immer stärker. Ihr Benehmen wird häufiger als Verhaltensstörung interpretiert denn als Hilferuf. Strafe hilft nicht, aber genauso wenig hilft es, einfach alles zuzulassen. Am wichtigsten ist es jetzt, die Gründe für das Verhalten zu verstehen und zu versuchen, die Situation zu verändern, die den Stress verursacht.

Angesichts der Probleme großer Kinder, die uns manches Mal über den Kopf wachsen können, ist es wichtig, auf die Signale der kleineren Kinder zu achten. Kinder brauchen Erwachsene. Sie haben das Bedürfnis, wahrgenommen und bestätigt zu werden. Im Umgang mit Kindern reicht Qualität nicht aus. Kinder brauchen auch Quantität, d. h. Zeit.

Erst wenn wir viel Zeit mit einem Kind verbringen, können wir wahrnehmen, wie es in verschiedenen Situationen reagiert. Dann erst können wir wirklich verstehen, was das Kind braucht, um nicht unnötigem Stress ausgesetzt zu werden.

Kummer und Stress

Auf eine Scheidung oder einen Todesfall in der Familie können Kinder sehr unterschiedlich reagieren. Unmittelbar nach dem Ereignis ist das Kind zumeist geschockt und zweifelt daran, dass etwas Derartiges wirklich passiert ist. Ältere Kinder und Jugendliche können mit Ängsten und Protest reagieren, aber es kann auch sein, dass sie sich wie gelähmt fühlen oder regelrecht apathisch werden. Ein Teil der Kinder geht einfach weiter seinen Aktivitäten nach, als wäre nichts geschehen. Die Erwachsenen wundern sich vielleicht darüber, dass das Kind nicht heftiger reagiert – aber Kinder brauchen Zeit, um allmählich zu verstehen, was passiert ist.

Bei einer Trennung, einem Todesfall oder Ähnlichem erleben Kinder, dass die Sicherheit ihres Daseins sich auflöst, und gegenüber dem verbleibenden Erwachsenen zeigen sie dann oft ihre Ängste. Auf den Erwachsenen machen sie oft einen anspruchsvollen oder klammernden Eindruck. Manche Kinder weigern sich, in den Kindergarten oder zur Schule zu gehen. Sie haben vielleicht Angst, sich zu verletzen, und erleben vollkommen alltägliche Situationen als gefährlich. Ihre Unruhe bringt eine ständige erhöhte Wachsamkeit mit sich. Wenn dieser Zustand lange anhält, kann er Kopfschmerzen, Muskelverspannungen, Rückenschmerzen, Ohnmachtsanfälle oder andere psychosomatische Reaktionen auslösen. Atle Dyregrov und Magne Raundalen haben in ihrem Buch *Sorg och omsorg* (Sich um den Kummer kümmern) verschiedene Spätfolgen von Kummer bei Kindern und Jugendlichen beschrieben:

- Ängste und Empfindlichkeit
- starke Erinnerungen
- Schlafstörungen
- Traurigkeit, Kummer, Sehnsucht

- ausgelebter Zorn
- Schuldgefühle, Scham und Selbstvorwürfe
- Schwierigkeiten in der Schule
- Konzentrationsprobleme
- körperliche Schmerzen
- Regression (das Kind verhält sich, als wäre es jünger, als es tatsächlich ist)
- Kontaktscheu
- Fantasien
- Veränderungen der Persönlichkeit
- Pessimismus
- Grübeleien über den Sinn des Lebens
- Entwicklung und Reifung – z. B. können Mitgefühl und Rücksicht wachsen.

Die Reaktionen unterscheiden sich je nach Alter, Reifegrad und Persönlichkeit des Kindes, sind aber auch abhängig von der Unterstützung und Hilfe, die das Kind von seiner Umgebung erfährt.

Kummer ist kein Stress

Die Reaktionen eines Kindes werden leicht fehlinterpretiert; man darf Kummer und Stress nicht verwechseln. Stressfaktoren sollten wir so weit wie möglich ausschließen, aber wenn das Kind einen Kummer verarbeitet, müssen wir ihm unbedingt die Möglichkeit geben, sich so lange wie nötig mit dem zu beschäftigen, was schmerzt – so lange, bis das Kind damit fertig ist.

Im Übrigen drücken Jungen und Mädchen ihren Kummer auf unterschiedliche Weise aus. Jungen fällt es schwerer als Mädchen, ihre Gefühle in Worte zu fassen, und oft müssen sie zu konkreten Aktivitäten und Ritualen erst aufgefordert werden. Mädchen dagegen vertrauen sich ihren Freundinnen und Freunden an und können sich leichter ausdrücken. Über einen Kummer zu sprechen, ist die beste Art und Weise, ihn zu verarbeiten, aber auch schöpferische Aktivitäten – Malen, Musizieren – können dem Kind helfen. Auch Spiele entfalten eine heilsame Kraft, weil das Kind in ihnen die Möglichkeit erfährt, alle Arten von Gefühlen zu verarbeiten.

Kummer und Stress werden so leicht verwechselt, weil die Reaktionen auf Kummer den Stressreaktionen sehr ähnlich sind. Und bei der Suche nach den Ursachen sollten wir nicht vergessen, dass viele Kinder heute, z. B. durch die Wiederverheiratung eines Elternteils, mehreren Familien angehören, mit neuen Geschwistern, Großeltern usw. Das bedeutet, das Kind kann auch von Ereignissen in der Familie beeinflusst sein, in der es nicht ständig lebt. Wenn wir Ursachen für Kummer und/oder Stress bei einem Kind zu identifizieren suchen, sollten wir uns fragen, ob das Kind vielleicht um jemanden oder etwas trauert.

Posttraumatische Stressreaktionen

Wenn ein Kind die im Folgenden beschriebenen Spätfolgen mehr als einen Monat nach einem traumatischen Ereignis zeigt, spricht man von einem posttraumatischen Stress-Syndrom (PTSS):

- Das Kind erlebt das Geschehene in Gedanken und Träumen immer wieder oder sieht es vor seinem inneren Auge immer wieder geschehen. Das Kind regiert außerdem mit Unruhe auf Eindrücke, die es an das traumatische Ereignis erinnern.

- Das Kind weicht Dingen und Situationen aus, die an das traumatische Ereignis erinnern. Es hat möglicherweise

Erinnerungslücken und fühlt sich von anderen Menschen weit entfernt.

I Das Kind zeigt eine anhaltend erhöhte körperliche Aktivität, als wäre es ständig bereit zum Kampf oder zur Flucht. Symptome dafür können Schlafstörungen, Gereiztheit, Wutausbrüche, Konzentrationsmangel oder auch eine übertriebene Wachsamkeit sein: Das Kind ist ständig darauf vorbereitet, dass etwas geschehen könnte.

Kinder mit PTSS brauchen professionelle Hilfe von Ärzten, Psychologen oder anderen Personen, die sich mit derartigen Reaktionen auskennen (Dyregrov & Raundalen 1994).

Stress identifizieren

Will man Stress bei einem Kind verringern, so muss man zunächst wahrnehmen, was den Stress auslöst, das heißt, welchen Stressfaktoren das Kind ausgesetzt ist. Es ist sinnlos, die Kopfschmerzen eines Menschen lindern zu wollen, wenn er gleichzeitig von anderer Seite ständig Schläge auf den Kopf bekommt. Ebenso schwierig ist es, den Stress bei einem Kind zu verringern, wenn man nicht weiß, wodurch er ausgelöst wird.

Um Stress bei Kindern zu identifizieren, können die folgenden Merkpunkte hilfreich sein:

- *Ist das Kind gesund?* Stress kann Krankheiten auslösen, aber eine angeschlagene Gesundheit kann auch Stress erzeugen.

- *Sieht und hört das Kind gut?* Es ist ungeheuer stressig für ein Kind, wenn es die Informationen, die es über seine Sinne empfängt, nicht ausreichend gut deuten kann.

- *Ist das Kind ein Spätentwickler?* Kinder, die sich langsam entwickeln, sehen sich oft größeren Anforderungen gegenüber, als sie meistern können. Spätentwickler erleben oft, dass sie nicht den Erwartungen der Eltern und anderer Erwachsener entsprechen, was Leistung und Entwicklung angeht. Eine enge Zusammenarbeit zwischen Eltern, Kinderarzt und Kindergarten kann dazu verhelfen, ein realistisches Bild vom Reifegrad und Leistungsvermögen des Kindes zu erhalten. Denn nur ein Kind, das angemessenen Anforderungen ausgesetzt wird, kann sich von dem Punkt aus weiterentwickeln, an dem es steht.

I *Schläft das Kind ausreichend?* Ein Kind, das abends zu lange aufbleibt und zu viel fernsieht, schläft möglicherweise nicht wirklich tief. Zu viel Fernsehen überlastet das Gehirn mit Eindrücken, die das Kind nicht verarbeiten kann, bevor es zu Bett geht.

I *Isst das Kind ausreichend?* Ein Kind, das nicht ausgewogen mit allen Nährstoffen versorgt wird, die der Körper und vor allem das Gehirn benötigen, wird müde und frustriert und ist dem alltäglichen Stress nicht mehr gewachsen.

I *Was ist dem Kind in letzter Zeit widerfahren?* Viele Ereignisse zu Hause, im Kindergarten und in der Schule lösen bei Kindern Stress aus, selbst wenn sie aus der Sicht der Erwachsenen »gar nicht so schlimm« sind. Eltern und Erzieher können gemeinsam zu ergründen versuchen, ob es Dinge gibt, die dem Kind Sorgen machen.

I *Für Kinder gibt es keine »einvernehmlichen Scheidungen«.* Selbst wenn sich alles zum Besten gefügt hat, wünschen sich Kinder doch fast immer, mit beiden Eltern zusammenzuleben. Doppelte Loyalitäten sind eine heikle Sache, gerade für kleine Kinder ohne Lebenserfahrung. Für die Eltern ist es nicht leicht zu erkennen, dass das Kind vielleicht weniger glücklich mit der Situation ist wie sie selbst. In einer Situation voller Schuldgefühle sind die Erwachsenen vielleicht geneigt, vor allem das Positive zu sehen – dass das Kind ganz begeistert von dem neuen Partner ist usw. Eltern sollten aber den Mut aufbringen, die Sehnsucht des Kindes nach dem anderen Elternteil wahrzunehmen und zu bejahen.

I *Habe ich oder haben andere Erwachsene in der Umgebung des Kindes unrealistische Erwartungen?* Viele Eltern wünschen sich, dass ihre Kinder das tun dürfen, wozu sie selbst in ihrer Jugend keine Gelegenheit hatten, sei es Klavier zu spielen, zu studieren, zu reiten oder im Ballett zu tanzen. Bei kleineren Kindern kann es ums Rad fahren, Schwimmen oder Purzelbaumschlagen gehen. Allerdings sollten die Erwartungen an das Kind realistisch bleiben. Dann kann es mit Freude von sich behaupten: »Das kann ich.«

▎ *Wie geht es mir selbst?* Als Erwachsener sollte man sich selbst erforschen, denn unsere eigenen Spannungen beeinflussen unser Verhalten dem Kind gegenüber. Stiller Zorn oder feindseliges Verhalten erschrecken Kinder am meisten. Missstimmung zwischen den Eltern, eine angespannte wirtschaftliche Situation oder Arbeitslosigkeit sind negative Faktoren, die das Kind beeinflussen können.

Erst wenn die Ursache für den Stress des Kindes identifiziert ist, kann eine Veränderung herbeigeführt werden. Die Symptome können relativ schnell verschwinden, sobald sich die Verhältnisse in der Umgebung des Kindes normalisieren. Arbeitslosigkeit oder wirtschaftliche Schwierigkeiten können vielleicht nicht so leicht überwunden werden, aber das Kind sollte mit diesen Problemen nicht belastet werden.

Stresstest

Die Reaktionen von Kindern auf Stress sind sehr unterschiedlich. Deshalb sollte man den folgenden Test mit großer Vorsicht durchführen. Die Punktetabelle zur Bewertung bestimmter Ereignisse hinsichtlich ihres Stresspotenzials ist ursprünglich von Dr. Thomas Holmes und Dr. Richard Rahe erarbeitet worden. Später wurde sie der kindlichen Perspektive angepasst (David Elkind 1981). Aber es ist wichtig, sich nicht allzu sklavisch daran zu halten. Einerseits sind die Bewertungen vor dem Hintergrund der Lebenssituation US-amerikanischer Kinder entstanden, andererseits werden unterschiedliche Ereignisse von unterschiedlichen Kindern auf unterschiedliche Weise erlebt.

Dennoch ist es sinnvoll, die Punkte für die Ereignisse zu addieren, denen das Kind während des letzten Jahres ausgesetzt war. Damit verschafft man sich einen annähernden Überblick darüber, wie vielen Stressfaktoren es ausgesetzt war.

Eine Summe von

150 – 199 Punkten entspricht mäßigem Stress.
200 – 299 Punkten entspricht erhöhtem Stress.
300 und mehr Punkten entspricht hohem Stress, der die Gesundheit und das Verhalten wahrscheinlich beeinträchtigt.

1	Tod eines Elternteils	100 Punkte
2	Scheidung der Eltern	73 Punkte
3	räumliche Trennung der Eltern	65 Punkte
4	häufige Geschäftsreisen eines Elternteils	63 Punkte
5	Tod eines nahen Angehörigen (z. B. Großeltern)	63 Punkte
6	Krankheit oder Unfall des Kindes	53 Punkte
7	Wiederverheiratung eines Elternteils	50 Punkte
8	ein Elternteil verliert den Arbeitsplatz	47 Punkte
9	Versöhnung der Eltern	45 Punkte
10	Mutter beginnt Berufstätigkeit	45 Punkte
11	Krankheit von Eltern oder Geschwistern	44 Punkte
12	Schwangerschaft der Mutter	40 Punkte
13	Schulprobleme	39 Punkte
14	Geburt oder Adoption eines Geschwisters	39 Punkte

Stress identifizieren

15	Veränderungen in der Schule, z. B. neue(r) Lehrer(in), neue Klasse	39 Punkte
16	Veränderung der wirtschaftlichen Situation der Familie	38 Punkte
17	Krankheit oder Unfall eines Freundes oder einer Freundin	37 Punkte
18	neue oder veränderte Freizeitaktivitäten	36 Punkte
19	deutlich mehr oder deutlich weniger Streit mit Geschwistern	35 Punkte
20	Gewalt in der Schule	31 Punkte
21	bestohlen werden	30 Punkte
22	neue Aufgaben zu Hause übernehmen	29 Punkte
23	ältere Geschwister ziehen aus	29 Punkte
24	Streit mit den Großeltern	29 Punkte
25	persönliche Leistung, z. B. Sieg bei einem Wettkampf	28 Punkte
26	Umzug in einen anderen Ort	26 Punkte
27	Umzug in einen anderen Stadtteil	26 Punkte
28	das Kind bekommt oder verliert ein Haustier	25 Punkte
29	veränderte persönliche Gewohnheiten (Schlafzeiten, Hausaufgaben usw.)	24 Punkte
30	Streit mit einem Lehrer	24 Punkte
31	veränderte Zeiten bei der Tagesmutter oder im Kindergarten	20 Punkte
32	Umzug in ein neues Haus/eine neue Wohnung	20 Punkte
33	Schulwechsel	20 Punkte

Stressverhalten und Stresstoleranz

34 veränderte Spielgewohnheiten	19 Punkte
35 Ferien mit der Familie	19 Punkte
36 neue Freunde	18 Punkte
37 Ferien in einem Ferienlager	17 Punkte
38 veränderte Schlafgewohnheiten	16 Punkte
39 deutlich mehr oder deutlich weniger Treffen mit Familie/Verwandten	15 Punkte
40 veränderte Essgewohnheiten	15 Punkte
41 veränderte Fernsehgewohnheiten	13 Punkte
42 Geburtstagsfest	12 Punkte
43 Strafe dafür, gelogen zu haben	11 Punkte

Bei der Identifikation von Stress bei Kindern ist es entscheidend, sich nicht auf einen einzelnen wichtigen Risikofaktor zu konzentrieren und dann zu versuchen, ihn auszuschalten. Viel wichtiger ist es, die Gesamtlast an Stress- und Risikofaktoren zu verringern.

Rühr meine Schlafanzughose nicht an!

Andreas kommt aus China. Er ist ein lang ersehntes, adoptiertes Kind, ebenso wie seine ein Jahr ältere Schwester Cecilia. Karin und Per, die Eltern, haben den Erziehungsurlaub unter sich aufgeteilt. Die Kinder konnten sich an Sicherheit und Ordnung gewöhnen und haben wieder Vertrauen zu erwachsenen Menschen gefasst. Inzwischen haben sie sich daran gewöhnt, dass die Erwachsenen in ihrer Umgebung für Ruhe und Sicherheit stehen. Das Leben in der kleinen Familie ist weitgehend auf ihre Wünsche und Bedürfnisse ausgerichtet – bis zu dem Tag, als der Erziehungsurlaub unwiderruflich endet und Andreas und Cecilia in den Kindergarten sollen.

Das bisher so ordentliche Haus ertrinkt manches Mal in Frühstücksgeschirr und Kleiderhaufen. Auch Karin und Per sind nicht daran gewöhnt, dass am frühen Morgen alle gleichzeitig fertig sein müssen, um das Haus zu verlassen. In einer Familie mit lauter Langschläfern ist das

Stress identifizieren

eine Qual. An schwierigsten ist es, Andreas wach zu bekommen; manchmal ist es geradezu unmöglich. Er ist es gewöhnt, bis neun, halb zehn zu schlafen und dann erst einmal gemütlich zu frühstücken. Karin, die nach eineinhalb Jahren wieder in ihren Beruf einsteigen soll, ist nervös und möchte auf jeden Fall morgens pünktlich sein. Mit solchen allmorgendlichen Komplikationen hat sie nicht gerechnet.

Eines Morgens ist es wieder einmal so weit. Per, der am Vormittag eine wichtige Besprechung hat, hilft Cecilia beim Anziehen und flitzt dann zu seinem Zug. Karin versucht vorsichtig, Andreas zu wecken, zieht ihm die Decke weg und beginnt damit, ihm die Schlafanzughose auszuziehen. Erschrocken schlägt er die Augen auf, greift nach seiner Hose, hält sie verzweifelt fest und heult los: »Rühr meine Schlafanzughose nicht an!« Karin weint auch. Sie wird eine wichtige Besprechung verpassen. Resigniert wickelt sie Andreas in eine Decke und legt ihn auf den Rücksitz des Autos. Cecilia sitzt fertig angezogen auf einem Stuhl in der Diele und schläft. Die erfahrenen Erzieherinnen im Kindergarten nehmen die Kinder in Empfang; Cecilia bekommt eine Morgengeschichte erzählt, Andreas darf erst einmal ausschlafen. Gegen neun Uhr ist er dann auch bereit, sich von seiner Schlafanzughose zu trennen.

Dank den verständnisvollen Pädagogen im Kindergarten konnte diese schwierige Situation gelöst werden, ohne einen vollkommenen Zusammenbruch zu provozieren. Aber manchmal herrscht auch im Kindergarten das Chaos: Auch Erzieher sind Eltern, die ihre Kinder morgens losschicken und über das Anziehen diskutieren müssen, wenn hinsichtlich der Jahreszeit Uneinigkeit über die entsprechende Kleidung besteht. Auch Erzieher müssen einen müden Teenager wecken, der zu allem Übel seine Hausaufgaben nicht gemacht und zudem vergessen hat, die abendliche Elternversammlung anzukündigen. Auch sie müssen sich vielleicht mit einem Partner abstimmen, wer das jüngste Kind aus der KiTa abholt und wer heute den Einkauf macht.

Stress aushalten

Strategien, um Stress zu vermeiden

Die Geschichte vom Berg

Es waren einmal vier Schwestern, die zogen hinaus in die Welt. Sehr bald auf ihrem Weg stießen sie auf einen hohen Berg. Die erste Schwester machte einen Umweg und ging rund um den Berg. Die zweite Schwester sagte: »Das ist doch bloß ein Berg. Entweder ich komme hinauf oder eben auch nicht. Eigentlich spielt es keine Rolle.« Die dritte Schwester beschäftigte sich mit dem Berg. Sie ging wieder heim und besorgte sich eine Landkarte. Auf der suchte sie den besten Weg, den Berg zu besteigen. Dann nahm sie Unterricht im Bergsteigen. Die vierte Schwester entspannte sich und sagte: »Der Berg soll doch dahin gehen, wo der Pfeffer wächst.« Sie setzte sich hin, mit dem Rücken zum Berg, und zog ihr Lieblingsbuch aus der Tasche. Bald war sie ganz in die Geschichte vertieft.

(Aus: »Stressade barn« von Mary Susan Miller)

Jede dieser vier Schwestern fand ihre eigene Art, mit einem Stressfaktor – dem Berg – zurechtzukommen. Unterschiedliche Kinder finden unterschiedliche Wege, Stress zu vermeiden und mit anstrengenden Situationen umzugehen.

Wir können nicht allen Stress vermeiden, selbst wenn wir das wollten. Aber wir können lernen, so mit ihm umzugehen, dass er unser Leben und unsere Entwicklung nicht allzu negativ beeinflusst. Nach Hans Selye können Kinder vier verschiedene Strategien verfolgen, um Stress zu bewältigen:

- den Stressfaktor umgehen,
- die Situation nicht zum Stressfaktor werden lassen,

❚ sich direkt, aktiv mit dem Stressfaktor auseinander setzen,

❚ abschalten (und damit die Anspannung dämpfen, die Stress hervorruft).

Den Stressfaktor umgehen. Kleine Kinder können weglaufen und sich verstecken, wenn etwas sie erschreckt. Kleine Kinder halten sich auch gern die Augen oder Ohren zu, wenn sie etwas nicht sehen oder hören wollen. Ältere Kinder setzen sich vielleicht Kopfhörer auf, wenn die Eltern mit ihnen oder miteinander schimpfen. Wenn kleine Geschwister bei den Hausaufgaben stören, kann das Kind in ein anderes Zimmer gehen oder die anderen zum Schweigen bringen, um in Ruhe arbeiten zu können. Streit um das Aufräumen des Zimmers kann das Kind umgehen, indem es z. B. anbietet, einzukaufen – vorausgesetzt, es findet, dass dies die angenehmere Aufgabe ist.

Die Situation nicht zum Stressfaktor werden lassen. Selbst ganz gewöhnliche Situationen werden von vielen Kindern als stressig empfunden. Eine Prüfung in der Schule, die eigentlich nur kontrollieren soll, was der Lehrer den Kindern vermittelt hat, wird oft zur stärksten Stressquelle für die Kinder. Sie spüren, dass sie bewertet werden sollen, zuerst vom Lehrer und dann noch einmal, wenn sie das Resultat ihren Eltern vorlegen. Ein Kind, das sich davon nicht beeindrucken lässt, könnte stattdessen denken: »Warum sollte das nicht gut laufen? Bis jetzt hat es ja immer geklappt.« Oft kommen Kinder, die nicht nervös sind, mit einer Prüfung besser zurecht als solche, die sich Sorgen machen. Sie lassen sich auch nicht stressen, wenn es ums Aufräumen und um die Hausaufgaben geht oder wenn sie sich beeilen sollen. Aber selbst erfreuliche Ereignisse wie ein Geburtstagsfest, ein Besuch im Zirkus oder ein Ausflug können manche Kinder ungeheuer aufregen. Und wenn die Erwartungen sich dann nicht erfüllen, endet das Ganze in Tränen. Für selbstsichere und stabile Kinder verlaufen solche Aktivitäten dagegen meistens genau so, wie sie geplant waren.

Direkte, aktive Auseinandersetzung mit dem Stressfaktor. Manche Kinder können besser als andere Distanz zu einem Problem herstellen. Sie können eine Situation beurteilen und Pläne machen. Ein Kind, das immer wieder von einem Freund gestört wird, der an der Haustür steht und fragt, ob es zum Spielen nach draußen kommt, könnte in einer solchen Situation sagen: »Ich rufe dich an, wenn ich Zeit habe.« Ein Kind, das vor einer Prüfung in der Schule nervös ist, wird sich nicht damit begnügen, sich Sorgen zu machen, sondern es wird sich zusammenreißen und lernen. Und wenn es in Konflikt mit einem anderen Kind gerät, wird es sich jemand anderen zum Spielen suchen.

Petter

Petter, drei Jahre alt, war traurig und wütend, weil er sein Lieblingsspielzeug in einer tiefen Kiste verloren hatte und es nicht mehr fand. Als alles Schreien nichts half, holte er sich einen Stuhl, kletterte in die Kiste und spielte dort weiter.

Abschalten. Abschalten ist wohl die Methode, die Kinder am seltensten anwenden. Wir Erwachsenen spielen vielleicht Golf, joggen, treiben Gymnastik, treffen Freunde, schwimmen, meditieren oder gehen spazieren, wenn wir abschalten wollen. Für Kinder dagegen sind viele Freizeitaktivitäten mit Anforderungen und Stress verbunden, mit der Angst, nicht tüchtig genug zu sein, und dem Anspruch, immer noch mehr leisten zu müssen.

Schulkinder, die wirklich abschalten können, lieben es, Dinge auf ihre eigene Art und Weise zu tun, ohne Druck von außen, einfach, weil sie sie gern tun. Sie fahren Ski oder laufen Schlittschuh, malen, tanzen, hören Musik, sammeln Briefmarken oder andere Dinge, klettern auf Bäume oder tun einfach gar nichts.»Es wäre schön, einfach mal da sein zu dürfen!«, hat ein gestresster Zwölfjähriger das genannt.

Kinder im Vorschulalter schalten ab, indem sie spielen oder bei einem Erwachsenen auf dem Schoß sitzen und sich eine Geschichte erzählen lassen. Sie können schöpferisch tätig sein und dabei abschalten, solange das Ergebnis von untergeordneter Bedeutung ist. Manche Kinder sitzen in einer Ecke und singen sich selbst etwas vor. In einigen Kindergärten ist man inzwischen dazu übergegangen, ein Zimmer einzurichten, wohin sich die Kinder zurückziehen können, allein oder zusammen mit einem Erwachsenen oder mit Freunden. Das Zimmer selbst ist dabei gar nicht so wichtig, sondern der Gedanke, der hinter dieser Möglichkeit steht (s. a. S. 186).

Weshalb manche Kinder mit Stress besser zurecht kommen als andere

Wissenschaftler haben ein bestimmtes Repertoire an Eigenschaften bei Kindern gefunden, die besonders stressresistent sind. Amerikanische Forscher weisen auf fünf Eigenschaften hin, die Kinder vor Stress schützen können, trotz vieler Stressfaktoren in ihrem Alltag (Elkind 1981).

- *Soziales Verhalten:* Das Kind fühlt sich in Gegenwart von Erwachsenen und im Kreis seiner Freunde wohl.

- *Die Fähigkeit, angenehm aufzufallen:* Das Kind ist in der Lage, sich so zu verhalten, dass die Erwachsenen in seiner Umgebung es mögen und ihm gern helfen.

- *Selbstvertrauen:* Das Kind hat ein realistisches Bild von seinen eigenen Fähigkeiten und begreift Schwierigkeiten als Herausforderungen.

| *Unabhängigkeit:* Das Kind ist selbstständig und lässt sich nicht leicht beeinflussen. Es kann sich eine Umgebung schaffen, die zu seinen eigenen Bedürfnissen und Interessen passt.

| *Hohes Leistungsvermögen:* Das Kind ist einfallsreich, ausdauernd, kreativ und oft sogar originell. Es malt, schreibt, dichtet, bastelt oder sorgt für gute Noten. Wenn es in einer weniger stressigen Umgebung leben würde, könnte es seine spezielle Begabung besonders gut entwickeln.

Kinder, die Stress gut aushalten können, sind nicht besonders anspruchsvoll, was die unmittelbare Erfüllung ihrer Wünsche angeht. Sie können mit ihrem Taschengeld oder mit einer Tüte Süßigkeiten haushalten. Sie können eine Belohnung abwarten, um sie später umso mehr zu genießen. Kinder, die Stress gut aushalten können, akzeptieren sich selbst, wie sie sind, und haben Zutrauen zu anderen. Sie haben häufig ein besonders reiches Gefühlsleben. Sie empfinden Freude, Kummer, Hass, Mitleid, Empathie, Angst, Zorn und andere Gefühle. Stressresistente Kinder können ihren Gefühlen Ausdruck verleihen. Deshalb arbeitet man heute in vielen Schulen und Kindergärten ganz bewusst an der gefühlsmäßigen Entwicklung von Kindern.

Impulskontrolle, eine wichtige Eigenschaft

In den USA hat man ein Experiment mit vierjährigen Kindern durchgeführt. Es ging darum, herauszufinden, inwieweit Kinder in diesem Alter die Befriedigung eines Bedürfnisses zurückstellen können. Um zu beurteilen, welche Folgen das Verhalten für die zukünftige Entwicklung haben kann, wurden die gleichen Kinder 14 Jahre später noch einmal untersucht, und man fand große Unterschiede zwischen den Kindern, die im Alter von vier Jahren hatten warten können, und denen, deren Bedürfnisse sofort befriedigt werden mussten. Das Experiment lief folgendermaßen ab: Ein Erwachsener erklärte dem Kind, er werde jetzt einkaufen gehen, und stellte dem Kind gleichzeitig zwei Möglichkeiten zur Auswahl: »Wenn du warten kannst, bis ich nach ungefähr 20 Minuten zurückkomme, bekommst du zwei Marshmallows, sobald ich zurück bin. Wenn du meinst, du kannst nicht warten, bekommst du nur ein Marshmallow, das aber jetzt sofort.« Ein Drittel der Kinder wollte sein Marshmallow sofort. Zwei Drittel entschieden sich, zu warten. Diesen Kindern legte man ebenfalls ein Marshmallow vor – für den Fall, dass sie sich doch noch anders entschieden. Sie wurden gefilmt, um ihr Verhalten aufzuzeichnen. Etwa die Hälfte bereute irgendwann ihren Entschluss zu warten, und aß das Marshmallow auf. Die restlichen Kinder hielten bis zum Schluss durch. Auf dem Film konnte man sehen, dass sie unterschiedliche Strategien verfolgten, um sich abzulenken. Sie tanzten, legten ein Taschentuch über die Süßigkeit, versuchten zu schlafen oder auf andere Weise zu vergessen, welche Versuchung da auf dem Tisch lag.

Als man 14 Jahre später die gleichen Kinder wieder untersuchte, stellte man große soziale und emotionale Unterschiede fest. Die Kinder, die schon im Alter von vier Jahren hatten warten können, besaßen mehr Selbstvertrauen und hielten sich für beliebter als die anderen. Sie konnten besser mit Frustrationen umgehen und reagierten weniger heftig auf Stress. Sie nahmen Herausforderungen an und versuchten sie zu meistern – ohne aufzugeben, selbst wenn Schwierigkeiten auftraten. Sie waren vertrauensvoll, sicher, verlässlich, sie ergriffen die Initiative und konnten immer noch auf eine sofortige Belohnung verzichten, wenn sie ein Ziel erreicht hatten.

Die Kinder, die nicht hatten warten können, verfügten in wesentlich geringerem Maße über diese Qualitäten. Sie konnten immer noch nicht warten, bis ihre Bedürfnisse befriedigt wurden – und sie waren die Studenten mit den schlechteren Leistungen.

Die Schlussfolgerung aus dieser Untersuchung lautete: Impulskontrolle ist eine wichtige Eigenschaft auch für die Entwicklung des geistigen Leistungsvermögens.

Stress und Krankheiten – neu betrachtet

Unser Alltag bringt viele Situationen mit sich, die Stress auslösen können. Sie bewirken Verspannungen im Körper und können in manchen Fällen sehr schädliche Wirkungen zeigen. Wie weit sich daraus Krankheiten entwickeln, ist davon abhängig, wie gut wir mit unseren Erlebnissen umgehen können. Die Reaktionen sind sehr individuell, und gerade deshalb ist es so schwierig, individuelle Folgen von Stress vorauszusagen.

Die meisten Menschen kommen allerdings irgendwie mit ihrem Leben zurecht, auch mit dem Stress, den es mit sich bringt. Das Interessante daran ist, zu sehen, was uns hilft, Stress und Krankheit zu widerstehen.

Aaron Antonovsky, Professor für Medizinische Soziologie in Israel, hat untersucht, auf welche Weise Menschen sich selbst gesund erhalten, und auf welche Weise Kinder und Erwachsene mit dem Stress und den Belastungen umgehen können, die ständig auf sie einwirken.

Dabei zäumt er das Pferd von hinten auf: Statt wie früher zu betrachten, was Stress auslöst, und was Menschen daran krank macht, zeigt er vielmehr, was die Gesundheit positiv beeinflusst und dafür sorgt, dass Menschen mit Stress umgehen können. Seine Blickrichtung kommt also von der Gesundheit her, nicht von der Krankheit.

Aaron Antonovsky beschreibt diese Sichtweise folgendermaßen:

Man stelle sich einen Fluss vor, in den jemand hineinfällt. Man wird die Person vor den Ertrinken retten. Ebenso arbeitet unser Gesundheitswesen im Allgemeinen. Als Nächstes setzt man einen Zaun ans Flussufer, damit niemand mehr hinein fällt. Dieser Zaun entspricht den Warnhinweisen und Empfehlungen unseres Gesundheitsministeriums. Meine Sichtweise ist eine andere: Ich empfehle, dass man die Menschen schwimmen lehrt – im Fluss des Lebens.

(nach: Cederblad 1996)

In seinem Buch *Das Geheimnis der Gesundheit* schreibt Aaron Antonovsky über das »Gefühl von Zusammenhang«. Antonovsky beschreibt es als eine Lebenseinstellung, die dem Menschen hilft, seine Situation zu verstehen, und die die Probleme des Lebens handhabbar macht. Diese Lebenseinstellung beruht auf Zuversicht, und ihre Fundamente werden in der Kindheit gelegt. Man erlebt Zusammenhang im Dasein, wenn es begreifbar, handhabbar und sinnvoll ist.

Begreifbar ist mein Dasein, wenn ich verstehe, warum etwas mit mir geschieht, und wenn ich in gewissem Umfang voraussehen kann, was geschehen wird. Das gilt sowohl für innere Erlebnisse als auch für das, was in meiner Umgebung geschieht. Wenn ich eine Situation verstehe, habe ich das Gefühl, dass sich alles regeln wird.

Handhabbar ist mein Dasein, wenn ich das Gefühl habe, ich besitze die Mittel, die ich benötige, um die Situation zu meistern. Ich kann selbst Einfluss auf das Geschehen nehmen, es sind nicht nur die »Umstände«, die alles steuern.

Sinnvoll ist mein Dasein, wenn ich mich als Teil des Ganzen und als motiviert empfinde. Die Anforderungen, die an mich gestellt werden, erlebe ich als Herausforderungen, und ich empfinde es als sinnvoll, mich zu engagieren.

Die Fähigkeit, unser Leben als zusammenhängend, begreifbar, handhabbar und sinnvoll zu empfinden, hilft uns durch die verschiedensten Krisen und Belastungssituationen hindurch.

In dem Forschungsbericht *Gesundheitsorientierte Milieutherapie in Theorie und Praxis* (Cederblad 1996) werden weitere Faktoren genannt, die gegen Stress und Krankheit schützen. Zehn dieser Faktoren betreffen das Individuum, sieben die Umgebung.

Individuelle Faktoren:

- Gutes Sozialverhalten, d. h. die Fähigkeit eines Menschen, sich freundlich, ruhig und offen zu verhalten, die Bereitschaft zur Zusammenarbeit und Kommunikation mit anderen. Das Sozialverhalten wird im frühen Zusammenspiel mit den Eltern ausgebildet und entwickelt sich durch die verschiedensten Erfahrungen und den Kontakt mit anderen Menschen lebenslang weiter.

- Positives Selbstvertrauen bedeutet Offenheit, Verantwortungsgefühl und Zutrauen in die Möglichkeit, Schwierigkeiten zu überwinden. Ein gutes Selbstvertrauen hat große Bedeutung für den Umgang mit Stress in allen möglichen Situationen.

- Unabhängigkeit von anderen Menschen und die Fähigkeit, der Welt nach den eigenen Regeln und Bedingungen zu begegnen, mildern den Stress beträchtlich.

- Erfolgreiche Krisenbewältigung weist auf die Möglichkeiten hin, Krisen und Probleme unterschiedlichster Art zu lösen. Stressresistente Menschen haben oft eine ganze Reihe von Strategien, um mit ihren Belastungen fertig zu werden.

- Intelligenz und Kreativität zeigen sich in vielen Studien als gute Eigenschaften, wenn es um die Bewältigung von Stress geht.

- Die Entwicklung eigener Hobbys und Interessen erhöht in vielen Fällen das Selbstvertrauen. Wenn man zudem noch besonders geschickt auf einem speziellen Gebiet ist, kann die daraus resultierende Befriedigung für Trost sorgen, wenn das Leben einmal besonders hart ist.

- Innere Kontrolle, d. h. das Gefühl, die Entwicklung des eigenen Lebens selbst steuern oder beeinflussen zu können, mindert Stress erheblich.

- Impulskontrolle, d. h. das Gefühl, einem Impuls nicht nachgeben zu müssen, sondern eine andere Reaktion wählen zu können, lenkt den Blick auf das eigene Können. Wer das Gefühl hat, seine Reaktionen selbst bestimmen zu können, fühlt sich stark.

- Aktivität und Energie werden oft als positiv erlebt. Wenn wir unsere Energie dann noch für etwas Gutes und Wichtiges einsetzen können, steigt die gesundheitsfördernde Wirkung weiter.

- Optimismus und Zukunftsglaube sind wichtige Faktoren, um ein gutes Selbstvertrauen und damit auch die Fähigkeit zum Glücklichsein zu entwickeln.

Umgebungsfaktoren:

- Anderen helfen zu können, stärkt das Zutrauen in den eigenen Wert, das Selbstvertrauen und die Selbstständigkeit. Menschen, die anderen helfen können, fühlen sich wohl und wertvoll.

- Kinder brauchen eine weitere vertrauenswürdige Person in der näheren Umgebung, wenn sie sich nicht an die Eltern wenden können. Kinder brauchen auch einen Erwachsenen, mit dem sie sich identifizieren können.

- Eine vertrauensvolle enge Beziehung zu mindestens einem Elternteil schützt Kinder vor Stress und Krankheit.

- Klar definierte Grenzen in der Familie stärken das Gefühl von Sicherheit, weil sie dem Kind zeigen, wie die Familie strukturiert ist.

- Eine positive Eltern-Kind-Beziehung mit offener, vertrauensvoller Atmosphäre ist vor allem in den ersten Lebensjahren des Kindes von großer Bedeutung. Bei älteren Kindern und Jugendlichen stehen Offenheit und klare Kommunikation im Vordergrund.

- Klare Regeln in der Familie haben eine schützende Wirkung, weil sie auch in schwierigen Situationen Unsicherheit erst gar nicht aufkommen lassen.

- Gemeinsame Wertvorstellungen und Traditionen, auch über die Generationen hinweg, schützen gegen Stress und Krankheiten.

Und schließlich gilt eine Eigenschaft als unverzichtbare Zutat für ein gesundheitsorientiertes Verhalten: Humor.

Interview mit Kindergartenkindern zum Thema Stress

Wisst ihr, was Stress bedeutet?

Julia: Äh, ja, wenn man es so eilig hat, dass man rennen muss ...

Emma: Manchmal hat meine Mama es so eilig, in die Arbeit zu kommen, dass sie rennt, und dann müssen wir uns beeilen, um zum Kindergarten zu kommen, und meine Mama sagt immer: »Jetzt müssen wir aber wirklich los!«, und dann wird sie auch böse, und wir müssen uns ganz schnell anziehen, und wenn wir uns dann nicht sehr beeilen, schimpft sie mit uns.

Wie findet ihr Stress?

Julia: Ich finde Stress nicht so gut ... das ist ein ekliges Gefühl.

Samuel: Ich denke dann manchmal, ich möchte lieber zu Hause bleiben, als in den Schwimmkurs oder in den Kindergarten zu gehen.

Und darfst du dann zu Hause bleiben?

Samuel: Na ja, wenn ich sage, ich habe Bauchweh ...

Wo kommt die Eile her?

Samuel: Äh, ich glaube, wenn man etwas sehr, sehr Wichtiges vorhat.

Wer, glaubt ihr, macht mehr Stress, Kinder oder Erwachsene?

Björn: Die Erwachsenen.

Warum?

Björn: Weil sie arbeiten müssen, und das ist ja auch gut, denn dann kriegen wir mehr Taschengeld, aber wenn die Arbeit weg ist ... Einmal war ich ein paar Wochen krank, und da konnte meine Mama nicht arbeiten, da musste sie zu Hause bleiben, und das war schlimm für sie.

Was hast du da gedacht?

Björn: Ich habe gedacht, ich muss ganz schnell wieder gesund werden.

Samuel: Und wenn es alle eilig haben, dann schreien sie auch immer ... Es ist ja nirgendwo mal ganz still in einem Haus oder in einem Zimmer.

Ist es hier im Kindergarten auch manchmal stressig?

Mattias: Ja, wenn alle herumschreien und so. Dann werde ich müde und wütend. Dann denke ich oft, jetzt gehe ich woanders hin, wo ich ein bisschen Ruhe habe.

Samuel: Manchmal fahren auch Lastautos am Zaun entlang, die nehmen den ganzen Schrott mit.

Wie findest du die?

Samuel: Nicht so gut, die machen immer so viel Krach.

Warum braucht man Stille?

Samuel: Weil es immer so laut ist.

Interview mit Kindergartenkindern

Was würdest du denen raten, die immer so viel Stress haben, damit sie es ein bisschen ruhiger haben?

Samuel: Ja, einfach alles zu machen, bevor man es machen *muss*. Also sich anziehen und losgehen, bevor man unbedingt los muss.

Damit es nicht so eilig wird?

Julia: Ja, dann ist es gleich ein bisschen ruhiger. Dann kann man einfach gehen ... langsam ... und dann hat man Zeit.

Fändet ihr es gut, wenn man den Stress einfach ausschalten könnte?

Joachim: Ja, wenn man einfach sagen könnte: »Schluss!«, und dann wäre es vorbei. Weißt du, ich habe das mal bei Pinocchio gesehen, da war die Grille Benjamin, die hat zu den Uhren gesagt: »Still!«, und dann blieben die Uhren stehen.

(Aus dem Radioprogramm *Läraröppet*; das Interview führte Tove Jonstoy, Utbildningsradion)

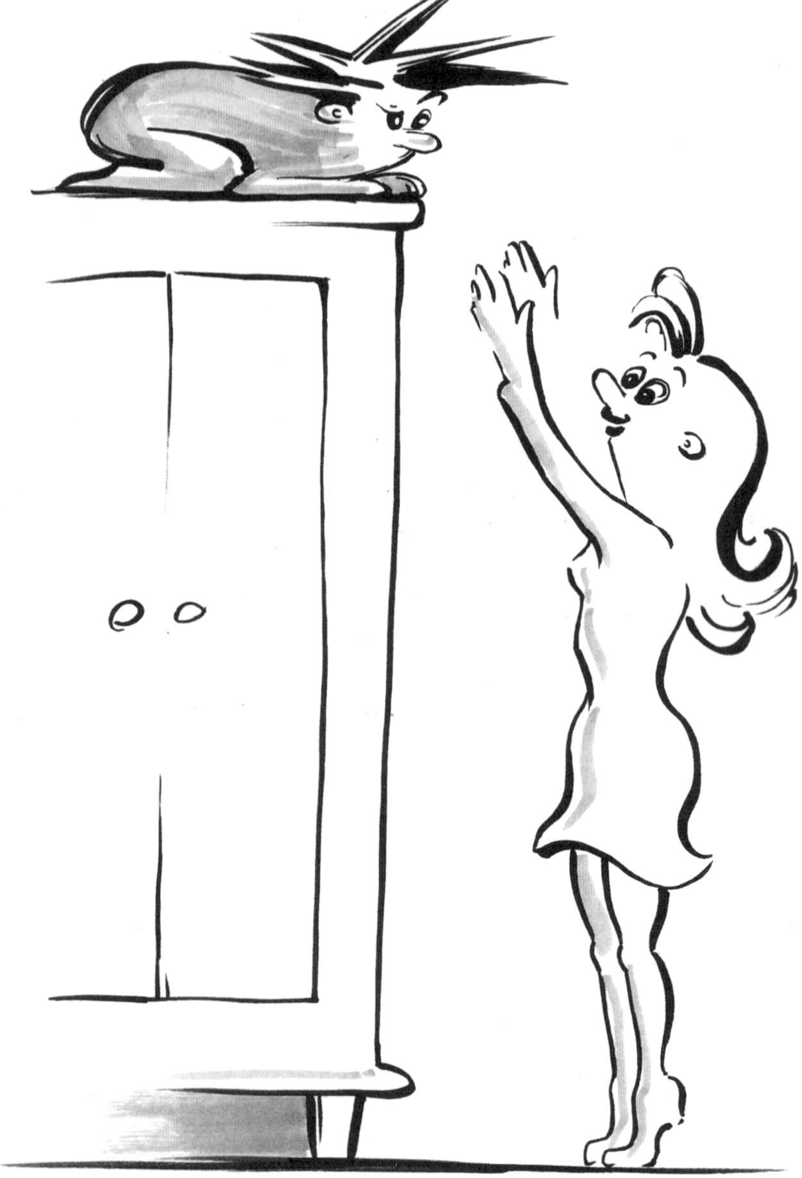

04

Stress bei Kindern entgegenwirken

Warum Eltern ihre Kinder stressen

Eltern sind für ihre Kinder das Wichtigste auf der Welt. Wie sie sich ihren Kindern gegenüber verhalten, ist entscheidend für die Entwicklung und das Wohlergehen der Kinder. Eltern sind zumeist die einzig wahren Experten, was ihre eigenen Kinder angeht, und sie wissen in der Regel am allerbesten, was die Kinder brauchen. Aber viele Eltern fühlen sich unsicher und fürchten, dass sie ihren Kindern nicht genug Anregung geben. Sie vergessen dabei leicht, dass es schon eine anregende Aktivität ist, einfach zusammen zu sein und Zeit füreinander zu haben, ohne etwas Besonderes zu tun.

Joel

Joel ist drei Jahre alt. Er ist mit seinen Eltern und zwei älteren Schwestern vor kurzem in ein neues Haus gezogen. Seine Mutter hat neue Küchengardinen genäht und ist jetzt dabei, sie zu bügeln. Joel will die Gardinen für sein Zimmer bügeln. Seine Mutter sagt ihm, dass die Gardinen noch nicht fertig genäht sind, dass er sie aber trotzdem bügeln darf. Stolzer und glücklicher hat man einen Dreijährigen selten erlebt, wie er auf einer Fußbank vor dem Bügelbrett steht und den Stoff bügelt, aus dem bald die Gardinen für sein neues Zimmer werden sollen. Joel darf erleben, dass er etwas kann und dass seine Mutter ihm vertraut. Sie hat sich die Zeit genommen, seine Initiative zu bejahen.

Die Lebenssituationen von Kindern sehen sehr unterschiedlich aus, aber die wichtigsten Bedürfnisse sind immer wieder gleich: Alle Kinder brauchen liebevolle Eltern, die ihnen Zeit und Energie widmen. Kinder müssen über die Dinge sprechen können, die ihnen durch den Kopf gehen, sie müssen versorgt werden, brauchen Essen, Freunde, Lachen, Abenteuer, Herausforderungen und ab und zu Stille und Ruhe. Kinder brauchen Aufmerksamkeit, und sie müssen in ihrer Selbstwahrnehmung gestärkt werden, indem man sie wahrnimmt und bestätigt. Und weil Eltern manchmal nicht so leicht zu erreichen sind, brauchen Kinder andere Erwachsene, die sich ihrer annehmen. Eltern wollen ihre Kinder nicht stressen oder antreiben. Dass sie es trotzdem manchmal tun, kann verschiedene Ursachen haben. Im Folgenden sind einige davon aufgelistet.

- Die schnelle Veränderung unserer Gesellschaft: Stress ist eine Reaktion darauf, dass wir es einfach nicht mehr schaffen, Familie und Beruf unter einen Hut zu bringen und uns gleichzeitig noch ständig darüber zu informieren, was geschieht: in der Arbeit, im Kindergarten, in der Schule und in der ganzen großen Welt.

- Die Sorge und Angst der Eltern, dass ihren Kindern etwas zustoßen könnte: Eltern haben ständig Angst, dass ihre Kinder sich wehtun könnten, geschlagen oder in einen Verkehrsunfall verwickelt werden könnten. Sie fürchten, dass ihr Kind in der Schule oder später in der Gesellschaft nicht zurechtkommt. Die Anforderungen in der Schule werden immer höher und haben großen Einfluss auf die beruflichen Chancen, und so wächst die Sorge der Eltern, wenn ihre Kinder mit dem Lerntempo nicht mithalten.

- Eltern werden immer einsamer. Die Scheidungsrate bei jungen Eltern ist hoch, und viele leben allein mit ihren Kindern. Das soziale Netz funktioniert nicht überall gleich gut, und oft hängt alles vor allem davon ab, ob die Großeltern am gleichen Ort leben oder nicht.

- Es gibt eine große Unsicherheit auf dem Arbeitsmarkt, verursacht durch Betriebsschließungen, Rationalisierung und drohende Arbeitslosigkeit. Damit steigt auch die Sorge um die wirtschaftliche Situation der eigenen Familie.
- Eltern haben viele eigene Wünsche, die sie sich gern erfüllen möchten. Sie möchten ihren Hobbys und anderen Freizeitaktivitäten nachgehen, wollen sich weiterbilden oder an ihrer persönlichen Entwicklung arbeiten.
- In vielen Familien arbeiten beide Eltern, sodass die Kontakte zum Kindergarten, Hort und/oder zur Schule nur in der knappen Freizeit wahrgenommen werden können.
- Der eigene Stress der Eltern: Viele Eltern sind heute mehr oder weniger stark belastet. Ein Mensch, der selbst unter Stress steht, hat nicht immer auch die Kraft, sich um die Bedürfnisse und Interessen anderer zu kümmern, nicht einmal dann, wenn es sich um die eigenen Kinder handelt.

Entwicklungsstress und Kraftstress

Dass die Situation in unserer Gesellschaft und in den Familien sich so darstellt, wie ich es eben beschrieben habe, darf uns nicht den Blick darauf verstellen, dass Kinder nur eine begrenzte Fähigkeit haben, Verantwortung zu übernehmen, Leistung zu erbringen und Loyalität zu zeigen. Kindern darf nicht mehr Freiheit zugestanden werden, als sie bewältigen können, und sie dürfen nicht Leistungsanforderungen ausgesetzt werden, die ihre Fähigkeiten übersteigen.

Im Verhältnis zwischen Eltern und Kindern gibt es die unausgesprochene Übereinkunft, dass zwischen den Bedürfnissen des Kindes und den Anforderungen der Eltern ein Gleichgewicht herrschen muss. Wenn dieses Gleichgewicht aufgehoben ist, wird das Kind verunsichert: Kann man sich auf die Eltern noch verlassen? Das Kind gerät in Stress, wenn es den Erwartungen seiner Eltern nicht entsprechen kann, wenn es sich Sorgen machen muss, dass es nicht geliebt wird, nicht tüchtig genug ist.

- Entwicklungsstress entsteht, wenn Eltern von ihrem Kind verlangen, dass es etwas verstehen soll, was außerhalb seines Auffassungsvermögen liegt, dass es Entscheidungen treffen und zielbewusst handeln soll, bevor es reif dafür ist. Wir setzen unsere Kinder unter Entwicklungsstress, wenn wir Ergebnisse erwarten, die seinem Reifegrad und seinen Fähigkeiten nicht entsprechen.

- Kraftstress entsteht, wenn die Eltern von einem Kind verlangen, dass es seine Kraftreserven angreift. Dabei kann es sich darum handeln, dass man ein Kleinkind auf eine lange Reise mitnimmt, oder dass man Kinder im Kindergartenalter allein zu einem Elternteil an einen anderen Ort reisen lässt. Es kann auch sein, dass man ein Kind mit zu vielen Aktivitäten belastet oder ihm zu viel Verantwortung für jüngere Geschwister aufhalst.

Als Eltern können wir unsere Kinder auf vielerlei Weise unter Stress setzen. Es ist unmöglich, immer richtig zu handeln und immer genau zu wissen, wie viel ein Kind aushält. Aber wenn wir merken, dass wir zu viel verlangen, müssen wir versuchen, die Anforderungen zurückzufahren oder mehr Unterstützung zu geben.

Die Kunst, deutliche und vernünftige Grenzen zu setzen

Ein Kind, das unsicher ist, welche Regeln in der Familie, im Kindergarten oder in der Schule gelten, kann in Stress geraten, weil es nicht weiß, was von ihm erwartet wird und was erlaubt ist. In der Folge wird das Kind ständig austesten, wo die Grenzen liegen, und dieses Verhalten kann zu Konflikten führen.

Grenzen sind umstritten. Der Begriff ist missverständlich, und in den Ohren vieler Erwachsener klingt er negativ. Und doch haben viele Eltern mit genau diesem Problem zu kämpfen. Denn es ist schwierig, mit einem Kind umzugehen, das Zorn und Enttäuschung über Verbote äußert. Wie können wir als Eltern an der richtigen Stelle »Halt!« sagen, ohne das Kind in seiner Freiheit und in der Entwicklung seiner Selbstständigkeit zu hemmen und einzuschränken?

Grenzen zu setzen, ist nie nur eine Frage der Technik. Es erfordert ein tiefes Verständnis für die Entwicklung und die Bedürfnisse des Kindes, denn es geht darum, dem Kind auf beste Weise bei seinem Wachstum und seiner Entwicklung zu helfen. Kinder, die keine festen Grenzen kennen, werden versuchen, sie auszuloten, bis sie auf Widerstand stoßen. Denn Kinder müssen sicher sein, dass die Erwachsenen da und in der Lage sind, sie zu leiten.

So kann es durchaus passieren, dass ein Schulkind seinen erstaunten Eltern unter heißen Tränen vorwirft: »Ihr habt mich überhaupt nicht lieb – ihr sagt mir ja nie, was ich nicht darf.« Wenn das Kind weiß, dass die Erwachsenen bei ihm sind und nötigenfalls »Halt!« sagen, wird es wagen, Neues auszuprobieren. Es geht das Risiko ein, Misserfolg zu haben, solange es weiß, dass auch die Chance auf Erfolg besteht. Um neue Situationen mit einem gewissen Gefühl der Sicherheit bestehen zu können, brauchen Kinder Erwachsene, die es wagen, Eltern zu sein.

Realistische Grenzen schränken das Kind nicht ein. Wenn Eltern vernünftige Grenzen setzen, verschaffen sie dem Kind die Möglichkeit, seine eigenen Fähigkeiten zu erproben. Das Kind muss sich nie unsicher fühlen. Es kennt seine Fähigkeiten und die Erwartungen der anderen, und beides gibt ihm Sicherheit. Gleichzeitig ist es wichtig, im Gedächtnis zu behalten, dass es zur natürlichen Entwicklung des Kindes gehört, einmal gesetzte Grenzen in Frage zu stellen und gelegentlich zu überschreiten. Wir müssen uns damit abfinden, dass das Kind sich vielleicht nicht unmittelbar nach dem richtet, was wir ihm sagen. Kinder brauchen auch die Möglichkeit, unsere Vorgaben in den Wind zu schlagen und sich im »Try-and-Error«-Verfahren einen eigenen Erfahrungsschatz aufzubauen.

Wer sich als Kind mit Hilfe eines vernünftigen elterlichen Widerstands entwickeln durfte, bringt gute Voraussetzungen für das Zusammenleben unter Erwachsenen mit. Wer so erzogen ist, kann jene emotionale und soziale Reife entwickeln, die man braucht, um mit einem Partner, mit Kindern, Arbeitskollegen und Vorgesetzten zusammenzuleben. Wer diese Reife dagegen erst als Erwachsener erwerben muss, hat einen schwierigen und mühsamen Weg vor sich.

Böse werden, ohne Böses zu tun

Kinder müssen erleben, dass Zorn nichts Gefährliches ist. Zorn ist ebenso gesund wie natürlich, aber Kinder müssen erst lernen, damit umzugehen. Sie müssen begreifen, dass man so wütend werden darf, wie es nur möglich ist, dass man aber nicht alles tun darf, was möglich ist, um seinem Zorn Ausdruck zu verleihen. Und sie müssen lernen, dass enge Beziehungen durch Zorn nicht zerstört werden.

Ein Kind mit eher heftigem Temperament braucht die Hilfe deutlicher Regeln und Grenzen, um zu lernen, wie es seine Impulse kontrollieren kann. Wenn niemand von einem Kind verlangt, dass es seine Gefühle unter Kontrolle behält, wird das Kind versuchen, sein Verhalten zur Kontrolle der Erwachsenen einzusetzen. Eine solche Situation sieht auf den ersten Blick so aus, als wäre sie genau das, was das Kind sich wünscht. Aber das Gegenteil ist der Fall: Kinder haben Angst davor, Macht über Erwachsene zu gewinnen.

Verschiedene Erziehungsmodelle und ihre Folgen

Nichts beeinflusst die Entwicklung eines Kindes so sehr wie das Verhalten der Eltern. In amerikanischen Untersuchungen hat man deutliche Zusammenhänge zwischen dem Erziehungsstil der Eltern und den Eigenschaften, die Kinder entwickeln, nachweisen können. Dabei hat man die Eltern vier Gruppen zugeordnet:

- Autoritäre Eltern üben bei der Erziehung Macht aus. Sie gehen sparsam mit Lob um und zeigen nur geringes Interesse an den Aktivitäten ihrer Kinder. Diese Kinder sind oft introvertiert und vorsichtig im Kontakt mit anderen Kindern.

- Nachgiebige Eltern sind inkonsequent, aber liebevoll. Sie tun sich schwer damit, Grenzen zu setzen, zeigen aber leicht Gefühle. Sie stellen keine besonderen Anforderungen an ihre Kinder und betrachten sich selbst nicht als diejenigen, die Verantwortung für das Verhalten ihrer Kinder tragen. Ein solches Verhalten führt bei Jungen oft zu Aggressivität. Bei Mädchen beobachtet man eher Abhängigkeit und ein geringes Selbstbewusstsein.

- Vernachlässigende Eltern übernehmen keine Verantwortung für ihre Kinder und stellen auch keine Anforderungen. Sie schaffen keinerlei Struktur im Leben des Kindes und vermitteln auch keine gesellschaftlichen Normen. Dieses Verhalten führt häufig zu einer verspäteten Entwicklung des Kindes, und zwar sowohl in Bezug auf das Gemeinschafts- als auch auf das Lernverhalten.

- Ermunternde Eltern scheinen diejenigen zu sein, die die Entwicklung ihrer Kinder am besten fördern. Sie stellen vernünftige Anforderungen, ermuntern zu Aktivitäten, nehmen Rücksicht auf die Bedürfnisse ihrer Kinder und vermitteln dabei schon früh die Regeln des Umgangs mit anderen Menschen. Kinder, die in einem solchen Umfeld aufwachsen, sind in der Regel schon im Kindergartenalter sehr selbstständig und haben kaum Schwierigkeiten im Umgang mit anderen. (Quelle: *Barnrapporten* 1998)

Die genannten Untersuchungen zeigen, dass es Kindern am besten geht, wenn die Eltern klare Grenzen ziehen können und gleichzeitig so viel Freiheit geben, wie dem Alter des Kindes angemessen ist. Es zeigt sich auch, dass Kinder dort, wo man ihnen mit Wärme und Engagement begegnet, bald auch ganz natürlich an allen Entscheidungen teilnehmen, die sie selbst und die gesamte Familie betreffen.

Gefühle bejahen

Wenn Kinder heftig Protest anmelden, helfen wir ihnen am besten, indem wir ihre Gefühle ausdrücklich bejahen und die Diskussion dann an diesem Punkt fortsetzen. Etwa so: »Ich weiß, dass du heute nicht in den Kindergarten willst. Ich werde dich auch den ganzen Tag vermissen. Ich bin genauso traurig wie du, dass wir heute nicht zusammen zu Hause bleiben können. Wenn wir heimkommen, machen wir es uns gemütlich, und ich lese dir was vor.« Es ist einfach besser, an die Gefühle des Kindes zu rühren als an seinen Verstand, wie wir es tun würden, wenn wir etwa Folgendes sagen würden: »Du weißt doch, dass ich arbeiten muss, damit wir genug Geld haben, sonst könnten wir in den Winterferien nicht zum Skifahren gehen.«

Der Grund? Die Gefühle von Kindern und Erwachsenen sind sich ähnlicher als die Denkweisen.

Kindern Zeit geben

Manchmal ist das Verhalten von Kindern schwierig zu deuten. Manchmal benehmen sie sich vollkommen anders, als wir es erwarten. Sie schimpfen los oder drücken sich auf schlimme, gewaltsame Weise aus, als wollten sie uns sagen: »Du musst mich am meisten lieb haben, wenn ich es am wenigsten verdiene, denn dann brauche ich es am meisten.« Wenn wir viel Zeit mit unseren Kindern verbringen, fällt es uns leichter, herauszufinden, was ihnen fehlt.

Eltern und andere Erwachsene, die es immer eilig haben, die zu müde oder zu beschäftigt sind, drücken durch ihr Tun ebenso deutlich wie durch Worte aus: »Ich interessiere mich mehr für mich selbst als für dich.« Wie soll sich ein krankes Kind fühlen, dessen Eltern beim Abendessen heftig darüber diskutieren, wer Zeit hat, bei ihm zu Hause zu bleiben?

Es gibt tatsächlich Kinder, die Mitleid mit ihren Eltern empfinden, weil diese Kinder haben, um die sie sich kümmern müssen. Denn es kostet Zeit, Eltern zu sein.

Papas, die es eilig haben

Papas sind allzeit bereit
und haben's eilig.
Papas mit viel zu wenig Zeit
gibt es reichlich.

Die Papas der Papas
sagen: Oho.
Großvater wird man
einfach so.

Jetzt wird die Zeit knapp,
die mir noch bleibt.
Und nichts erleb ich,
wenn es mich nur treibt.

Papas mit Ruhe
staunend sehen,
dass schnell wie ein Monat
die Jahre vergehen.

Kinder werden groß,
was für ein Glück.
Die Zeit rennt davon,
jeden Tag ein Stück.

Papa wird Opa,
Zeit gab es reichlich.
Erst dann haben's Papas
nicht mehr so eilig.

Ingvar Dahlström (Dagens Nyheter, 20.4.1998)

Manche Kinder brauchen therapeutische Hilfe

Viele Erwachsene scheuen sich, das Wort »Therapie« in den Mund zu nehmen. Sie sehen einen langen, schmerzhaften Weg vor sich, und das ist – zumindest was die Erwachsenen angeht – auch nicht so ganz falsch. Aber Kinder, die noch nicht so starke Widerstände entwickelt haben, verarbeiten eine Situation schneller.

Kinder im Kindergartenalter können ihre Gefühle noch nicht so gut in Worte kleiden, und aus diesem Grund werden in der Therapie oft schöpferische Aktivitäten genutzt, z. B. Malen, Spiele mit Knetgummi oder Sand.

Wenn das Kind im Rahmen einer Therapie die Möglichkeit erhält, Belastungen zu verarbeiten, kann es leichter mit ihnen umgehen. Außerdem verhilft die Therapie dem Kind oft zu neuen Erfahrungen, die für die Zukunft nützlich sein können.

Maria

Maria, fünf Jahre alt, besucht ihre Therapeutin und spielt im Sandkasten. Sie stellt die Figuren einiger Kinder und eines Elternpaares in den Sand. Sie legt ein Jesuskind in eine Krippe hinter einer Palme. Maria und Josef stellt sie gleich daneben, ebenso wie die Heiligen Drei Könige. Ein Brautpaar steht im Sand, umgeben von Schmetterlingen und Blumen. Maria steckt Federn in den Sand. Und schließlich umgibt sie das ganze Idyll mit einem Zaun, um es vor Angriffen von außen zu schützen. Dann sieht sie sich ihr Werk an und sagt: »Das ist eine Märchenwelt.«

Anschließend baut sie etwas Neues. Als Erstes reißt sie den Zaun ein. Die Kinder fliegen herum, ein Kind hängt kopfüber auf einer Rutschbahn. Die Eltern stehen abgewandt da und kümmern sich um nichts. Ein Kind ist vom Dreirad gefallen, eines liegt im Bett. Die Heiligen Drei Könige finden sich ungeschützt auf einer Decke kauernd wieder. Das Brautpaar steckt mit den Gesichtern im Sand. Sie scheinen keinen glücklichen Weg vor sich zu haben. Maria sieht das neue Bild an und sagt: »Das ist die Menschenwelt.«

Wenn eine Fünfjährige zwei getrennte Welten so klar gestaltet und benennt, muss man davon ausgehen, dass sie beide Welten kennt und Erfahrungen in beiden gesammelt hat. Maria ist kein Einzelkind; sie hat zwei Brüder, einen jüngeren und einen älteren. Die Ehe der Eltern, die schon seit längerer Zeit nicht mehr in Ordnung war, ist inzwischen gescheitert, die Scheidung ist vollzogen. Es folgte ein zähes Ringen um die Kinder, mit dem Ergebnis, dass der Vater das alleinige Sorgerecht zugesprochen bekam.

Ein Jahr lang hat Maria bei der Therapeutin »im Sand gespielt«. Immer wieder tauchten ihre beiden Welten auf. Eine wohl geordnete, systematische, intellektuelle Welt und eine gefühlsmäßig chaotische. Maria ist sehr pfiffig, aber auch sensibel, ängstlich, unsicher und vor allem unglücklich. Ein äußerlich wahrnehmbares Symptom dafür war ihr Stottern.

Durch die Therapie erhielt Maria Gelegenheit, die Trennung der Eltern zu verarbeiten. Mit Hilfe einer außen stehenden Person konnte sie ihr eigenes »Haus« immer wieder ansehen, konnte erproben, was es aushielt. Und sie erlebte, dass sie es immer wieder aufbauen konnte, selbst wenn es zusammenfiel. Sie konnte ihre inneren Räume ganz nach ihren eigenen Fähigkeiten gestalten und wurde damit allmählich unabhängiger von ihren streitenden Eltern. Sie wurde stärker, mutiger und sicherer. Sie stotterte immer weniger und spielte gern und viel mit den anderen Kindern im Kindergarten.

Kinder und Gefühle

Gefühle sind wichtig

Kinder, die sich selbst annehmen und Vertrauen zu anderen haben, können besser mit Stress umgehen als andere. Solche Kinder sind auch in der Lage, so unterschiedliche Gefühle wie Freude, Kummer, Hass, Mitleid, Empathie, Angst und Zorn auszudrücken.

Im Schulunterricht liegt der Schwerpunkt auf der Vermittlung von Wissen; die gefühlsmäßige Entwicklung der Kinder findet dort weniger Raum. Auch im Kindergarten gibt es bisher keine speziellen Programme zur Anregung und Entwicklung des kindlichen Gefühlslebens. Und doch sind die Gefühle von größter Bedeutung für die Entwicklung und das Wohlbefinden von Kindern.

Wenn Kinder Gefühle voneinander unterscheiden können, verstehen sie ihre Umwelt und sich selbst besser. Und was man versteht, kann man leichter beeinflussen. Mit Dingen dagegen, die man nicht versteht, kann man nur schwer umgehen, und man erlebt sie eher als Stressfaktor.

Sowohl angenehme als auch schmerzhafte Gefühle brauchen Zeit, um ihren Ausdruck zu finden und verarbeitet zu werden. Wenn z. B. das Gefühl der Trauer nach einer Trennung nicht Zeit genug bekommt, um verarbeitet zu werden und zu heilen, wirkt dieses Gefühl weiter, und es kann dem Betroffenen schwerfallen, neue Beziehungen aufzubauen.

Einige Gefühle sind lustvoller als andere, aber es gibt keine verbotenen Gefühle. Wir brauchen sie alle. Und doch vermitteln wir unseren Kindern oft, dass manche

Gefühle negativ sind, einfach weil wir nur schwer mit ihrem Zorn oder ihrem Kummer zurechtkommen. Das kann zur Folge haben, dass Kinder solchen Gefühlen nicht mehr nachspüren. Aber alle Gefühle sind notwendig und haben ihren Sinn. Erst mit Hilfe von Gefühlen lernen wir uns selbst kennen, finden uns in unserem Dasein zurecht und treffen die notwendigen Entscheidungen. Bei einem erwachsenen, reifen Menschen gehen Gefühle und Vernunft Hand in Hand.

Aggressivität ist in diesem Zusammenhang ein wachsendes Problem, sagt der Psychologe und Krisenspezialist Magne Raundalen. Heutzutage hat ein Drittel der Jungen Schwierigkeiten, Gefühle zu benennen, und was man nicht mit Worten ausdrücken kann, drückt sich stattdessen oft mit Tritten und Schlägen aus. Die Gefahr ist groß, dass sich ein Teil dieser Jungen zu aggressiven Jugendlichen entwickelt, von denen einige am Rand unserer Gesellschaft landen. Kinder, die sich in die Gefühle anderer Menschen hineinversetzen können, tun sich leichter damit, ihre eigenen aggressiven Impulse zu dämpfen, und geraten deshalb nicht so leicht in Konflikt mit ihrer Umgebung.

Die Fähigkeit der Eltern, sich in die Gefühle ihrer Kinder hineinzuversetzen, ist entscheidend für die eigene gefühlsmäßige Entwicklung der Kinder. Entscheidend ist auch, dass die Eltern Zeit haben und da sind, wenn sie gebraucht werden. Auch dies stellt heute ein großes Problem dar. Wir können im Zusammenleben mit unseren Kindern keine hohe Qualität erreichen, wenn die Quantität nicht stimmt, wir ihnen also nicht sehr viel Zeit widmen.

Viele Kinder leben heute in einer Umgebung, die nicht »hinreichend emotional« ist. Oft arbeiten beide Eltern Vollzeit und müssen darüber hinaus den Haushalt versorgen, waschen, putzen, einkaufen usw. Auch die Großeltern sind häufig noch voll berufstätig. Vielleicht leben und arbeiten sie außerdem weit von ihren Kindern und Enkeln entfernt. Andere Gründe für den Zeitmangel liegen unter Umständen darin, dass materielle Werte eine große Bedeutung erlangt haben, und dass die Eltern für einen hohen Lebensstandard hart arbeiten müssen. Neue Lebens gewohnheiten, in denen Fernsehen und Computerspiele viel Zeit in Anspruch nehmen, gehen zu Lasten der Zeit, die man miteinander verbringt.

Kristoffer Konarski, Spezialist für psychosomatische Krankheiten am Karolinska-Institut in Stockholm, ist der Ansicht, dass die gesellschaftlichen Veränderungen der Nachkriegszeit ein Grund dafür sind, warum so viele Menschen in der westlichen Welt keine Worte mehr für ihre Gefühle finden. Gefühle zu empfinden, so sagt er, ist eine natürliche Fähigkeit, was aber nicht heißt, dass diese Fähigkeit bei unserer Geburt bereits fertig ausgebildet ist. Die Gefühle entwickeln sich nach einem ganz bestimmten Muster. Im Mutterleib ist das Gefühlsleben noch ganz undifferenziert, und das ungeborene Kind erlebt eigentlich nur zwei Zustände: schnell und langsam, abhängig vom Herzschlag der Mutter. Nach der Geburt kristallisieren sich zwei weitere Gefühle heraus: Schmerz und Wohlbefinden. Aus diesen entwickeln sich Traurigkeit (Kummer), Schrecken (Angst), Zorn und Freude. Im Lauf des weiteren Reifungsprozesses differenzieren sich diese Grundgefühle weiter aus zu immer feiner abgestimmten Nuancen: Sehnsucht, Verlust, Missmut, Wehmut usw.

Je mehr Nuancen ein Gefühl bekommt, desto weniger wird es körperlich spürbar. Damit wird es auch weniger gefährlich für die Organe und Systeme des Körpers. Ein Gefühl jedoch, das nicht mit Worten benannt oder ausgedrückt werden kann, sucht sich oft ein körperliches Ventil. Verdrängte Gefühle und ein unterentwickeltes Gefühlsleben zeigen sich in vielen Fällen später im Leben in Form psychosomatischer Beschwerden und Krankheiten. Es ist daher wichtig, dem Kind von Anfang an die Möglichkeit zu geben, sein Gefühlsleben zu entwickeln.

Ein gutes Material für die Arbeit an der gefühlsmäßigen Entwicklung von Kindern liefern so genannte Gefühlsreisen. Durch Geschichten und musikalische Erlebnisse lernen Kinder, verschiedene Gefühle zu erleben und auszudrücken.

Das Ziel der Arbeit mit Gefühlsreisen ist die Weiterentwicklung der kindlichen Gefühle und der Fantasie. Die Mittel, die dabei zur Anwendung kommen, sind Musik, Bewegung, Bilder, Dramatisierungen und Gespräche. Gefühlsreisen sprechen sowohl Kinder im Vorschulalter als auch Schulkinder an. Je älter das Kind ist, desto tiefer kann die Arbeit an der Entwicklung von Gefühlen gehen. Das kann folgendermaßen aussehen:

Nehmen Sie sich ausreichend Zeit. Bevor Kinder ihre Fähigkeit entwickeln können, Gefühle auszudrücken, müssen sie zuerst die Möglichkeit bekommen, ihre Konzentrationsfähigkeit und ihre Fähigkeit zum Einfühlen in verschiedene Situationen zu üben. Vielleicht ist ein Wald ein besonders guter Ort dafür. Er ist voller Geräusche, und es ist daher eine spannende Aufgabe, genau hinzuhören und später zu berichten, was man gehört hat. Um Unterschiede kennen zu lernen, können die Kinder später auf die Geräusche in einem Haus lauschen – oder in einem vollkommen stillen Raum. Wenn Kinder auf diese Weise aktiv lauschen, hören sie Dinge, die sie sonst gar nicht bemerken würden.

Ein oder zwei Mal pro Woche sollten die Kinder dann über einen Zeitraum von 15 bis 20 Minuten eine Geschichte hören, begleitet von Musik oder anderen Geräuschen. Danach sollte Zeit sein, die Geschichte nachzuspielen und die dabei erlebten Gefühle zu benennen.

Eine andere Übung könnte es sein, Kinder klassische Musik hören zu lassen und danach miteinander darüber zu sprechen, welche Gefühle dabei aufsteigen, und welche Bilder die Kinder in ihrer Fantasie erschaffen. Die Kinder können zur Musik auch malen, mit Modelliermasse gestalten, sie nachspielen oder zu ihr tanzen.

Selbst bei kleinen Kindern kann Musik unterschiedlicher Art das Gefühlsleben stärken, aber bei ihnen geht es zunächst nur darum, sie die Musik erleben zu lassen. Kleine Kinder können noch nicht über ihre Gefühle sprechen. Aber sie können wild zu Schuberts Soldatenmarsch herumspringen oder bei den Klängen einer Panflöte abschalten und einfach genießen.

So wichtig es ist, dass Kinder im Vorschulalter lernen, Gefühle in Worte zu fassen – am Anfang kann es schwierig sein. Manche Kinder verwenden für alles den Begriff »sauer«, ob sie nun wütend auf ein anderes Kind sind, oder ob sie traurig über einen Verlust sind.

Angst können Kinder dagegen leicht wiedererkennen. Um das Gefühl in den Griff zu bekommen, kann man eine Person zeichnen und das Kind zeigen lassen, wo sich die Angst befindet, und wie sie sich anfühlt. Übrigens: Die meisten Kinder malen auch gern selbst zum Thema Angst.

Nach einer gewissen Vorbereitungszeit sind die Kinder reif dafür, mit der Gefühlsreise zu beginnen. Dann kann man nach und nach die Gefühle durchgehen, in der Reihenfolge, in der Kristoffer Konarski ihre Entwicklung beschreibt.

Die Reise beginnt im Mutterleib. Selbst wenn kein Kind weiß, wie es sich dort anfühlte, vergleichen die meisten es mit dem Treiben im Wasser: ein Gefühl der Schwerelosigkeit. Das ungeborene Kind kann den Herzschlag der Mutter spüren. Manchmal schlägt das Herz schnell, manchmal langsam. Bei dieser Gelegenheit kann man darüber sprechen, wie es sich anfühlt, wenn man unruhig und nervös ist, im Gegensatz zu vollkommener Ruhe. Die Kinder können sich bewegen, wie sie sich die Bewegungen des Ungeborenen im Bauch der Mutter vorstellen. Eine gute Musik dazu findet sich im *Cantus* von Arvo Pärt.

Wenn die Kinder auf unterschiedliche Weise das ausgewählte Gefühl nachempfunden haben, kann man fortfahren, indem man darüber spricht, es malt, andere Wörter mit gleicher Bedeutung sucht, andere Ausdrücke oder Symbole. Die Arbeit an einem Gefühl sollte mindestens eine Woche dauern, gern auch länger. Nach dem Gefühl der Schwerelosigkeit folgen Schmerz und Wohlbefinden (dazu passt die 7. *Symphonie* von Allan Pettersson). Und so geht es weiter, mit Zorn, Traurigkeit, Freude und Unruhe. Freude kann sprudeln, aber auch ein ganz stilles, ruhiges Gefühl der Harmonie sein. Zorn reicht von leichter Irritation bis zur wildesten Wut.

Vielen Kindern fällt es leicht, Zorn auszudrücken, aber fragt man sie, ob es erlaubt ist, böse zu sein, antworten die meisten von ihnen mit einem klaren »Nein«. Es ist wichtig, Kindern klarzumachen, dass sie so wütend sein dürfen, wie es ihnen nur möglich ist, dass sie aber nicht alles tun dürfen, was ihnen dabei in den Sinn kommt.

Durch die Gefühlsreise lernen Kinder mehr Worte für Gefühle kennen, sodass sie sich mit anderen Kindern, aber auch mit Erwachsenen besser verständigen können. Außerdem fördert diese Arbeit ihre Fähigkeit, sich in andere hineinzuversetzen, Empathie für andere zu empfinden. In der Folge können Kinder Konflikte untereinander besser lösen, und sie lernen, dass Gefühle niemals verboten sind, solange man anderen nicht schadet.

Empathie contra Mobbing

Wo Mobbing stattfindet, gibt es auch gestresste Kinder. Wenn Kinder das Innenleben anderer Menschen besser kennen lernen, können sie sich ruhiger fühlen. Wenn z. B. Viktor »anders« sein darf, dürfen auch andere Kinder so sein, wie sie wollen.

Viktor

Viktor ist ein Kind, das auf seine Umgebung anders reagiert als die anderen Kinder. Er ist fünf Jahre alt und leidet unter einer »Kontaktstörung«. Wenn er etwas erzählt, verstehen die anderen Kinder nicht, wovon er spricht. Deshalb wird er oft aufgezogen und gehänselt und reagiert darauf mit Zorn. Er malt und zeichnet gern, aber auch seine Bilder sind anders als die der anderen Kinder. Sein Selbstportrait ist ein Wirrwarr von Strichen und Punkten, und die Blumenvase, die er malt, hat verdächtige Ähnlichkeit mit einem modernen Kunstwerk. Viktor trampelt mit den Füßen und wirft den Pinsel weg. Er will nicht mehr! Eva, die Erzieherin, spricht über die Zeichnungen der Kinder, und als sie zu Viktor kommt, sagt sie: »Schaut, Viktor sieht die Dinge anders. Und so wie er sie sieht, hat er seine Blumenvase gemalt.« Sie zeigt mit dieser Erklärung, auf welche Weise man Viktors Bilder verstehen kann, und indem sie den anderen Kindern ihren Respekt vor seinem Bild gezeigt hat, weckt sie ihre Empathie. Jetzt wollen die anderen Kinder Viktor helfen und ihm Mut machen. Er wächst daran und lernt, an seine Fähigkeiten zu glauben. Er findet seinen Platz in der Gruppe. Und er wird nicht mehr gehänselt.

Entwicklung von Empathie

Säuglinge können bereits im Alter von wenigen Tagen menschliches Weinen erkennen und reagieren darauf mit Stress, Unruhe und Geheule. Auf künstlich erzeugte Geräusche, die dem Weinen ähneln, reagieren sie überhaupt nicht. Ob es sich bei diesem Verhalten um Empathie handelt, kann man nicht sagen, weil das Kind sich noch nicht vorstellen kann, wie es ist, jemand anders zu sein. Aber es ist unbedingt eine Voraussetzung für Empathie, überhaupt zu reagieren, wenn es einem anderen schlecht geht.

Je reifer das Kind wird, desto leichter kann es sich mit einem empathischen Verhalten der Eltern identifizieren. Im Übrigen haben Kinder ihre ganz eigene Art, Mitleid zu zeigen, z. B. indem sie ihren Schnuller anbieten, wenn jemand traurig ist, indem sie auf eine schmerzende Stelle pusten oder so tun, als würden sie mitweinen, wenn jemand in einem Bilderbuch weint. Die Fähigkeit zur Empathie entwickelt sich vor allem im zweiten Lebensjahr, also zu der Zeit, wenn sich auch Sprache und Spiel entwickeln.

In einer Kinderkrippe mussten sich acht kleine Kinder gleichzeitig eingewöhnen. Die Erzieher wussten fast immer, welche Eltern ihr Kind für ein Weilchen allein lassen konnten, um im Nebenzimmer eine Tasse Kaffee zu trinken oder einen Spaziergang zu machen. Es ging auch fast immer gut. Irgendeines der anderen Kinder begann aber meistens genau dann zu weinen.

Kinder im Alter von drei bis vier Jahren können sehr fürsorglich und empathisch sein. Eine gute Atmosphäre, in der man ihnen respektvoll und einfühlsam begegnet, begünstigt diese Fähigkeit. Wenn die Erwachsenen auf die Bedürfnisse der Kinder achten, können die Kinder sicher sein, dass sie bekommen, was sie brauchen. Dann fällt es ihnen leicht, großzügig zu sein und mit anderen zu teilen. Selbst das Spiel ist wichtig, wenn es darum geht, Kindern die Gelegenheit zu geben, sich um andere zu kümmern, sich in andere einzufühlen und andere Rollen auszuprobieren.

In der *Casa de los Niños*, von der ich anfangs schon erzählt habe, gab es ein Motto: Jede Menge Liebe und feste Grenzen. Dieses Projekt betreut Kinder, denen fast alles fehlt, nicht zuletzt das Vertrauen zu erwachsenen Menschen. Mit Hilfe der Philosophie, auf die sich die *Casa de los Niños* gründet, entwickeln die meisten Kinder allmählich ein wachsendes Zutrauen zu Erwachsenen und die Fähigkeit, Gefühle zu erkennen und zu zeigen. Dabei ist es absolut verboten, einander wehzutun. Das geschieht natürlich trotzdem gelegentlich, aber dieses Thema wird auf jede erdenkliche Weise bearbeitet, sei es vorbeugend oder im Zusammenhang mit tatsächlichen Ereignissen. Was auch immer ein Kind getan hat, es erfährt immer wieder, dass es geliebt wird, auch wenn sein Tun inakzeptabel ist. Die Kinder lernen, sich umeinander zu kümmern. Die älteren Kinder helfen den jüngeren. Aber zuerst müssen alle lernen, sich »zu benehmen«.

Javier

Javier ist drei Jahre alt. Sein kurzes bisheriges Leben hat er in einem Hinterhof des Slums zugebracht. Schmutzig, langhaarig, sprachlos und ohne jegliches Sozialverhalten wird er eines Tages in der *Casa de los Niños* abgegeben und wird in die Gruppe für Kleinkinder aufgenommen. Wie so viele der Kinder, die noch nicht lange hier sind, rennt er herum, reißt Blumen aus den Töpfen und wirft alle Bauklötze und Puzzleteile auf den Boden. Er wird darauf angesprochen und an die Tür gebracht, wo er zusehen kann, um zu lernen, wie man sich hier benimmt. Für mich sieht es aus, als hätte man ihn in die Ecke gestellt, und er tut mir Leid. Er steht drei Tage lang dort. Aber keines der anderen Kinder macht eine dumme Bemerkung oder ärgert ihn.

Als ich am vierten Tag wieder in die Kleinkindergruppe komme, sitzt er am Tisch und versucht, ein Puzzle zu legen. Er strahlt übers ganze Gesicht, und die anderen Kinder zeigen eifrig auf ihn und rufen mir zu: »Porta bien, porta bien!« (Er benimmt sich gut, er benimmt sich gut!) Auch das ist empathisches Verhalten: Sich darüber zu freuen, dass eine andere Person etwas gut macht.

Erziehung zur Empathie

Der Philosoph Ravi Shankar fordert, wir sollten unseren Kinder Spiele beibringen, die Kameradschaft und Kontakt fördern, und wir sollten sie den Wert der Freundschaft lehren. Er schlägt vor, jedes Kind solle jeden Tag mit einem Menschen Freundschaft schließen. Nach einer Weile wären so alle Kinder in einer Gruppe oder Schulklasse Freunde. Eine wunderbare Vorstellung! Denn mit Freunden muss man vorsichtig umgehen. Indem man mit einem anderen Kind Freundschaft schließt, werden aus Streit und Kampf Verständnis und Mitgefühl. Ravi Shankar ist weder Lehrer noch Pädagoge, aber er ist ein kluger Mann, der Dinge ausspricht, die wir alle eigentlich längst wissen.

Das Beste und Natürlichste wäre es selbstverständlich, Empathie in allen Situationen des Alltags zu trainieren. Aber auch ein gemeinsames Engagement für andere, die es schwerer haben als man selbst, ist eine lohnende Sache. Dabei wird das Gefühlserlebnis erweitert, weil wir Einblick in eine andere Kultur bekommen und mehr über sie und ihre Wertvorstellungen erfahren. Wie so etwas gehen kann, habe ich in meinem Buch *Als der Krieg in den Kindergarten kam* beschrieben. Darin habe ich von einem schwedischen Kindergarten berichtet, der freundschaftliche Beziehungen zur *Casa de los Niños* unterhält.

Um das Verständnis der Kinder füreinander zu fördern, kann man es z. B. zur Gewohnheit machen, in einer morgendlichen gemeinsamen Runde darüber zu sprechen, wie es ihnen geht, ob ihnen irgendetwas Kummer macht oder sie sich etwas besonders wünschen. Auch die Erwachsenen sollten in einer solchen Runde sagen dürfen: »Heute geht es mir nicht so richtig gut. Ich mache mir Sorgen, weil mein Kind krank ist.« Auf diese Weise erlebt jedes Kind, dass unterschiedliche Gefühle und Stimmungen erlaubt sind, sowohl bei ihm selbst, als auch bei den anderen.

Ein heimlicher Freund

In einer Grund- und Oberschule, die ich besucht habe, bekommen die Schülerinnen und Schüler manchmal für eine Woche einen heimlichen Freund oder eine heimliche Freundin. Am Montagmorgen dürfen alle einen Zettel ziehen, auf dem der Name eines anderen Kindes steht, das während dieser Woche ihre spezielle Freundin oder ihr spezieller Freund sein soll.

Ohne dabei zu übertreiben, sollen alle sich um den heimlichen Freund ein bisschen mehr kümmern als gewöhnlich. Sie sollen versuchen, zu helfen und Mut zu machen. Am Ende der Woche sollen sie raten, wer wohl der heimliche Freund gewesen ist.

Das Wichtigste daran ist nicht, denjenigen oder diejenige tatsächlich zu erraten, sondern die Diskussion und Reflexion über das Geschehen der letzten Woche. Habe ich etwas bemerkt, und wenn ja, was? Und wenn ich nichts bemerkt habe, warum ist das so? Welche Signale hat man ausgesandt, und wie nimmt man die Signale der anderen auf? Indem sie die Woche analysieren, lernen Kinder, dass das, was man tut, von demjenigen, den es angeht, nicht immer wahrgenommen oder verstanden wird. Sie können darüber sprechen, wie schwierig es manchmal ist, andere zu verstehen. Und durch das Gespräch miteinander lernen sie, zu formulieren, was ihnen gut tut, und sie lernen verstehen, was ihren Klassenkameraden gut tut.

Erniedrigung – ein Gegensatz zur Empathie

Erniedrigung ist ein Begriff, der u.a. im Zusammenhang mit emotionaler Intelligenz (EQ) verwendet wird. Erniedrigung kann durch Körpersprache oder durch negative Kommentare ausgedrückt werden, mit dem Ziel, andere Menschen verächtlich zu machen oder aus dem Gleichgewicht zu bringen. Ein Mensch, der andere erniedrigt, möchte oft, dass andere sich ebenso schlecht fühlen wie er selbst. Die Erniedrigung anderer Menschen hat ihren Grund zumeist in einem schlecht entwickelten Selbstbewusstsein.

Kinder lernen diese »Kunst«, indem sie Erwachsene nachahmen. Deshalb ist es wichtig, wie wir Erwachsenen uns gegenüber Kindern und untereinander verhalten. Erniedrigung verletzt und kränkt andere Menschen, und das muss Kindern bewusst werden.

Sprich mit mir, Papa!

Eine Fahrt mit der U-Bahn hinterließ einen bitteren Nachgeschmack bei mir. Ich saß einem Vater mit zwei Kindern gegenüber, einem Jungen und einem Mädchen, gerade im Schulalter. Die Stimmung war nicht gut – das war deutlich zu spüren – und breitete sich wie eine ansteckende Krankheit im Wagen aus. Das Mädchen drückte sich in die Ecke ihres Sitzes neben dem Vater, das Gesicht im Jackenärmel versteckt. Der Junge flehte geradezu um die Aufmerksamkeit des Vaters, aber vergeblich. Der Vater schlug die Hand des Jungen weg, die sich auf sein Bein legte, um Kontakt herzustellen. Nach einer Weile bat der Junge mit angespannter Stimme: »Bitte sprich doch mit mir, Papa!« Der Vater starrte aus dem pechschwarzen Fenster, statt den Jungen anzusehen, und antwortete: »Ich spreche nicht mit Dummköpfen.« Als es an der Zeit war, auszusteigen, sagte er kein Wort, nahm nur das Mädchen an die Hand und eilte zum Ausgang. Als der Junge hinterherrannte, schubste er ihn zurück. Der Junge konnte mit knapper Not aussteigen, bevor sich die Türen wieder schlossen. Dieser Junge wurde einer wirklichen Erniedrigung ausgesetzt, die mit Sicherheit tiefe Wunden in seiner Seele hinterlassen und sein Selbstbewusstsein untergraben hat.

Ein Kind, das erniedrigenden Kommentaren ausgesetzt wird, kann in seiner Entwicklung und seinem Lernvermögen gehemmt werden, denn Erniedrigungen schaffen große Unsicherheit. »Bin ich dumm? Soll ich jetzt fragen? Stimmt mit mir etwas nicht? Soll ich das jetzt wagen?« Angst und Unsicherheit erzeugen Blockaden.

Kleine Kinder wissen noch nicht, wie Erniedrigungen funktionieren, aber je älter sie werden, desto größere Geschicklichkeit können sie darin erlangen, einander zu verletzen. Wir dürfen nicht akzeptieren, dass Kinder so gemein zueinander sind. Das heißt, wir müssen immer – im mer! – eingreifen, wenn ein Kind ein anderes erniedrigt. Es geht dabei nicht darum, den »Täter« zu bestrafen, sondern darum, zu besprechen, wie es sich anfühlt, wenn jemand bösartige Bemerkungen über uns macht. Schulen, die das Thema »Empathie« im Unterricht behandeln, machen ihren Kindern auch bewusst, was Erniedrigung bedeutet.

EQ als Lerninhalt

In vielen (schwedischen) Schulen hat man inzwischen EQ in den Stundenplan aufgenommen, und die Kinder dürfen ihre emotionale und soziale Kompetenz trainieren. Im Unterricht lernen sie, wie man sich gegenüber anderen verhält, und wie man sprechen sollte, wenn man sich verständlich machen will. Sie lernen auch, ihre Selbstbeherrschung zu trainieren. Ziel ist es, dass die Kinder sich ihrer Gefühle bewusst werden und merken, wie sehr sie sich von diesen leiten lassen. Nach Gruppenarbeiten wird das Erlebte besprochen: »Wie ging die Zusammenarbeit vor sich? Wer bestimmte, was getan wird? Wie fühlte sich das an?«

Die meisten Lehrer, die auch im Unterricht mit dem Thema EQ arbeiten, machen die Erfahrung, dass die Kinder ruhiger werden, den anderen besser zuhören und leichter über Gefühle sprechen – eigene und die der anderen. Wenn es auf dem Schulhof zu Streitigkeiten kommt, gelingt es den Kindern viel leichter, die Konflikte untereinander zu lösen.

Ein Begleiter in der Welt der Gefühle

Als Eltern sind wir die wichtigsten Begleiter unserer Kinder in der Welt der Gefühle, einmal, weil wir selbst unsere Kinder lieben, zum anderen, weil wir ihnen helfen können, ihre Gefühle in unterschiedlichen Situationen zu verstehen.

Empathie contra Mobbing

Manchmal kann es schwierig sein, sich einzugestehen, dass das eigene Kind Probleme hat. Das kann dazu führen, dass wir manchmal nicht richtig auf das hören können, was unser Kind uns sagen will. Und das Kind seinerseits kann unter Schuldgefühlen leiden, weil es mehr fordert, als es bekommt. Unbefriedigte Bedürfnisse können auch dazu beitragen, dass Kinder ihre Gefühle kaum beherrschen können und sich das, was sie brauchen, herbeischreien und -streiten. Ein Kind, das sich wahrgenommen, bestätigt und gehört weiß, kann seine Impulse leichter beherrschen.

Das Zusammenspiel zwischen Eltern und Kind wird gestärkt, wenn es den Eltern gelingt, negative Gefühlsregungen des Kindes als Anlass zu Nähe und Begleitung zu sehen, statt den Zorn des Kindes als Bedrohung erwachsener Autorität zu fürchten. Gerade Kinder, die oft wütend oder traurig sind, brauchen uns Erwachsene am meisten.

Am besten helfen wir unseren Kindern dabei, ihre Gefühle zu verstehen, wenn wir aufmerken und uns die Zeit nehmen, dem Kind zuzuhören, ihm unser Mitgefühl zu zeigen und das in Worte zu fassen, was das Kind uns mit seinem Verhalten sagen will. Aber das klingt vielleicht einfacher, als es wirklich ist. Denn um gute Begleiter durch die Welt der Gefühle zu sein, für eigene oder fremde Kinder, müssen wir selbst ein hohes Maß an gefühlsmäßiger, emotionaler Intelligenz besitzen. Der Begriff der emotionalen Intelligenz wurde zuerst in Daniel Golemans Buch *Känslans intelligens* verwendet, in dem er u. a. auf Howard Gardners Beschreibung unserer sieben Arten von Intelligenz aufbaute (mittlerweile spricht Gardner von acht oder neun unterschiedlichen Formen der Intelligenz).

Unter unseren verschiedenen Arten von Intelligenz schreibt Goleman der emotionalen Intelligenz ein besonders großes Gewicht für unsere zukünftige Gesellschaft zu, sowohl im Hinblick auf die persönliche Entwicklung als auch auf die Entwicklung der Arbeitswelt.

Ein emotional intelligenter Mensch besitzt nach Goleman fünf Eigenschaften:

1 Selbsterkenntnis: die Fähigkeit, mich selbst zu beobachten und die verschiedenen, widersprüchlichen Gefühle zu erkennen, die ich erlebe.

2 Guter Umgang mit Gefühlen: die Fähigkeit, die Ursachen für meine Gefühle zu erkennen und Gefühle wie Angst, Zorn und Kummer auf angemessene Weise zu handhaben.

3 Selbstmotivation: die Fähigkeit, Gefühle so zu kanalisieren, dass sie meinen eigenen Zielen dienen, meine Impulse zu steuern und die Befriedigung von Bedürfnissen aufzuschieben.

4 Empathie: die Fähigkeit, auf die Gefühle und Bedürfnisse anderer zu hören, die Perspektive zu wechseln und auf diese Weise die Gefühls- und Erlebniswelt anderer Menschen zu verstehen.

5 Beziehungskompetenz: die Fähigkeit, mit den Gefühlsregungen anderer Menschen umzugehen und auf konstruktive Weise mit anderen zusammenzuarbeiten.

Die Forschungsergebnisse der mit diesem Thema befassten Fachrichtungen sprechen immer wieder darüber, welche Auswirkungen die emotionale Entwicklung für das weitere Leben und die Entwicklung von Kindern hat. Auf welche Weise Intellekt und Gefühle zusammenwirken, hat die biologische Hirnforschung nachgewiesen. Wenn ein Mensch sich schnell zwischen einer Reihe von Möglichkeiten entscheiden soll, muss er die unterschiedlichen Gefühle kennen und bewerten können, die bei der Entscheidung gleichzeitig zum Ausdruck kommen. Er muss auch im Nachhinein über seine Entscheidung nachdenken können, um seine Entscheidungsfähigkeit für künftige Fälle weiter zu verbessern.

Die Arbeitsforschung hat gezeigt, welche Fähigkeiten man braucht, um bei einer Arbeit oder als Führungskraft erfolgreich zu sein. In früheren Zeiten entschieden oft genug die Noten im Schulzeugnis über eine Anstellung. Aber Menschen, die beruflichen Erfolg haben, besitzen fast immer andere Qualitäten, die auf emotionaler Intelligenz beruhen. Selbst hochintelligente Menschen können im Beruf scheitern, wenn ihnen das soziale Zusammenspiel mit anderen nicht gelingt.

Die Säuglingsforschung schließlich zeigt, dass so gut wie alle Entwicklungsprozesse in einem emotionalen Zusammenspiel mit anderen Menschen stattfinden. Kinder, die nicht in einem Klima aufwachsen, das Gefühlen einen angemessenen Stellenwert zuweist, haben sehr oft Probleme in anderen Bereichen, auch was das Lernen angeht.

Liebe allein ist nicht genug

John Gottman, Professor für Psychologie in den USA, arbeitet seit langer Zeit an der Erforschung der emotionalen Intelligenz. Gemeinsam mit seinen Kollegen hat er mehr als 120 Familien mehr als zehn Jahre lang begleitet, um zu beobachten, was EQ in der Praxis bedeutet. Er hat versucht, die Frage zu beantworten, wie Eltern emotionale Begleiter ihrer Kinder sein können, trotz des stressigen Alltags in den meisten Familien. Gottmans Forschungsergebnisse zeigen, dass Elternliebe allein nicht ausreicht, damit Kinder zu sicheren, klugen und verantwortungsvollen Menschen heranwachsen, die den Mut und die Kraft besitzen, in ihrem Leben die richtigen Entscheidungen zu treffen. Liebe allein reicht nicht aus, um selbstständige Menschen heranzubilden, die in engen Beziehungen mit festen freundschaftlichen Bindungen leben können und irgendwann selbst gute Eltern werden.

Gottman fordert, dass Eltern auch mit ihren Kindern sprechen und sie in der Kunst anleiten müssen, mit Gefühlen umzugehen, wenn diese Kinder zu Menschen mit emotionaler Intelligenz werden sollen. Seine Untersuchung führte zu dem Ergebnis, dass Kinder, die auch hinsichtlich ihrer Gefühle Anleitung erfahren hatten, ganz allgemein besser mit ihren Gefühlen umgehen konnten. Sie vermochten ihre Gefühlsregungen zu mäßigen und sich selbst zu trösten und zu beruhigen, wenn sie aufgeregt waren. In Stress-Situationen fanden sie schneller zu ihrer gewohnten Ruhe zurück, und sie waren weniger anfällig für Infektionen. Ihre Konzentrationsfähigkeit war ausgeprägter, und sie konnten die Signale anderer Menschen besser deuten, was das Zusammenleben mit anderen Kindern und mit Erwachsenen deutlich leichter machte. Diese Kinder waren im Allgemeinen auch gute Schüler.

Nach zehn Jahren Forschungsarbeit haben Gottman und seine Kollegen drei Elterntypen identifiziert, denen es besonders schwer fällt, ihre Kinder emotional anzuleiten (Gottman 1998):

- Eltern, die die negativen Gefühle ihrer Kinder abweisen, ignorieren oder mit einem Scherz abtun
- Eltern, die negative Gefühlsäußerungen nicht tolerieren oder ihre Kinder dafür bestrafen
- Eltern mit einer Laisser-faire-Haltung, die ihren Kindern keine Grenzen setzen oder Kinder auf der Ebene der Gefühle nicht begleiten können.

Matilde

Die fünfjährige Matilde begleitet ihre Eltern auf ein Fest. Sie ist schüchtern und wagt es nicht, die anderen Kinder auf die Tanzfläche zu begleiten und dort zu singen und zu tanzen. Als das Fest zu Ende ist und ihre Mutter sie für den Nachhauseweg anzieht, weint sie und behauptet, die anderen Kinder hätten sie geärgert. Matildes Mutter erklärt ihr, sie solle sich nichts aus den anderen Kindern machen, die dumm und neidisch auf Matildes schönes Kleid seien. Matilde scheint der Mutter nicht zu glauben, aber immerhin hört sie auf zu weinen.

Matildes Mutter ist voller Mitleid für ihre Tochter und versucht sie zu trösten, indem sie das Geschehen bagatellisiert. Es macht ihr Kummer, ihre Tochter enttäuscht zu sehen, und sie will die Harmonie wieder herstellen. Wie in diesem Fall, so kommt es sehr häufig vor, dass Eltern trotz aller Liebe und allen Engagements nicht in der Lage sind, einfühlsam und konstruktiv mit den Gefühlen ihrer Kinder umzugehen. Was aber lernt Matilde aus dieser Situation? Dass sie sich auf ihre Gefühle nicht verlassen kann oder dass es nicht erlaubt ist, unglücklich zu sein? Hätte Matildes Mutter das Gefühl bekräftigt, bevor sie ihre Tochter tröstete, hätte Matilde lernen können, dass man sehr wohl unglücklich sein darf, wenn man Angst davor hat, mit den anderen zu tanzen.

Gottman hat andere Eigenschaften bei der Gruppe von Eltern vorgefunden, die ihren Kindern gut dabei helfen konnten, mit schwierigen Gefühlen umzugehen. Diese Eltern zogen sich nicht von ihren Kindern zurück, wenn diese traurig oder wütend waren, sondern nutzten solche Gelegenheiten, um ihren Kindern nahe zu sein. Sie respektierten die Gefühle der Kinder und versuchten nicht, sie klein zu reden. Sie versuchten nicht, das Problem an Stelle der Kinder zu lösen, und machten ihnen keine Vorschriften in Bezug auf ihre Gefühle.

Eltern, die ihren Kindern gute Begleiter in der Welt der Gefühle sind, gehen zumeist in fünf Schritten vor:

1 aufmerksam werden auf das Gefühl des Kindes

2 das Gefühl als eine Möglichkeit zur Nähe und Begleitung ansehen

3 einfühlsam zuhören und die Gefühle des Kindes bekräftigen

4 dem Kind helfen, seine Gefühle in Worte zu fassen

5 Grenzen setzen und gleichzeitig gemeinsam mit den Kind nach verschiedenen Strategien suchen, um das Problem zu lösen.

Die Grundlage jeder emotionalen Begleitung, so Gottman, ist die emotionale Bindung zwischen Eltern und Kindern sowie die Empathie und das Verständnis, das die Eltern zeigen. Das Wichtigste dabei ist, anwesend zu sein und zur Verfügung zu stehen, wenn es wirklich nötig ist. Und das erfordert Zeit und den Willen, zuzuhören.

Elin

Die fünfjährige Elin fürchtet sich vor unheimlichen Monstern und Gespenstern, die unter ihrem Bett sitzen, seitdem der Vater aus der gemeinsamen Wohnung ausgezogen ist. Jeden Abend beim Zubettgehen versichert Elins Mutter ihrer Tochter, dass es keine Monster gibt. Elins großer Bruder Dan, sieben Jahre alt, sagt eines Tages zu seiner Großmutter: »Kannst du nicht mal mit Mama über Elin und ihre Monster reden? Sie versteht einfach nicht, dass das ernst ist.« Die Großmutter reagiert auf Dans Hinweis. Sie verspricht ihm, mit seiner Mutter zu sprechen, und sie hält zum Glück Wort, denn nach einer Weile fragt Dan seine Mutter: »Hat Omi mit dir über Elins Gespenster gesprochen?«

Elin und ihre Mutter sprechen nun fast jeden Abend über die bedrohlichen Wesen unter dem Bett. Elin darf erzählen, wie die Monster aussehen, was sie wohl gern essen und was sie am liebsten spielen. Nach einer Weile haben die Gespräche über die Monster die Gutenacht-Geschichte ersetzt. Elin erfindet allmählich immer mehr Geschichten über die Monster, die ihr schon längst keine Angst mehr einjagen.

Es ist ein wichtiger Schritt in der Entwicklung emotionaler Intelligenz, wenn Kinder lernen, ihre Gefühle in Worte zu fassen. Die Forschung zeigt, dass allein das Aussprechen von Gefühlen eine beruhigende Wirkung auf das Nervensystem des Kindes hat. Wie dieser Vorgang genau abläuft, ist noch unbekannt, aber wir wissen, dass die linke Gehirnhälfte, in der Sprachvermögen und logisches Denken sitzen, aktiviert wird, wenn man seine Gefühle in Worte fasst. Je exakter das Kind seine Gefühle benennen kann, desto besser. In Elins Fall hat sich gezeigt, dass sie mit ihrer Angst umgehen konnte, sobald ihr geholfen wurde, sie zu benennen.

Vieles spricht dafür, dass Kinder mit emotional begabten Eltern weniger Stress erleben. Bei einer Urinanalyse fand man bei diesen Kindern weit weniger Stresshormone. Der Ruhepuls dieser Kinder war niedriger, und sie erkrankten seltener an Infektionen und Erkältungen. Sie reagierten schnell auf Stressfaktoren, kamen danach aber ebenso schnell wieder in ihren normalen Zustand. Das half ihnen, die Konzentration bei der Schularbeit zu halten und sich selbst leichter zu kontrollieren.

Spielen ist lebenswichtig

Willst du mit mir spielen?

»Willst du mit mir spielen?« Welche Möglichkeiten stecken in dieser Frage! Sie lädt ein zu Abenteuern mit den Zwergen im Wald oder mit den Seeräubern auf allen sieben Meeren. Sie versetzt uns in die Lage, von einem Raumschiff aus die Rückseite des Mondes zu sehen oder endlich herauszufinden, wie sich ein Prinz oder eine Prinzessin fühlen. Im Spiel ist alles möglich. Man muss nichts anderes tun, als nur »Ja« zu sagen.

Im Spiel können wir die Wirklichkeit ausprobieren. Wir können testen, wie es wäre, Mutter oder Vater zu sein, im Krankenhaus zu liegen, in die Konditorei zu gehen oder an einer Kasse im Warenhaus zu sitzen. Wir können Dinge erfinden und verwandeln. Ein Baustein verwandelt sich vielleicht in ein elektronisches Lesegerät für Strichcodes auf Preisschildern. Ein Zweig aus dem Wald wird zu einem wilden Pferd, das uns auf seinem Rücken zu ungeahnten Abenteuern trägt.

Im Spiel können wir lernen, wie die Dinge funktionieren. Mit Hilfe von Bauklötzen und Lego-Steinen beginnen wir zu verstehen, wie Häuser und Brücken konstruiert werden, wir lernen Sand und Wasser mischen, wir können aus Gelb und Blau Grün machen.

Im Spiel darf man auch mal Angst haben. Da gibt es wilde Gespenster und Monster, aber man kann sie alle besiegen. Ein erschreckender Besuch im Krankenhaus kann gemeinsam mit der Puppe verarbeitet werden. Man kann sogar, ohne dass es jemand sieht, mit der eigenen Fantasie innere Bilder erschaffen – ein wunderbares Spiel! Es gibt keine vorgegebenen Regeln für das Spiel. Man darf selbst bestimmen, wohin die Reise geht. Im Spiel lassen wir uns von der Fantasie über alle Grenzen tragen.

Die Pädagogik des freien Spiels

Spielen bedeutet, sich in andere und anderes hineinzuversetzen. Spielen lässt die kreativen Fähigkeiten von Kindern wachsen und verringert Stress. Aber Kinder brauchen Zeit zum Spielen. Kinder, die keine Zeit zum Spielen haben, stehen unter Stress. Im Übrigen ist Spielen gesund, es besitzt eine heilende Kraft. Kinder, die viel spielen, werden seltener krank, und kranke Kinder werden schneller gesund, wenn sie spielen. In Schweden haben wir mit Hilfe der Spieltherapie in unseren Kinderkliniken gute Erfahrungen gemacht.

Birgitta Knutsdotter Olofsson hat die Bedeutung des Spiels für die soziale, emotionale und intellektuelle Entwicklung erkannt. Sie hat viele Erzieher in Schweden darin bestärkt, dem freien Spiel mehr Raum zu geben und den Kindern lange, ungestörte Spielphasen zu gönnen. Die Erzieher sind dabei als Spielkameraden oder als interessierte Erwachsene anwesend, sie können auch erklären oder bei praktischen Problemen helfen.

Wo immer Erzieher sich auf die Pädagogik des freien Spiels einlassen, erleben sie, dass mehr Zeit zum Spielen noch mehr Spiel hervorruft. Kinder, die Spielen gelernt haben, können überall spielen. Und Kinder, denen man freie Zeit zum Spielen gibt, sind ruhiger, zufriedener und glücklicher. Sie lernen, Kompromisse zu schließen, zu spielen, ohne zu streiten oder einander wehzutun. Kinder, die viel Zeit zum Spielen haben, haben einfach weniger Zeit zum Streiten. Und ganz nebenbei: Glückliche Kinder machen glückliche Erwachsene.

Spielen ist ein Weg, Empathie zu entwickeln, sich in andere Menschen hineinzuversetzen, in ihre Art zu denken und zu fühlen. Kinder entwickeln Einfühlungsvermögen, indem sie unterschiedliche Rollen spielen und indem sie miteinander spielen. Kleine und große Kinder können lernen, miteinander zu spielen. Spielende Kinder sind großzügiger gegenüber anderen Kindern und pochen weniger penibel auf ihr Recht. Sie lernen, auf ihre Mitspieler zu hören und müssen sich so ausdrücken, dass die anderen sie verstehen.

Spielen ist ein Ereignis und eine Geschichte, und die Kinder entdecken, was die Geschichte weiterführt. Sie können später mit Hilfe von Papier und Stift weiter erzählen und den Inhalt eines Buches besser verstehen. Spielen fördert die Fähigkeit, selbst die Initiative zu ergreifen, weil Kinder selbst aktiv, fantasievoll und erfinderisch werden müssen, wenn sie die Inhalte und Requisiten ihres Spiels erschaffen. Und wenn sie nicht eingeschränkt werden, können sie dabei auf sehr originelle Lösungen kommen.

Für Erzieherinnen und Erzieher ist es wichtig, das spontane Interesse der Kinder nicht zum Anlass für eine Unterweisung zu nehmen. Unterweisung hemmt die Lust am Spiel. Alle Kinder müssen spielen dürfen, einfach aus Lust am Spiel. Spielen ist seiner Natur nach frei und wirkt als Heilmittel, u. a. gegen Stress.

Das beste Spielmaterial ist so beschaffen, dass es nicht an eine bestimmte Aktivität gebunden ist, sondern die Fantasie und Schöpferkraft von Kindern fördert. Unschlagbar zu allen Zeiten sind in diesem Zusammenhang Bausteine, Kreiden, Lehm, Klebstoff und Abfallmaterialien, die die Kinder während ihrer Spaziergänge und Entdeckungstouren selbst finden.

Auch Schulkinder müssen spielen

Auch Schulkinder brauchen Zeit zum Spielen, und sie brauchen dabei die Unterstützung der Erwachsenen. Weil in der Schule die Grundfertigkeiten so sehr dominieren – auf Kosten schöpferischer Tätigkeiten – ist bei Schulkindern das Gleichgewicht zwischen Spiel und Arbeit gestört. Birgitta Knutsdotter Olofsson berichtet von Erfahrungen in norwegischen Schulen, an denen man einige Stunden freien Spiels in den wöchentlichen Stundenplan eingebaut hat. Das führte zu einem besseren Zusammenhalt in der Klasse, zu wachsender Kreativität, größerer Selbstständigkeit und mehr Initiative und Engagement auch im normalen Unterricht.

Zukunftsforscher sind der Meinung, dass wir heute überhaupt nicht wissen können, welche Fähigkeiten unsere Kinder später brauchen werden. Aber sie sind sich einig, dass nichts so notwendig sein wird wie innere Stabilität, ein ausgeprägtes Selbstbewusstsein und die Fähigkeit, Fragen zu stellen und sich selbst Wissen anzueignen. Kinder müssen neugierig sein. Sie müssen mit anderen zusammenarbeiten und Konflikte lösen können. Kinder müssen sich darin üben, die Dinge aus unterschiedlichen Perspektiven zu sehen. Und die Grundlage für all diese Fähigkeiten ist das Spiel.

Gewalt – für viele Kinder ein Stressfaktor

Gewalt und Fernsehkonsum

Heutzutage dringt Gewalt schon früh in das Leben von Kindern ein, und sei es nur durch Nachrichten und Filme im Fernsehen. Vieles spricht dafür, dass Gewalt in Unterhaltungsprogrammen Kinder sowohl prägt als auch stresst. Am meisten gilt dies offenbar für Kinder, deren Eltern selbst viel gewalttätige Unterhaltung konsumieren. Kinder ahmen nach, was sie sehen, und bei manchen Kindern führt das zu aggressivem Verhalten. Daneben besteht die Gefahr, dass die Kinder abstumpfen und glauben, Gewalt sei etwas ganz Alltägliches. Bei manchen Kindern kann Gewalt im Fernsehen auch zu Ängsten führen, weil sie den Eindruck bekommen, reale Gewalt trete viel häufiger auf, als es tatsächlich der Fall ist. Durch das Fernsehen erhalten Kinder im Übrigen einen völlig unrealistischen Eindruck von den Auswirkungen, die Gewalt hat. In Filmen ertragen Menschen eine ungeheure Menge von Tritten und Schlägen, dabei kann ein einziger Schlag auf den Kopf ausreichen, um jemanden zu töten.

Jungen und Mädchen reagieren unterschiedlich auf Gewalt im Fernsehen. Jungen, die viele gewalttätige Filme sehen, richten ihre wachsende Aggressivität nach außen. Mädchen dagegen wenden ihre Unruhe nach innen und reagieren mit allgemeiner Ängstlichkeit, Angst vor der Dunkelheit, Einsamkeitsgefühlen und Schlafschwierigkeiten.

Gewalt – für viele Kinder ein Stressfaktor

Schon im Alter von drei Jahren sitzen die meisten Kinder regelmäßig vor dem Fernseher, aber ihre Fähigkeit, eine Handlung wirklich wahrzunehmen, ist vom Alter abhängig. Ein zweijähriges Kind nimmt überhaupt keine Handlung wahr, sondern sieht nur zusammenhanglose Bilder. Ein vierjähriges Kind dagegen setzt das Geschehen im Fernsehen mit der Wirklichkeit gleich. Auch ein achtjähriges Kind kann zwischen der Realität und dem Geschehen im Fernsehen nicht sauber trennen. Erst im Alter von etwa zwölf Jahren sind Kinder in der Lage, den Inhalt von Fernsehsendungen so einzuschätzen, wie ein Erwachsener das tut.

Viele Eltern wissen nicht, was ihre Kinder gemeinsam mit Freunden im Fernsehen konsumieren, wenn sie diese am Nachmittag nach der Schule besuchen. Die Wirklichkeit kommt aber in vielen Fällen dem nahe, was der elfjährige David in einem Interview berichtet. David lebt in einem Vorort von Stockholm.

David

Wenn ich etwas Unheimliches im Fernsehen sehe, kriege ich Angst. Aber wenn ich mit meinen Freunden zusammen bin, zeige ich diese Angst nicht, denn dann könnten die ja denken, ich wäre so feige wie ein Mädchen.

Ich sehe jeden Tag zwei Stunden fern, und dazu kommen noch ein paar Videos jede Woche. Wir fahren meistens zu einem Freund, dessen Eltern arbeiten, und vorher holen wir uns einen Film aus der Videothek. Das Geld dafür legen wir zusammen.

Die meisten wollen immer so schreckliche Filme sehen, in denen geschossen wird und so, aber eigentlich glaube ich, dass viele von uns dabei Angst kriegen.

Wenn ich richtig schreckliche Filme sehe, kann ich abends schlecht einschlafen. Meine Eltern wissen ja nicht, dass ich mit meinen Freunden so viele Filme sehe, also kann ich ihnen wohl kaum erzählen, was los ist. Dann liege ich da und fantasiere so vor mich hin über unheimliche Gespenster, Ungeheuer und schlimme Schurken.

> Einmal habe ich vor lauter Angst ins Bett gemacht, aber da habe ich meiner Mutter gesagt, ich hätte ein Glas Wasser umgekippt.
> Ich finde es auch merkwürdig, dass meine Eltern mich Nachrichtensendungen sehen lassen. Letztens kamen da Bilder von einem, der erschossen worden war. Er lag unter einem Tuch. Das ging alles so schnell, aber hinterher, als ich zu Bett ging, habe ich darüber nachgedacht, dass der Mann ja vielleicht Kinder hatte. Da wollte ich, dass mein Vater ein Weilchen bei mir am Bett saß.

Während viele Jungen im Schulalter sich gewalttätige Filme ansehen, sind es bei Mädchen die unendlichen Seifenopern, die ihnen den Nachmittag verkürzen.

Diese Serien handeln von so genannten gewöhnlichen Menschen, und das macht es besonders leicht, sich mit ihren Personen zu identifizieren. Aber anders als in der Wirklichkeit geht es im Leben dieser Personen im Großen und Ganzen nur darum, einander zu betrügen und zu verletzen.

Durch das Fernsehen erleben Kinder Dinge, die ihnen sonst nie auch nur nahe gekommen wären. Selbst relativ kleine Kinder sehen Gewalt, Verbrechen, Trennungen, Einsamkeit und erotische Szenen. Wir sollen Kinder mit solchen Eindrücken umgehen? Dass sie Derartiges sehen und erleben, bedeutet ja nicht, dass sie es auch verstehen. Die Folge ist, dass unsere Kinder viel mehr erfahren, als sie verstehen.

Was sich in unseren Medien abspielt, setzt Kinder unter Stress, indem es sie mit Informationen überlastet. Der emotionale Inhalt von Fernsehsendungen ist für Kinder in vielen Fällen sehr schwer zu verstehen – und sehr schwer zu verdauen.

Und nicht zuletzt entsteht durch zu viel Fernsehen auch indirekt Stress, weil die Zeit, die Kinder vor dem Fernseher verbringen, von ihrer Freizeit abgeht, die sie zum Spielen – und damit zum Stressabbau – nutzen könnten und sollten.

Gewalt contra Empathie

Gewalt in all ihren Erscheinungsformen hemmt die Empathieentwicklung von Kindern, weil Gewalt die Fähigkeit zum Mitgefühl abstumpft. Viele Kinder sitzen bequem auf dem Sofa, umgeben von Chips und Süßigkeiten, und sehen dabei zu, wie Menschen gejagt, erschossen, verstümmelt, beraubt, gequält, ermordet, vergewaltigt, erhängt und misshandelt werden. Wie sollen Kinder Empathie für andere Menschen entwickeln, wenn sie Schmerz und Gewalt mit dem angenehmen Erlebnis von Süßigkeiten und gemütlichen Stunden auf dem Sofa in Verbindung bringen?

Die Statistik eines US-amerikanischen Lehrerverbandes zeigt, dass Kinder in den USA am Ende ihrer Schulzeit im Schnitt 15 000 Stunden vor dem Fernsehgerät verbracht haben. Zum Vergleich: Im Klassenzimmer haben sie während ihrer gesamten Schulzeit etwa 11 000 Stunden zugebracht.

Während dieser 15 000 Stunden haben die Kinder 18 000 Morde und jede Menge anderer Verbrechen gesehen. Sie haben gesehen, wie Menschen verprügelt, zerquetscht, von Autos überfahren, mit dem Messer aufgeschlitzt und gefangen genommen wurden. Derlei geschieht nicht nur in Spielfilmen, sondern auch in Zeichentrickserien. Der Lehrerverband stellt fest, dass Kinder, die sehr viel Gewaltdarstellungen sehen, auch eine erhöhte Neigung zeigen, im Umgang mit anderen Kindern selbst Gewalt anzuwenden.

Im Jahr 1988, als in Frankreich Privatfernsehen zugelassen wurde, wurden während einer Dezemberwoche auf sechs Kanälen 670 Morde, 15 Vergewaltigungen, 848 Schlägereien, 419 Schießereien und Bombenattentate, 14 Entführungen, 8 Selbstmorde, 27 Folterszenen, 23 Versuche, einen Menschen zu erwürgen und 32 Geiselnahmen gezählt ...

Wie gefährlich sind Gewaltdarstellungen in den Medien?

Der Zusammenhang ist jedoch nicht so einfach, wie er auf den ersten Blick erscheint. Man kann nicht ohne weiteres behaupten, dass Kinder gewalttätig werden, wenn sie Gewaltdarstellungen sehen. Manche Kinder sind eher als andere gefährdet, in ihrem Verhalten beeinflusst zu werden. In ihrem Buch *Mayhem* hat Sissela Bok, eine Tochter von Gunnar und Alva Myrdal, vor kurzem beschrieben, wie Gewaltdarstellungen auf Kinder wirken. Sie macht vor allem zwei Umstände dafür verantwortlich, dass die heutige Darstellung von Gewalt in den Medien beunruhigend ist: zum einen, dass es so viele Gewaltdarstellungen gibt, und zum anderen, dass sie durch Fernsehen und Videospiele direkt zu uns ins Wohnzimmer gelangen.

Sissela Bok nennt vier schwer wiegende Folgen des Gewaltkonsums:

1 Er schafft Angst, Furcht und Depressionen, weil die Welt als außerordentlich gefährlich dargestellt wird.

2 Er führt zur Abstumpfung, was es leichter macht, das Leid anderer zu ignorieren.

3 Er führt zu erhöhter Aggressivität, weil Kinder lernen, wie leicht es scheinbar ist, mit Gewalt Probleme zu lösen.

4 Er schafft Nachfrage nach immer mehr Gewalt in den Medien.

Gewalttätige Kinder

Gelegentlich müssen wir von Gewaltverbrechen lesen, die von Kindern begangen wurden, wie in dem Fall des Vierjährigen, der einen zwei Jahre älteren Spielkameraden auf dessen Geburtstagsfeier erschoss. Der Vierjährige hatte eine Waffe in die Hand bekommen und schoss in dem Glauben, es handle sich um ein Spielzeug. In diesem Fall war nur die Fahrlässigkeit der Eltern schuld, denn der Junge konnte die Folgen seines Tuns nicht abschätzen. Auch der Neunjährige in Los Angeles, der seinen großen Bruder im Spiel mit einem Küchenmesser erstach, konnte nicht absehen, was passieren würde: Der elfjährige Bruder starb nach einer Stunde.

Leider haben wir uns inzwischen aber auch schon fast an Berichte über Kinder gewöhnt, die bewusst und geplant brutale Morde begehen. Im Mai 1998 kündigte der vierzehnjährige Andrew Wurst zum Beispiel an, er werde dafür sorgen, dass das Schulfest an der Parker School in Edinburgh nicht in Vergessenheit gerät. Das tat er auch: Indem er seinen Lehrer erschoss und zwei seiner Klassenkameraden verletzte. Ein anderes Beispiel, ebenfalls aus dem Jahr 1998, sind Mitchell Johnson, dreizehn Jahre alt, und sein elfjähriger Cousin Andrew Golden. Die beiden wollten sich an einigen Mädchen aus der Schule in Jonesborough rächen. Sie lockten die Kinder in ein Wäldchen und erschossen vier Mädchen und einen Lehrer.

Im Jahr 1994 wurden zwei elfjährige Jungen aus Liverpool wegen des Mordes an dem zweijährigen James Bulger zu lebenslänglicher Haft verurteilt. Die Leiche des Opfers war auf einem Bahngleis gefunden worden. Drei Jungen im Alter zwischen acht und elf Jahren ermordeten einen Obdachlosen in Paris, indem sie auf ihn eintraten und ihn schließlich in einen Brunnen warfen. Im Jahr 1998 erschoss der fünfzehnjährige Kipland Kinkel in Oregon zwei Schulkameraden und verletzte 24 weitere. Zuvor hatte er seine Eltern umgebracht. Jedes dieser Verbrechen war eine Katastrophe, bei der auch das Leben des Täters zerstört wurde.

Man denkt immer, so etwas geschehe immer nur an anderen, weit entfernten Orten, aber 1994 geschah es auch in Norwegen: Ein fünfjähriges Mädchen fand den Tod in einem Spiel, das in Misshandlung ausartete. Drei Jungen im Alter von vier, fünf und sechs Jahren, Kinder, mit denen sie oft spielte, begannen sie zu treten und zu schlagen. Weshalb, das hat keiner von ihnen je erklären können.

Und irgendwann geschah es dann auch ganz in unserer Nähe. 1998 wurde ein vierjähriger Junge tot aufgefunden, und bald kam der Verdacht auf, andere Kinder könnten ihre Hand im Spiel gehabt haben. Zwei Brüder, fünf und sieben Jahre alt, hatten Kevin umgebracht, als sie »Fischer« spielten. Es hatte Streit um die Frage gegeben, wer zu bestimmen habe. In der folgenden Schlägerei fiel Kevin rücklings hin, und die beiden Brüder traten ihn in den Unterleib. Das Ausmaß der Verletzungen hatte die Polizei zuerst glauben lassen, Kevin sei das Opfer eines Sexualverbrechers geworden. Die Jungen hatten zuerst einen Fuß, später einen Ast gegen Kevins Hals gedrückt, immer fester, bis er tot war. Danach zerrten sie ihn weg. Sie wussten genau, dass Kevin tot war, und sie versuchten, ihn zu verstecken. Sie schleppten ihn dreißig Meter am Ufer entlang und legten ihn auf ein Bündel Treibholz, mit dem Kopf unter Wasser. Dann rannten sie heim und erzählten ihren Eltern, dass Kevin im Wasser lag. Die Eltern glaubten ihnen nicht, und schließlich war es Kevins Großvater, der den toten Jungen fand.

Die gesamte erwachsene Bevölkerung Schwedens fragte sich, wie so etwas geschehen konnte, und bei vielen Kindern kam Angst auf. So viele Fragen: »Könnte ich auch so wütend werden, dass ich jemanden umbringe? Könnte mir das auch passieren?« Es sind keine gewöhnlichen Kinder, die ein anderes Kind beim Spielen erschlagen, und es ist höchst ungewöhnlich, dass ein Spiel in Mord und Totschlag ausartet. In der Risikozone befinden sich nur sehr wenige Kinder, die ihre Impulse nicht kontrollieren und ihre Aggressivität nicht zügeln können.

Kinder denken vergleichsweise früh darüber nach, was geschieht, wenn sie böse werden. Sie üben das im Spiel und im Streit mit anderen Kindern. Es ist wichtig, dass Erwachsene in der Nähe sind, aber sie sollten nicht sofort eingreifen und jeden Konflikt beenden. Die meisten Kinder spüren selbst, wann es Zeit ist, den Streit abzubrechen.

Gewalt – für viele Kinder ein Stressfaktor

In Rollenspielen wie Räuber und Gendarm üben sich Kinder unter anderem darin, mit ihrem Zorn umzugehen. Sie versuchen, Gut und Böse einander gegenüberzustellen und Konflikte zu lösen. Sie müssen anderen Kindern – und Erwachsenen – irgendwann ihre eigene Kraft entgegensetzen. Es ist ihnen fast ernst damit, aber man kann das Spiel abbrechen, sobald es wehtut. Sehr selten geht ein solches Spiel wirklich zu weit.

Wenn zwei Kinder ein drittes umbringen, stimmt etwas nicht. Viele unglückliche Umstände müssen in einem solchen Fall zusammenkommen. Psychologen, Ärzte und andere Experten gehen davon aus, dass es gewisse allgemeine Risikofaktoren gibt. Kinder, die tödliche Gewalt ausüben, waren oftmals zuvor selbst einer traumatischen Erfahrung ausgesetzt, z. B. Kriegserlebnissen oder Gewalt in der Familie, aber ein solches Trauma allein reicht noch nicht aus. Diese Kinder leben auch in einer »vergiftenden Umgebung«. Sie ist dadurch geprägt, dass es keine Erwachsenen in der Nähe des Kindes gibt, die sein Bedürfnis nach Wärme, Unterstützung, Begleitung und Zukunftshoffnung befriedigen können. Die Gesamtsituation spielt eine Rolle: die Umgebung, Ereignisse der letzten Tage, Gruppendruck und innerer Druck, Konkurrenz und alter Groll. Und für all dies sind unterschiedliche Kinder in unterschiedlicher Weise anfällig.

Besonders betroffen sind Kinder, die sowohl von ihrer Familie als auch von ihren gleichaltrigen Kameraden ausgeschlossen werden. Solche Kinder suchen und finden einander, und in derartigen Gruppen kann es leicht geschehen, dass Hemmungen fallen und Kinder Dinge tun, die sie von selbst niemals tun würden.

Die Kinderpsychologen, die mit dem Kevins Fall befasst waren, sagen übereinstimmend, dass man aus dem tragischen Geschehen sehr viel lernen kann. Vielleicht führt der allgemeine Schock dazu, dass wir alle wieder aufmerksamer auf die Bedürfnisse von Kindern reagieren und unseren Kindern mehr Zeit schenken.

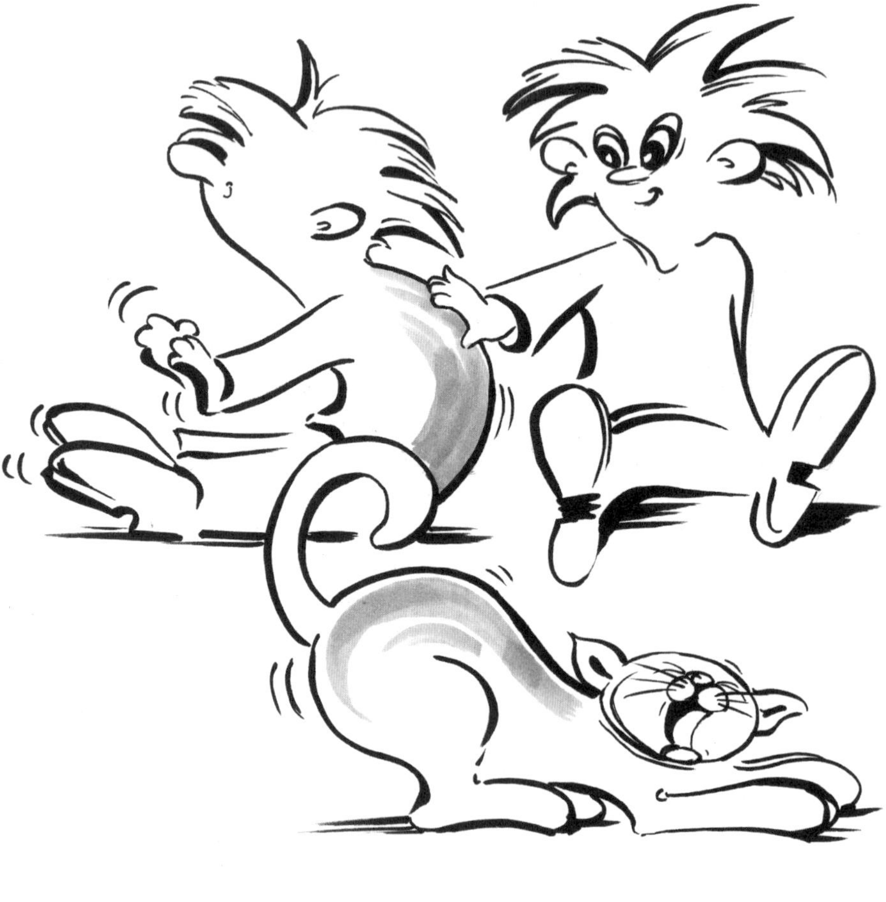

05

Entspannung fördern – Selbstvertrauen stärken

Massage – ein Gegengewicht gegen Gewalt

Jeden Donnerstag kam sie: eine ältere Frau, die mit den Kindern Yoga übte. Mit meinen Straßenkindern, diesen fünfundzwanzig Kindern im Alter zwischen fünf und neun Jahren, die mich jeden Tag an den Rand der Erschöpfung brachten. Wild und unkontrolliert, wie sie waren, stellten sie meine Geduld auf eine harte Probe. Es war mir fast unmöglich, Ruhe zu schaffen. Aber diese Frau ... sie musste nur da sein.

Die Kinder lagen brav auf den ausgefransten Decken, streckten und beugten unter der Anleitung dieser ruhigen Stimme Arme und Beine. Wenn sie ihnen am Ende der Übungen sagte, sie sollten die Augen schließen, taten sie es, voll freudiger Erwartung auf ein bisschen Massage, am Arm, am Bein oder an der Stirn. Sie wussten auch, dass sie später ein kleines Geschenk neben ihrem Kopf finden würden, wenn sie die Augen wieder öffneten: ein Stück Goldpapier oder einen kleinen Papierflieger, den sie am Abend zuvor gefaltet hatte. Die Donnerstage waren anders als alle anderen Tage.

Fass mich an!

Das stärkste Bedürfnis kleiner Kinder richtet sich auf Nähe, Sicherheit und Kontakt. Es ist ein grundlegendes menschliches Bedürfnis, berührt zu werden und den anderen zu berühren. Kleine Kinder brauchen Streicheln und Kraulen ebenso sehr wie Essen und Wärme. Und dieses Bedürfnis bleibt, aber bei vielen Kindern wird es immer seltener befriedigt, je älter sie werden.

Verglichen mit vielen anderen Ländern ist Schweden ein »berührungsarmes« Land, vielleicht aufgrund des alten Vorurteils, Kinder könnten unselbstständig werden, wenn sie zu viel auf dem Schoß sitzen dürfen und zu viel Aufmerksamkeit erhalten. Dabei ist genau das Gegenteil der Fall: Je mehr Berührung und Nähe ein Kind erhält, desto selbstständiger wird es.

Berührungserlebnisse schaffen aber nicht nur Sicherheit und Ruhe, sie haben auch Einfluss auf das Nervensystem. Damit schaffen sie die Voraussetzung für Lernfähigkeit, zum einen dadurch, dass Berührung die Fähigkeit des Gehirns zur Verarbeitug von Sinneseindrücken fördert, zum anderen dadurch, dass Kinder ihre ersten Erfahrungen überhaupt aufgrund von konkreten Berührungserlebnissen machen.

Wenn diese Gefühlserlebnisse durch optische und akustische Eindrücke vervollständigt werden und das Kind die verschiedenen Sinneseindrücke einander zuordnen kann, lernt es, wiederzuerkennen und sich zu erinnern. Das Kind sieht die Rassel, sie ist gelb und sieht verlockend aus. Wenn das Kind die Rassel in die Hand nimmt, ihr Gewicht spürt und das Geräusch hört, steigt sein Interesse. Das Kind fühlt, schmeckt, untersucht den neuen Gegenstand, und nach einigen Versuchen weiß es ganz genau, wie es damit spielen kann.

Massagepause

Das Zimmer ist vorbereitet. Gelbe Matratzen bilden einen Kreis auf dem Fußboden des Ruheraums. Die Vorhänge sind zugezogen, und eine Kerze spendet sanftes Licht. Eine Flasche mit Öl steht neben der Kerze mitten im Kreis. Die Mischung aus Olivenöl, Traubenkernöl und Pfefferminzöl duftet angenehm. Die Kinder haben gegessen und sich die Hände gewaschen. Niemand rennt herum oder schreit. Alle sind ruhig. Sie legen sich auf den Bauch und werden zugedeckt. Aus dem Lautsprecher kommt leise, ruhige Musik. Die Kindern sammeln sich und kommen zur Ruhe.

Mia, die Erzieherin, wärmt ihre Hände über der Kerze und verreibt Öl in ihren Handflächen. Sie setzt sich zwischen zwei Kinder und massiert ihnen den Rücken. Die Kinder schieben die Kleidung hoch, sodass sie überall gut hinkommt. Die meisten Kinder haben die Pullover ausgezogen, um es weicher, wärmer und schöner zu haben. Wer gerade massiert wird, liegt da und genießt. Die anderen wissen, gleich sind sie an der Reihe. Einige Kinder massieren einander. Wer massiert wird, will oft auch etwas davon weitergeben.

In vielen Kindergärten ist die Massagepause heute tägliche Praxis. Die Erzieher haben darin eine Möglichkeit entdeckt, jedes Kind jeden Tag einmal wirklich wahrzunehmen und zu bestätigen. Aber die Kinder selbst bestimmen, ob sie massiert werden wollen oder nicht.

In Kindergruppen, in denen man mit Massage arbeitet, werden die Kinder ruhiger, Konflikte werden seltener, und die Kinder können sich besser konzentrieren. All das hat positive Auswirkungen auf ihre Lernfähigkeit.

Massieren Sie Ihr Kind selbst!

Die Forschung zeigt, dass Berührung und Massage Stress entgegenwirken, weil jede Berührung den Spiegel des Stresshormons Kortisol im Körper senkt. Diese Wirkung tritt ein, weil ein anderes Hormon, Oxytocin, ausgeschieden wird. Der Oxytocin-Spiegel sinkt schnell wieder ab, aber die Nachwirkungen dauern eine ganze Weile und beeinflussen andere Bereiche des Körpers. Oxytocin senkt z. B. Pulsfrequenz und Blutdruck, verbessert die Verdauung, erhöht die Schmerztoleranz und stärkt die Immunabwehr.

Die Wirkungen von Berührung werden vor allem im *Touch Research Institute* in Miami, USA, erforscht. In Schweden arbeitet Prof. Kerstin Uvnäs Moberg seit zwanzig Jahren auf diesem Gebiet. Sie hat auch eine Untersuchung über einige Kindergärten in Stockholm geleitet, in denen Massage zum täglichen Programm gehört.

Diese Untersuchung erstreckte sich über sechs Monate und umfasste mehr als hundert Kinder. Es zeigte sich, dass es den Kindern, die massiert wurden, insgesamt besser ging und dass sie mehr Vertrauen zu Erwachsenen hatten als andere Kinder. Sie fanden leichter Kontakt, verfügten über ein gut entwickeltes Einfühlungsvermögen und kümmerten sich mehr um die anderen Kinder in der Gruppe. Die Nähe unter den Kindern in der Gruppe hatte zugenommen, und es gab weniger Konflikte.

Am besten sprachen unruhige und aggressive Jungen auf die »Behandlung« an. Während des Untersuchungszeitraums hatte sich ihr Verhalten verändert. Sie waren ruhiger geworden, und ihr Sozialverhalten in der Gruppe zeigte deutliche Fortschritte. Schon nach drei Monaten stellten Eltern und Erzieher fest, dass die Kinder weniger aggressiv waren, und nach sechs Monaten war vollkommen klar, dass die tägliche Massage nicht ohne Wirkung geblieben war. Eine Kontrolluntersuchung nach neun Monaten zeigte, dass die Wirkung anhielt und dass sich sowohl das Wohlbefinden als auch das Verhalten der Kinder verbessert hatte.

Ganz wichtig ist allerdings, dass jedes einzelne Kind selbst bestimmt, ob es massiert werden will oder nicht, und wenn ja, wann, wo, wie und von wem. Kinder, die gelernt haben, angenehme Berührung zu erkennen und zu genießen, lernen auch, Nein zu sagen, wenn sie auf eine für sie unangenehme Art berührt werden. In vielen Kindergärten und sogar Schulen spricht man von »friedlicher Berührung« und arbeitet mit Massage als Gegengewicht zur Gewalt.

Versuchen Sie einmal, Ihre Kinder zu massieren. Es ist ganz leicht, und es gibt keine Regeln. Tun Sie einfach das, was Ihrem Kind gefällt. Man kann über der Kleidung massieren, auch dann ist die Wirkung gut, aber die meisten Kinder genießen direkten Hautkontakt noch mehr. Verwenden Sie dabei etwas Pflanzenöl, das Sie in der Handfläche anwärmen und sanft auf die Haut ihres Kindes streichen.

Wenn es Ihnen noch ungewohnt ist, jemanden zu massieren, helfen Sie sich vielleicht am besten mit einer »Massage-Geschichte«.

Eine Massage-Geschichte

Es war einmal ein Land, da war es Sommer, und die Sonne schien warm und schön und erfreute alle Blumen und Bäume, alle Tiere und Menschen.
Lange Striche mit beiden Handflächen über den Rücken.
Eines Tages zogen viele große, dicke Wolken über den Himmel. So dick waren die Wolken, dass man die Sonne nicht mehr sah.
Mit beiden Handflächen »schwer« über den Rücken wandern.
Dann kam Wind auf. Erst wehte es nur sacht, aber dann wurde der Wind immer stärker. Ein richtiger Herbststurm fuhr über das Land. Die Bäume bogen sich, und die Blätter wirbelten durch die Luft.
Mit den Fingerspitzen leicht wie der Wind über den Rücken streichen.
Es begann zu regnen. Und dann goß es wie aus Eimern. Alles wurde nass, und überall gab es große Pfützen, in die die Kinder hineinsprangen.
Mit den Fingerspitzen auf den Rücken trommeln.
Dann wurde es immer kälter, und der Winter kam ins Land. Aus dem Regen wurde Schnee. Weiche, große Schneeflocken fielen leise zur Erde. Das ganze Land wurde weiß und schön, und es wurde ganz still.
Leichter und langsamer trommeln.
Das Einzige, was man noch sehen konnte, war eine kleine Miezekatze, die auf einen Baum kletterte, und noch eine, und sie setzten sich hin und begannen zu schnurren.
Mit zwei Fingern den Rücken hinauf bis zur Schulter wandern. Auf der anderen Seite wiederholen. Mit beiden Händen von den Schultern zum Nacken wandern und kraulen.
Und da saßen sie, bis die Frühlingssonne wieder herauskam und das ganze Land wieder warm und schön machte.
Lange Striche mit beiden Handflächen über den Rücken.
(aus: *Förskoletidningen 3*, 1998)

Eltern können ihre Kinder vom Säuglingsalter an massieren, bis ihre Kinder irgendwann vielleicht keine Lust mehr dazu haben. Mit den Jahren wird sich die Art der Massage verändern, abhängig von den Bedürfnissen des Kindes und der jeweiligen Situation. Kleine Kinder genießen eine Ganzkörpermassage, aber ein neunjähriges Kind, das gerade besonders schnell wächst, möchte vielleicht am liebsten nur seine schmerzenden Waden massiert bekommen. Und ein Teenager wünscht sich vielleicht eine Fußmassage.

Massage – ein Gegengewicht gegen Gewalt

Eine Massage kann zwischen fünf und fünfundvierzig Minuten dauern. Sie kann sich spontan aus dem Zusammensein mit dem Kind ergeben oder vorbereitet werden, um für noch mehr Entspannung zu sorgen. Aber es wird nichts vorbereitet, bevor das Kind Gelegenheit hatte, selbst nachzuspüren, ob es überhaupt massiert werden will. Während einer Massage kann es angenehm sein, das Licht etwas zu dämpfen. Ruhe und angenehme Musik helfen vor allem älteren Kindern, abzuschalten. Wenn Sie Ihr Kind zum ersten Mal massieren, fangen Sie am besten mit dem Rücken an. Die meisten Kinder mögen das sehr, und am Rücken gibt es auch nicht so viele berührungsempfindliche Stellen.

Bitten Sie das Kind, sich auf den Bauch zu legen – auf dem Bett, auf einer Matratze, auf einer Decke oder auf dem Fußboden. Achten Sie darauf, dass das Kind bequem liegt. Man kann gut über dem Pullover massieren. Wenn das Kind lieber direkt auf der Haut massiert werden will, sollten Sie etwas Öl in Ihren Handflächen verreiben. Das Kind sollte nicht frieren. Im Zweifelsfall decken Sie es mit einem Laken zu und massieren es unter dem Laken.

Massieren Sie immer mit der ganzen Hand, wenn Sie dem Kind über den Rücken streichen. Sie brauchen keinen Druck auszuüben, das Gewicht der Hand reicht vollkommen. Nehmen Sie nie beide Hände vom Rücken weg, solange Sie massieren. Eine Hand sollte immer Kontakt mit dem Rücken des Kindes haben. Jede neue Bewegung sollte mindestens drei Mal ausgeführt werden, bevor Sie wechseln. Bewegen Sie Ihre Hände ruhig und sanft.

Wenn Sie mit der Rückenmassage beginnen, legen Sie ihre Hände parallel ans untere Ende des Rückens, jede Hand auf einer Seite der Wirbelsäule. Streichen Sie sanft und ruhig mit den Händen aufwärts bis zu den Schultern. Gleiten Sie dann an der Seite wieder hinunter bis zum Ende des Rückens, und wiederholen Sie die ganze Bewegung mindestens drei Mal.

Dann können Sie quer über den Rücken von Seite zu Seite streichen, am besten abwechselnd, sodass die eine Hand zur linken, die andere zur rechten Seite streicht. Wiederholen Sie die Bewegung einige Male. Dann können Sie in großen Kreisen rund um ein Schulterblatt fahren. Umfahren Sie jedes Schulterblatt mindestens drei Mal.

Legen Sie nun die Hände wieder parallel ans Ende des Rückens, und bewegen Sie sich in kleinen Kreisen mit den Fingerspitzen bis hinauf zum Nacken und zum Haaransatz. Gleiten Sie an den Seiten entlang wieder hinunter, und wiederholen Sie die Bewegung einige Male. Zum Schluss nehmen Sie die allererste Bewegung wieder auf und streichen gleichzeitig mit beiden Händen vom Ende des Rückens hinauf bis zum Nacken. Sie fahren dann seitlich wieder hinunter und wiederholen die Bewegung einige Male.

Auch Arme und Beine sind leicht zu massieren. Wenn das Kind noch auf dem Bauch liegt, können Sie die Rückseite der Beine massieren, indem Sie vom Fuß bis zur Hüfte hinaufstreichen. Dann massieren Sie quer über das Bein, von unten nach oben und wieder zurück. Jede Bewegung sollten Sie einige Male wiederholen.

Die Arme können Sie leichter massieren, wenn das Kind auf dem Rücken liegt. Halten Sie das Handgelenk des Kindes mit Ihrer einen Hand, und streichen Sie mit der anderen vom Handgelenk bis hinauf zur Schulter. Bilden Sie dann mit Ihren Händen eine Art Röhre um den Oberarm, und gleiten Sie in einer schraubenden Bewegung hinunter zum Handgelenk. Am Schluss können Sie einige Male von der Schulter hinunter zur Hand streichen.

Massage in der Schule

»Massage im Kindergarten« ist mittlerweile ein fester Begriff und ein Mittel, jedes Kind im Kindergarten regelmäßig wirklich wahrzunehmen und zu bestätigen (was angesichts wachsender Kindergruppen im Alltagsgeschäft immer schwieriger wird). Die Wirkung von Massage und Berührung ist allerdings so positiv, dass (in Schweden) inzwischen auch viele Lehrer Massage in der Schule anbieten, teils, damit die Kinder sich wohler und ausgeglichener fühlen und ruhiger werden, teils, um die Lernerfolge zu verbessern.

In Schweden begannen im Herbst 1996 die ersten Schulen mit diesem Experiment, auf Anregung von *Axelsons Gymnastiska Institut* in Stockholm. Das Projekt hatte zum Ziel, Kindern und Jugendlichen als Gegengewicht zur Gewalt in der Schule »friedliche Berührung« anzubieten.

Die beteiligten Schulen beziehen Massage auf unterschiedliche Weise in den Unterricht ein. In einer Mittelschule am Rand von Stockholm hat man Massage als Unterrichtsfach eingeführt, und die Kinder lernen jede Woche etwas Neues. Sie können Massagegriffe und verschiedene Arten von Massage üben. Im Unterricht wird einer der Schüler massiert, der auf einem Stuhl oder auf dem Boden sitzt.

Drei der Lehrer an dieser Schule haben eine Zusatzausbildung absolviert; alle anderen konnten an kürzeren Kursen teilnehmen. Bevor Massage als Unterrichtsfach eingeführt wurde, haben die Lehrer lange diskutiert, wie sie etwas tun könnten, um die Arbeitsatmosphäre an der Schule zu verbessern und die Beziehungen zwischen Lehrern und Schülern zu stärken.

Die Schule hat inzwischen einen Massagestuhl und eine Massagebank angeschafft. Ein Halbjahr lang hat ein ausgebildeter Masseur an der Schule gearbeitet, sodass Schüler und Lehrer sich während der Pausen massieren lassen konnten.

Andere Schulen verwenden Massage als Unterbrechung der Schularbeit. Die Schüler dürfen jederzeit während des Unterrichts anderen die Schultern oder den Rücken massieren. Berührungsspiele sind beliebte Pausenbeschäftigungen.

Zu Anfang gab es natürlich Gekicher und alberne Bemerkungen, aber nachdem die Kinder sich daran gewöhnt haben und sich darauf eingelassen haben, Massage und Berührung zu genießen, ist der Unterricht ruhiger und entspannter geworden.

Massage als Unterbrechung der Schularbeit nimmt nicht mehr als fünf oder zehn Minuten in Anspruch, aber die Langzeitwirkung ist spürbar. Die Lehrer berichten, dass die Schüler ruhiger geworden sind, dass es weniger Konflikte gibt, dass sich die Kinder besser konzentrieren und besser zusammenarbeiten. Auch der Respekt der Schüler voreinander ist größer geworden. Sie hören einander aufmerksamer zu und nehmen mehr Rücksicht aufeinander.

Das beste Ergebnis ist jedoch, dass alle gleichzeitig geben und nehmen. Die Oxytocin-Produktion – unser Ruhehormon – steigt sowohl bei demjenigen, der massiert, als auch bei demjenigen, der massiert wird. Und die Langzeitwirkung ist deutlich spürbar.

Siv Ardeby ist Kinderkrankenschwester und bietet seit Jahren »taktile Ausbildung« an. Sie hat neben vielem anderen eine einfache Rückenmassage zusammengestellt, die Kinder in der Sekundarstufe gut ausführen können.

Die Kinder tun sich paarweise zusammen. Das eine sitzt auf einem normalen Stuhl, am besten mit der Rückenlehne nach vorn und mit seitlich herabhängenden Armen. Das andere steht dahinter. Der Erwachsene, der die Massage anleitet, hat ebenfalls ein Kind vor sich.

Es ist besonders wichtig, mit ruhiger Stimme zu sprechen, denn das Tempo des Erwachsenen wird von den Kindern übernommen. Ruhe und vielleicht auch etwas Entspannungsmusik im Hintergrund helfen den Kindern, sich zu sammeln.

Die Anweisungen für die Gruppe werden gegeben, während der Erwachsene die einzelnen Bewegung selbst an dem Kind vor sich ausführt.

Einfache Rückenmassage

- Alle atmen tief ein und langsam wieder aus. *Es geht darum, zu einer entspannten Konzentration zu kommen.*
- Lege dem Kind vor dir die Handflächen auf die Schultern. *Lassen Sie die Hände auf den Schultern des Kindes liegen, und zählen Sie im Stillen bis zehn. Auf diese Weise wird Kontakt aufgenommen.*
- Streiche drei Mal mit beiden Handflächen von der Wirbelsäule nach außen. *Sie streichen erst einmal über die Schultern, und dann zwei Mal über den Rest des Rückens.*
- Jetzt massierst du vorsichtig die Schultern. *Sie zeigen die langsame und ruhige Form der Berührung. Die Hände liegen auf dem weichen Teil der Schultern am Übergang zum Nacken und bewegen sich langsam und kreisförmig.*
- Nimm die eine Hand hoch. *Die andere Hand bleibt die ganze Zeit auf der Schulter liegen. Nehmen Sie den Daumen in die Handfläche. Die übrigen Finger bleiben ausgestreckt. Mit dieser Hand beschreiben Sie Kreise über den ganzen Rücken.*
- Jetzt wollen wir Teig kneten. *Langsam arbeiten Sie sich abwärts, von den Schultern bis in Ellbogenhöhe und wieder aufwärts, mit vorsichtigen Bewegungen wie beim Teigkneten. Es geht leichter, wenn Sie die Knie etwas beugen.*
- Noch einmal massieren wir die Schultern. Und zum Schluss noch einmal drei Striche von der Wirbelsäule nach außen.

Rückenmassage in Kurzform

- Tief durchatmen
- Hände auf die Schultern

- Drei Striche von der Wirbelsäule nach außen
- Schultermassage
- Kreise
- Teig kneten
- Schultermassage
- Drei Striche von der Wirbelsäule nach außen

Die Erfahrungen mit Massage in der Schule zeigen, dass die Kinder:

- ruhiger werden
- in der Gruppe weniger Aggressivität zeigen
- sich weniger schlagen
- sich besser konzentrieren
- ihr Einfühlungsvermögen verbessern
- mehr Körpergefühl entwickeln
- mehr Selbstbewusstsein entwickeln
- leichter lernen.

Noch eine Geschichte zum Schluss: Auf dem Schulforum 1997 in Älvsjö gab es einen Stand, an dem Schülerinnen und Schüler der Sekundarstufe müde Messebesucher gratis massierten. Eine Freundin von mir ließ sich von einem energisch massierenden Zwölfjährigen versorgen. Er knetete ihre Schultern und bearbeitete ihren Rücken. Nach einer Weile fragte sie ihn, ob er gern massiere. »Ja, das ist eine tolle Sache«, antwortete er. »Sie können sich gar nicht vorstellen, was für eine Nervensäge ich war, bevor ich damit angefangen habe.«

Berührungsspiele

In einem Kindergarten in Akalla, wo ich an der Fortbildungsarbeit teilnahm, entstand unerwartet eine große Nachfrage nach Berührungsspielen. Unsere Arbeit in diesem Kindergarten sollte fürs Unterrichtsfernsehen aufgenommen werden, und alle Eltern waren sehr engagiert und neugierig. Ziel unserer Arbeit war es, die Entwicklung jedes einzelnen Kindes zu berücksichtigen und Spiele und Aktivitäten dem jeweiligen Entwicklungsstand des Kindes in der Gruppe anzupassen. Allerdings sollte dabei das freie Spiel nicht eingeschränkt werden, und auch die Zeit für kreatives Arbeiten sollte nicht verringert werden.

Vor der Grundeinschätzung der einzelnen Kinder holten wir die Erlaubnis der Eltern ein, denn wir wollten auch sehen, welche Kinder noch Reste der Säuglingsreflexe zeigten, was die Bewegungsfähigkeit betraf und eventuell auch die Auswahl an Aktivitäten für das einzelne Kind beeinflussen konnte. Die Beobachtungen wurden in spielerischer Form und über eine begrenzte Zeit durchgeführt. Nach Abschluss der Beobachtungsphase bemerkten wir sehr schnell, dass den Kindern diese Stunden fehlten, in denen wir an ihnen »herumgepusselt« hatten.

Eines Tages sagte der fünfjährige Jonathan mit flehender Stimme: »Warum spielen wir denn nicht mehr Rückenkitzeln?« Da wurde uns bewusst, wie groß das Bedürfnis der Kinder nach Nähe und Berührung war, selbst bei den in unseren Augen doch schon so »großen« Fünf- und Sechsjährigen. Und wir setzten uns zusammen und überlegten, welche Berührungsspiele wir noch kannten.

Berührungsspiele für kleine Kinder

- *Kuchen backen:* Das Kind ist ein Kuchenteig, der auf dem Boden gerollt und geknetet wird.
- *Kitzelspiele:* »Es kommt die Maus, es kommt die Maus!« Die Maus (zwei Finger) rennt am Arm des Kindes hoch und kitzelt es unter dem Kinn.
- *Katz und Maus:* Jagen und einfangen – und fest umarmen.
- *Großmutters Schaukelstuhl:* Das Kind sitzt auf dem Schoß, mit dem Rücken an der Brust des Erwachsenen, wird umarmt und schaukelt langsam vor und zurück.

Berührungsspiele für größere Kinder

- *Autowäsche:* Zwei Kinder oder Erwachsene stehen einander gegenüber und spielen die Waschstraße. Die anderen Kinder sind die Autos und »fahren« nacheinander auf allen Vieren in die Waschstraße hinein. Sie bestellen ein bestimmtes »Waschprogramm«. Die Zaghaften wollen vielleicht erst einmal nur abgespritzt und von einem Gebläse getrocknet werden, während andere das große Komplettpaket bestellen, von der Unterbodenwäsche bis zum Polieren.
- *Pferdepflege:* Im Grunde passiert hier nichts anderes als bei der »Autowäsche«. Zwei Kinder stehen sich gegenüber. Sie sind die Pferdepfleger. Die anderen Kinder springen als Pferde auf der Weide herum. Nacheinander kommen sie an die Reihe. Sie bestellen, was sie haben wollen, Rücken bürsten, Mähne kämmen, Maul streicheln, Hufe putzen ... Wenn das Pferd zufrieden ist, rennt es wieder hinaus auf die Weide.
- *Marmeladengläser:* Ein Kind ist der Kaufmann. Ein anderes Kind kauft ein. Alle anderen Kinder sind Marme-

Berührungsspiele

ladengläser. Das Kind mit dem Kaufladen bestimmt, welche Marmelade in den Gläsern ist, und flüstert jedem Kind seine Sorte ins Ohr. Jetzt kommt Kundschaft! Das Kind fragt nach Marmelade. Der Kaufmann fragt, welche Sorte es denn sein darf. Der Kunde nennt eine Sorte. Das »Marmeladenglas« mit dem richtigen Inhalt kommt nach vorn und wird in eine Zimmerecke getragen.

- *Wer bin ich?* Ein Kind mit verbundenen Augen muss ein anderes Kind mit Hilfe seiner Hände erkennen.

- *Lakritzschnecke:* Die Kinder halten sich an den Händen und drehen sich so lange, bis die Lakritzschnecke ganz aufgerollt ist. Dann dreht sich die Schnecke wieder auseinander. Kinder, die empfindlich gegen Berührung sind, sollten am Ende der Schlange stehen, damit sie Berührung spüren können, ohne sich eingesperrt zu fühlen.

- *Zusammen aufstehen:* Die Kinder sitzen paarweise mit dem Rücken zueinander und verschränken die Arme. Dann versuchen sie gleichzeitig aufzustehen, wobei sie sich mit dem Rücken aneinander lehnen.

- *Ausbrechen:* Die Kinder stehen Schulter an Schulter in einem dichten Kreis. Drei Kinder stehen innerhalb des Kreises und versuchen auszubrechen.

- *Rollen:* Alle Kinder liegen auf dem Bauch auf dem Boden. Die Arme sind nach vorn ausgestreckt. Das äußerste Kind rollt über alle anderen Kinder, bis es auf dem Bauch am Ende der Reihe landet. Das Spiel geht weiter, bis alle Kinder einmal den Platz gewechselt haben.

- *Stämme rollen:* Zwei Kinder umarmen sich fest und rollen dann zusammen einen sachten Abhang hinunter oder quer durchs Zimmer.

- *Gemüsesuppe:* Jedes Kind bestimmt, was für ein Gemüse es sein will. Der Erwachsene, der die Suppe kochen soll, wäscht das Gemüse, schrubbt es ab, schält es, schneidet oder hackt es klein. Das Spiel endet, wenn alle Gemüsesorten im großen Topf liegen.

I *Rollenspiele:* Spiele wie Doktor, Krankenhaus oder Frisör sind beliebt, weil sie viel Berührung mit sich bringen.

I *Kampfspiele:* Ringkämpfe mit festen Regeln oder Kissenschlachten sind ebenfalls beliebte Spiele.

I *An- und ausziehen:* Die Kinder stehen in einer Reihe hintereinander (oder in zwei Reihen, wenn man einen Wettkampf daraus machen will). Als Requisiten werden für jede Reihe eine Mütze, ein Halstuch, eine Hose und ein Pullover gebraucht. Das erste Kind in der Reihe zieht das zweite Kind an, das dann vom dritten Kind wieder ausgezogen wird usw. – bis das letzte vom ersten Kind ausgezogen worden ist.

I *Sandwich:* Die Kinder liegen dicht hintereinander auf der Seite. Das erste Kind rollt sich rund um die anderen, bis es vorn angekommen ist. Das Spiel endet, wenn alle Kinder den Platz gewechselt haben.

I *Herbstlaub pflücken:* Alle Kinder sitzen im Kreis, die nackten Füße in den Kreis gestreckt. Ein Erwachsener nimmt einen Fuß hoch und »pflückt« einen Zeh nach dem anderen, indem er die Ober- und Unterseite des Zehs zwischen Daumen und Zeigefinger drückt. Das Spiel endet, wenn alle Zehen im Kreis »gepflückt« sind.

I *Weihnachtsbäume fällen:* Alle Kinder sind Tannenbäume, die im Wald wachsen. Der Erwachene geht herum und fühlt an den Ästen (Armen), ob sie stark genug sind, Weinhachtsschmuck zu tragen. Dann wird der Baum gefällt und fällt mit großem Krachen zu Boden. Er wird nach Hause geschleppt und dort abgebürstet, aufgestellt und mit Kugeln usw. geschmückt.

Die meisten Kinder empfinden es als schön und aufregend, in eine Decke eingerollt und darin umhergetragen zu werden. Das Schaukeln in einer Hängematte dagegen wird als beruhigend und angenehm empfunden. Mit einer Feder oder einem Grashalm im Gesicht kitzeln oder sanft ins Gesicht blasen ist einer Gesichtsmassage nicht unähnlich.

Kinder, die massiert werden, wollen oft auch gern selbst massieren, und Kinderhände, die Falten und Kopfweh aus der Stirn streichen, sind viel besser als alle Tabletten.

Viele Rollenspiele kommen ohne Berührungen nicht aus. Wir Erwachsenen können dabei helfen, indem wir für die richtigen Requisiten sorgen und die Lust am Spiel wecken. Eine Erzieherin hat mir die folgende Geschichte zugeschickt, nachdem ich in einem Vortrag danach gefragt hatte, welche Berührungsspiele Kinder am meisten lieben.

Maria

Wir hatten ein Mädchen bei uns im Kindergarten, das Maria hieß. Sie musste sehr oft ins Krankenhaus. Im Kindergarten verarbeitete sie diese Krankenhausaufenthalte, indem sie uns Erzieherinnen »Spritzen gab«. Nach einer Weile wollte sie, dass wir den Doktor spielen. In diesem Spiel, gemeinsam mit Menschen, bei denen sie sich sicher fühlte, wagte sie es, wieder Patientin zu sein. Und dann gingen die großen Untersuchungen los! Immer mehr Kinder wollten mitmachen. Alle hatten irgendwelche Schmerzen an den verschiedensten Stellen. Wir mussten Augen, Ohren, Nasen, Münder, Beine, Arme untersuchen; ja, es gab sogar Kinder, die wollten wissen, ob sie vielleicht Kopfläuse hätten.

Das war in den Siebzigerjahren, und damals dachten wir überhaupt noch nicht daran, wie viel Berührung hier mit »im Spiel« war. Erst viel später haben wir begriffen, dass die Kinder es gern hatten, wenn man an ihnen »herumpusselte« und sie berührte. Einige Kinder wollten nur ein bisschen untersucht werden, während andere gar nicht genug bekommen konnten. Die ganze Zeit bestimmten die Kinder selbst, was geschah. Sie ergriffen oft die Initiative zum Doktorspiel. Allerdings war immer ein Erwachsener dabei, der aufpasste, dass die Kinder sich nicht wehtaten.

Als Maria nicht mehr ins Krankenhaus musste, legte sich ihr Interesse an den Doktorspielen bald. Aber es gab immer einige andere Kinder, die weitermachen wollten. Durch Marias Krankenhausaufenthalte hatte sie das Doktorspiel in die Gruppe gebracht, das für lange Zeit das bei weitem beliebteste Rollenspiel blieb. Bei Ihrem Vortrag haben Sie uns an die Bedeutung von Berührungsspielen erinnert. Wir haben inzwischen beschlossen, wieder einige Requisiten zu besorgen und eine »Krankenhausecke« einzurichten. Wir werden auch einen »Frisörsalon« einrichten und die Puppenecke mit einem größeren Bett ausstatten, damit sich die Kinder gegenseitig ins Bett bringen können.

Eine einfache Yoga-Übung für Kinder

Während einer Konferenzreise in Indien habe ich ein einfaches Yoga-Programm für Kinder im Vorschul- und Schulalter kennen gelernt. Eine Woche lang war ich von zwei indischen Kindergarten-Kolleginnen eingeladen, allmorgendlich vor den Vorträgen an einer kleinen Übung teilzunehmen. Dieselbe Übung verwendeten die Kolleginnen bei ihren Kindern im Kindergarten. Sie hatten festgestellt, dass diese Übungen unruhigen Kindern halfen, sich zu entspannen, dass sie die Konzentration verbesserten und die Sinne der Kinder in einer Weise schärften, die es ihnen leichter machte, zu lernen.

Alle Kinder, denen ich diese Übungen seither vorgestellt habe, fanden es spannend zu hören, dass andere Kinder, weit weg in einem anderen Land, diese Übungen im Kindergarten und in der Schule anwendeten.

Kinder sind bekanntlich neugierig und wollen fast alles ausprobieren. Zu Anfang ist es vielleicht noch etwas schwierig und ungewohnt, sich auf diese Übungen zu konzentrieren, aber nach einigen Versuchen geht es in der Regel sehr gut.

Die Übung nimmt täglich fünf Minuten bis eine Viertelstunde in Anspruch, je nach Können, Alter und Lust der Kinder. Man kann mit einigen ausgewählten Bewegungen beginnen und die Übung langsam ausweiten. Die Kinder erlernen so allmählich die ganze Übung und können sich immer länger darauf konzentrieren.

Berührungsspiele

Es fällt leichter, in die richtige Stimmung zu kommen, wenn man ein Räucherstäbchen oder eine Kerze anzündet: als Signal, dass es nun an der Zeit ist, sich zu sammeln. Die Yoga-Stunde endet damit, dass Sie während der letzten Entspannungsphase herumgehen und jedes Kind berühren. Das gibt jedem einzelnen Kind die Bestätigung, wahrgenommen worden zu sein. Man kann es nicht oft genug sagen: Wahrgenommen und berührt zu werden – und sich bewegen zu dürfen – sind wichtige kindliche Bedürfnisse.

- Sitz mit geradem Rücken im Schneidersitz.
- Atme durch die Nase ein und aus. Atme durch das rechte Nasenloch ein, und halte das linke mit einem Finger zu. Atme durch das linke Nasenloch aus, und halte das rechte mit einem Finger zu. Nach zwei oder drei Atemzügen wechselst du, atmest also durch das linke Nasenloch ein und durch das rechte aus.
- Steh auf, leg die Handflächen über dem Kopf zusammen und streck die Arme über dem Kopf aus. Stell dich ganz langsam auf die Zehenspitzen und wieder auf den ganzen Fuß. Auf und nieder, drei Mal.
- Leg dich auf den Rücken, und streck die Beine aus. Streck die Beine langsam ganz hoch, und lass sie genauso langsam wieder sinken, drei Mal.
- Bleib auf dem Rücken liegen. Fahr langsam in der Luft Rad.
- Leg dich auf den Bauch. Heb den Oberkörper an wie eine Schlange; Hände und Ellbogen bleiben auf dem Boden. Dreh den Kopf nach hinten, drei Mal.
- Bleib auf dem Bauch liegen, und heb den Oberkörper wieder an wie eine Schlange, aber diesmal mit gestreckten Armen. Dreh den Kopf nach hinten, und streck die Zunge heraus, drei Mal.

- Bleib auf dem Bauch liegen, und ruh dich aus. Verschränk die Arme, und leg deinen Kopf darauf. Dreh deinen Kopf erst nach links, dann nach rechts.
- Stell dir vor, du bist ein Boot. Bleib auf dem Bauch liegen, bieg die Beine nach oben und in Richtung Kopf. Streck die Arme nach hinten, sodass du deine Beine mit den Händen fassen kannst. Schaukle auf deinem Bauch vor und zurück wie ein Boot. Schaukle dann auch seitwärts.
- Leg dich auf den Rücken. Jetzt darfst du dich vollkommen entspannen. Mach die Augen zu, atme tief, du darfst auch ein bisschen dösen.

Wichtig: eine ansprechende Umgebung

Bei einer Beratung in einem Kindergarten mit ehrgeizigen pädagogischen Zielen bat ich die Erzieherinnen und Erzieher, sich zu erinnern, wie die Lieblingsumgebung ihrer Kindheit ausgesehen hatte, der Ort, wo sie Abenteuer erleben konnten, Spannung oder Ruhe erleben konnten, und wo spontane Spiele entstanden. Nach längerem Schweigen begannen sie zu erzählen: von Ecken und Winkeln, Garderoben, die wie Kojen aussahen, Schätzen und schönen Dingen, die sie irgendwo draußen in der Natur oder an anderen spannenden Orten gefunden hatten, Schatzkisten mit Perlen und Pailletten, Steinen, Schnecken – und von einem Holzkasten, in dem sie zwei Zimmer und eine Küche eingerichtet hatten.

Dann bat ich sie, sich umzusehen und zu überlegen, was in ihrem eigenen Kindergarten sie an diese Orte, von denen sie erzählt hatten, erinnerte. Was wir sahen, ähnelte dem Bild in vielen Kindergärten: ein relativ nüchterner Raum mit Tischen und Stühlen auf einem blauen Fußboden, ein Regal für Geschirr und eines mit Spielzeug. In einem der kleineren Räume befand sich eine Puppenecke mit einigen willkürlich platzierten Möbeln, aber dort hielt sich selten ein Kind auf. Nichts konnte ein Kind in diesen Raum locken. In dem zweiten großen Raum befanden sich eine Sprossenwand, eine Ecke mit Kissen und ein Sofa gleich neben einem Bücherregal mit Bilderbüchern.

Wenn sie in den Waschraum gingen, mussten die Kinder an der Garderobe vorbei und durch einen Korridor, der blassgrün gestrichen war.

Das war der Anblick, den die Kinder jeden Tag vor Augen hatten. Und das war auch die Arbeitsumgebung der Erzieherinnen und Erzieher. Wie sollten hier die Sinne angeregt werden?

Es begann mit seidenen Bändern

Die erste Maßnahme, um die neutrale, wenig anregende Umgebung zu verändern, war ein Einkauf: Es wurden seidene Geschenkbänder gekauft. Kinder und Erzieherinnen schwelgten in den nächsten Tagen in Seidenbändern, die zu einem Vorhang im Durchgang zum Waschraum verarbeitet wurden: rosa, lila, kirschrot, blau, grün, türkis, gelb, apricot ... Die blassgrünen Wände schimmerten sofort ganz anders. Jedes Mal, wenn ein Kind in den Waschraum ging, konnte es sich von den Bändern streicheln lassen. Einige Kinder begannen sofort, auch auf ihren Bildern Seidenbänder zu malen. Die Bilder wurden eingerahmt und an die Wände gehängt.

In einem der beiden größeren Räume wurden eine Puppenecke und ein Kaufladen eingerichtet, was sofort zu lebhaften Rollenspielen animierte, die manchmal über mehrere Tage gingen. Eine Verkleidungsecke machte die Rollenspiele noch schöner. Inzwischen hängen wunderbare Kostüme und Umhänge aus Lederflicken an goldbesprühten Haken. Ein schön dekorierter Schuhkarton mit Schmuck vor einem goldenen Spiegel beschäftigt die Kinder stundenlang.

Eines der kleineren Zimmer wurde zum »Dschungelzimmer«; auf die Wände wurden Lianen und ein großer Tiger gemalt. Die Blumentöpfe sind in Dschungelmuster bemalt, und die Leseecke besteht jetzt aus einer großen grünen Matratze mit Kissen in verschiedenen Farben und Mustern. Die Bücher haben ihren Platz in dunkelgrün bemalten Holzkisten gefunden.

Das zweite kleine Zimmer ist gelb gestrichen. Hier finden sich Regale voller spannender Materialien: Farben,

Papier, Knetmasse, Klebstoff und Pinsel. Am Fenster hängen Glasprismen, die das Licht in unterschiedliche Farben brechen. Sie regen die Fantasie der Kinder an, geben Anlass zu allen möglichen Spielen oder laden dazu ein, einfach dazusitzen und die wechselnden Farben des einfallenden Lichts zu betrachten. Manchmal hört man Musik in diesem Zimmer, und manchmal ist es ganz still dort.

Aus einer kleinen Veränderung wurde schon nach kurzer Zeit eine große. Es kommt nur darauf an, den ersten Schritt zu machen und nicht darauf zu warten, dass ein anderer ihn tut.

Snoezelen – ein Weg, um abzuschalten

Der Raum ist ganz in Weiß gehalten. Ein weißes Wasserbett steht dort und lädt dich ein, dich hinzulegen. Das Wasser in der Matratze hat Körpertemperatur, und es gluckert ganz leise, wenn du dich umdrehst. Große weiße Kissen schmiegen sich um deinen Körper. An der Decke bewegt ein großer weißer Vogel seine Flügel langsam auf und nieder. Ein Projektor wirft ein Bild an die Wand. Plötzlich wirst du durch eine Nebelbank gefahren – hin zu einer Musik, die dich umschließt, während du auf dem warmen, schaukelnden Wasserbett liegst.

An der einen Wand führen zwei Glasröhren zur Decke. Das Wasser darin lebt. Luftblasen entstehen am Grund der Glasröhren und steigen mit der Strömung des Wassers auf. An der Decke dreht sich langsam eine spiegelnde Kugel. Ein drehender Farbfilter vor einem Licht-Spot projiziert Licht in unterschiedlichen Farben auf die Kugel, und so entstehen farbige Lichtpunkte, die an den Wänden entlanggeführt werden.

Die Luftblasen in den Glasröhren werden zu Seeanemonen. Deine Gedanken gehören nur dir. Es geht dir gut, und du fühlst dich bereit für neue Herausforderungen.

Du bist für eine Weile im Weißraum gewesen, in Balders Hus in Norrtälje.

Snoezelen ist ein niederländisches Wort und bedeutet frei übersetzt etwa »schlummern«, »dösen«, »sich entspannen«. Das bedeutet nicht, dass die Kinder einschlafen sollen. Beim Snoezelen dürfen sie vielmehr ihre Sinne nutzen, aber ohne jegliche Anforderung. Das Ziel von Snoezelen im Kindergarten besteht darin, eine Umgebung zu schaffen, die alle Sinne anregt und dem Kind gleichzeitig erlaubt, sich zu entspannen und Wohlbefinden zu spüren. Kinder, die sich den ganzen Tag in einer Gruppe aufhalten, haben zwischendurch das Bedürfnis, sich allein oder mit anderen zurückzuziehen, mit einem Erwachsenen oder mit einem anderen Kind. Eine ruhige und gleichzeitig fantasievolle Umgebung gibt diesen Kindern auch Gelegenheit, nachzudenken, einfach den Gedanken nachzugehen, die von selbst kommen.

Das Konzept des Snoezelens ist in Holland in Ferienlagern für Kinder und Jugendliche mit Entwicklungsstörungen entstanden. Man stellte fest, wie stark die Kinder Sinneseindrücke in der Natur erlebten, und wie viel Freude und Anregung ihnen solche Erlebnisse brachten: Sehen, Hören, Spüren, Duft und Bewegung. Heute wird die Methode auch in Schweden in der Arbeit mit behinderten Kindern und Jugendlichen angewandt.

Vor allem aber haben viele Kindergärten und vereinzelt sogar Schulen die Idee übernommen und Snoezelräume eingerichtet, die sie ihrer eigenen Arbeit angepasst haben. Aber es geht nicht so sehr um das Zimmer, es geht um die Art und Weise, wie dieses Zimmer genutzt wird.

Sinnesanregungen, also die Stimulation von Sehen, Hören, Tastsinn, Gelenken und Muskeln, Geruchs- und Geschmackssinn, sind die Grundlage aller anderen Fertigkeiten des Menschen:

- Sie entwickeln die Wahrnehmung und vertiefen das menschliche Zusammenspiel zwischen Kindern und Erwachsenen
- Sie erhöhen die Konzentrationsfähigkeit und verringern Stress
- Sie schaffen die Voraussetzungen für die Verarbeitung von Eindrücken und für jede Art von Lernen
- Sie schenken Wohlbefinden, das zu einer emotionalen Veränderung führen kann.

Ich möchte von zwei Kindergärten erzählen, deren Entwicklung ich zwölf Jahre lang begleitet habe: *Bullerby* (Bullerbü) in Akalla und *Björkbacken* (Birkenhügel) in Husby.

Entspannung fördern – Selbstvertrauen stärken

Snoezelen in Bullerby

In dem Kindergarten *Bullerby* in Akalla gibt es für jede Gruppe ein »Zimmer für die Sinne«. Die Erzieherinnen und Erzieher beschreiben folgendermaßen, wie sie zu dieser Arbeitsweise gekommen sind:

Es war einfach die Folge einer inneren Überzeugung: So wie es jetzt ist, muss es sein! Für uns hat der Weg bis hierher neun Jahre gedauert. Wir gingen von der Motorik aus, von dem Wissen um das Bedürfnis jedes Kindes, sich zu bewegen. Wer sich nicht bewegen darf, kann auch nicht still sitzen. Wir wollten, dass die Kinder lernen, sich zu konzentrieren, und so suchten wir nach Möglichkeiten, die Voraussetzungen dafür zu schaffen.

Wir besuchten Fortbildungen und diskutierten immer wieder, wie wir die Theorie unseres neuen Wissens in die Praxis umsetzen könnten. Wir bekamen Anregungen, und endlich wagten wir Veränderungen. Als Erstes führten wir »bewusste Bewegungsspiele« als Begriff in unsere Arbeit ein. Als wir unsere neuen Ideen in die Praxis umsetzten, wurde uns bewusst, welch große Bedeutung die äußere Umgebung für die Kinder hatte. Wenn sie die Sinne anregte, griffen die Kinder ganz von selbst begierig zu, aus einem inneren Bedürfnis, das die meisten von ihnen zu spüren schienen. Wir sahen aber auch, dass einige Kinder nicht mitmachten, und wir konnten diesen Kindern besondere Unterstützung geben, um eigene Aktivitäten zu wagen.

Der Hof unseres Kindergartens war anfangs noch schlicht und langweilig. Deshalb begannen wir, die Natur so viel wie möglich zu nutzen. Das machte uns auch aufmerksamer für die Umgebung im Inneren des Gebäudes: Welche Impulse bekamen die Kinder, und wie fühlten wir uns selbst in unseren Räumen? Wir empfanden sie als ziemlich trist, obwohl wir sie doch mit den Zeichnungen und Bastelarbeiten der Kinder geschmückt hatten.

Irgendetwas fehlte. Unserem Kindergarten fehlte die Seele. Wir zogen Gunilla Beckman zurate, eine Erzieherin, die in einem »Malerkindergarten« gearbeitet hatte. Sie half uns, aufmerksamer hinzusehen. Und je bewusster wir hinsahen, desto mehr fiel uns auf. So ging es auch den Kindern, und gemeinsam veränderten wir unseren Kindergarten.

Ein Studienbesuch in Balders Hus

Balders Hus in Norrtälje ist eine Förderschule für Kinder mit Entwicklungsstörungen. Hier gibt es vier Snoezelräume, die dafür ausgestattet sind, alle Sinne anzuregen. Es gibt den *Weißraum*, das *Bällchenbad*, das *Sprudelbad* und das *Musikzimmer*. Balders Hus empfängt an Nachmittagen und Abenden auch Studiengruppen und bietet Fortbildungen in der Snoezelen-Methodik und im Bereich der Anregung durch Berührung (Taktile Stimulation) an. Es ist auch möglich, die verschiedenen Zimmer stundenweise zu mieten, um mit Kindern oder Erwachsenen zu arbeiten, die Hilfe und Anregung brauchen. Viele Erzieher haben ihre Planungstreffen irgendwann einmal hierher verlegt, um die Wirkung der Snoezräume selbst zu erleben.

Nach unserem Studienbesuch in *Balders Hus* haben wir den Begriff der vielseitigen Sinnesanregung für unsere Arbeit entdeckt, als Mittel gegen Stress, aber auch, um das Bewusstsein und die geistige Entwicklung der Kinder zu unterstützen. Geistige Entwicklung heißt für uns auch: die Fähigkeit, nach innen zu horchen, nachzudenken und weiterzudenken. Dazu braucht man Zeit und einen ruhigen Ort, wo Kinder in Frieden gelassen werden, wenn sie das brauchen. So haben wir beschlossen, für jede Gruppe ein *Zimmer für die Sinne* einzurichten, und wir haben Regelungen getroffen, wie diese Zimmer benutzt werden sollen, und wie der ganze Kindergarten zu allen diesen Zimmern Zugang haben kann.

Der Weißraum

Bei unserem Besuch in *Balders Hus* fiel uns allen auf, wie wohl wir uns in dem *Weißraum* fühlten. Wir gingen davon aus, dass es auch unseren Kindern so gehen würde, wenn sie sich erst einmal daran gewöhnt hätten, dort zur Ruhe zu kommen und zu verweilen. Für zwei von unseren Gruppen haben wir *Weißräume* eingerichtet. Diese Zimmer sind vollkommen weiß gestrichen, auf dem Fußboden liegt eine große, dicke weiße Matratze mit einem kunststoffbeschichteten Bezug. An der Decke hängt eine drehbare verspiegelte Kugel, die Lichtreflexe an die Wände wirft. Eine farbige Scheibe aus Plexiglas dreht sich vor einem Strahler und färbt die Lichtreflexe immer wieder anders. Die verspiegelte Kugel hängt nicht genau in der Mitte des Raumes, sondern etwas mehr an der Seite, sodass die Lichtpunkte größer und kleiner werden, während sie durch den Raum wandern.

An der Decke hängt ein großer weißer Vogel, der seine Schwingen langsam auf und ab bewegt, und auf einem weißen Wandbord steht ein weißer Kassettenrekorder, aus dem ruhige, entspannende Musik zu hören ist. Die Kosten für die *Weißräume* beliefen sich auf je 6000 Kronen (ca. 750 €). Hier in Bullerby haben wir beschlossen, uns gelegentlich die Möglichkeit zu verschaffen, in etwas teurere Vorhaben zu investieren. Das Geld wird dann in den anderen Abteilungen eingespart. Die Investitionen für die Snoezelräume sollten allerdings allen zugute kommen.

Es war aber gar nicht so leicht, den Kindern den *Weißraum* schmackhaft zu machen. Natürlich waren sie alle neugierig und wollten gern in dieses Zimmer hinein, aber sie waren es nicht gewohnt, still zu sein und ruhig dazusitzen. Die Eingewöhnung wäre ihnen viel leichter gefallen, wenn sie in diesem Zimmer hätten herumspringen und schreien dürfen. Vielen Kindern fiel es auch schwer, abzuschalten. Einige wagten sich überhaupt nicht hinein. Einem Kind wurde übel, und es wollte schnell hinaus, dann aber doch ebenso schnell wieder hinein. Es zeigte sich insgesamt, dass für viele Kinder Ruhe und Stille etwas fast schon Fremdes waren.

Es ist wichtig, Regeln aufzustellen, auf welche Weise das Zimmer benutzt werden soll. Wir haben viel und lange daran gearbeitet, aber Regeln gehören zu unserer Strategie. Es bereitet Kindern Stress, zu wissen, dass sie sich von Erwachsenen alles erquengeln und erbetteln können. Kinder suchen den Umgang mit selbstsicheren Erwachsenen, bei denen sie wissen, woran sie sind. Und dass die Erwachsenen bestimmen, bedeutet ja nicht, dass sie den Kindern nicht zuhören. Die Erwachsenen müssen die Verantwortung für die geltenden Regeln übernehmen, und sie müssen im Voraus durchdacht haben, wozu ein derartiges Zimmer dienen soll.

Im *Weißraum* gibt es kein Spielzeug. Das Zimmer ist immer unverschlossen, aber kein Kind darf es betreten, ohne eine Erlaubnis eingeholt zu haben, und es darf diejenigen, die schon darin sind, nicht stören. Wer in das Zimmer gehen will, fragt einen Erwachsenen.

Der springende Punkt an einem *Weißraum* ist, dass er Beziehungen schafft. Das geschieht natürlich ständig, aber wenn ein Kind zum anderen sagt: »Sollen wir zusammen ins weiße Zimmer gehen?«, dann ist das das Sahnehäubchen. Die größeren Kinder können sich dort allein oder mit ein, zwei anderen Kindern aufhalten. Das Zimmer regt dazu an, zur Ruhe zu kommen, es bietet Gelegenheit zum Nachdenken und zu leisen Gesprächen. Die Kinder nehmen die Farben bewusst wahr und sprechen oft darüber, welche Gefühle sie in ihnen wachrufen. »Das Rot liebe ich besonders. Aber das Grün ist auch so schön!«

Viele Eltern verbringen mit ihren Kindern gern ein Weilchen im *Weißraum*, bevor sie nach Hause gehen. Dieses ruhige Zusammensein vermindert den Stress sowohl beim Kind als auch bei den Eltern, und der Kontakt zwischen ihnen ist wieder hergestellt, bevor sie den Kindergarten verlassen.

Entspannung fördern – Selbstvertrauen stärken

Das Meereszimmer

Die Einrichtung des *Meereszimmers* war davon bestimmt, den Kindern ein besonderes Erlebnis zu ermöglichen und ihnen die Gelegenheit zu verschaffen, in etwas besonders Spannendes »hineinzukriechen«. Wir wollten mit diesem Zimmer Gespräche anregen, und tatsächlich waren viele Gespräche nötig, bevor es überhaupt fertig war.

Das Zimmer ist dunkelblau gestrichen, und an der Wand hängt ein Fischernetz, dass uns einer der Väter – ein Hobbyfischer – geschenkt hat. In das Netz und an die Decke des Zimmers haben wir Fische gehängt, die wir gemeinsam mit den Kindern aus besonders schönen Stoffresten gebastelt haben, die sie von zu Hause mitbringen. Einige Schnecken und Seepferdchen hängen dort auch. Schöne Schnecken finden sich auch in einem Korb auf dem kleinen Wandbord.

Nach einem Besuch im Naturhistorischen Museum kam uns der Gedanke, die Laute von Delfinen und Walen einzusetzen. Wir riefen im Museum an und suchten dort Rat, aber dann griff ein erfinderischer Vater ein, der sich mit Elektronik auskannte. Er konstruierte eine Platte mit zwei Knöpfen: Der eine lässt die Lieder der Wale ertönen, der andere den Gesang der Delfine. Die Töne sind ziemlich leise, sodass die Kinder richtig hinhören müssen, um sie wahrzunehmen.

In dem Hauptraum der Gruppe, zu der das Meereszimmer gehört, gibt es nur einen Schrank, deshalb mussten wir das breite Regal, in dem Material aufbewahrt wird, auf halber Wandhöhe beibehalten. Unter dieses Regal haben wir aus Kükendraht und Pappmaschee eine Koje gebaut. Die Decke der Koje ist mit dunkelblauem Stoff verkleidet, den wir billig bei Ikea bekommen haben. Über der Verkleidung hängen Lichterketten, wie man sie an Weihnachtsbäumen verwendet – ein Sternenhimmel. Eine dunkelblaue Matratze liegt auf dem Boden der Koje. In einer Ecke steht eine Schatzkiste voll schöner Steine, Perlen,

Knöpfe und anderer Schätze, die die Kinder gefunden haben. Eine Vierjährige, die das Zimmer zum ersten Mal betrat, fragte sofort:»Aber wo ist denn der Krake, hier muss doch wohl ein Krake sein, der den Schatz bewacht?« Also haben wir aus dunkelblau gestreiftem Samt einen Kraken genäht und in die Ecke gesetzt, und bei der Gelegenheit fielen auch noch einige Kissen ab.

Das Zimmer hat fast nichts gekostet, abgesehen von der hohen Röhre mit Luftblasen, der wir einfach nicht widerstehen konnten. Die verschiedenfarbigen Blasen steigen an die Oberfläche und verschwinden dann. Diese Röhre, die Weihnachtskerzen und der Strahler über der Schatzkiste sind die einzigen Lichtpunkte, sodass der Raum sehr spannend, aber auch ein bisschen unheimlich ist. Über dem Stoff an der Decke sieht man die Umrisse eines Fischschwarms, die wir aus Karton ausgeschnitten haben. Außerhalb des Zimmers, an der Wand gegenüber der Tür, hängt ein Seepferdchen und bewacht unser *Meereszimmer*.

Dieses Zimmer spricht alle Sinne an, denn hier gibt es durch einen dicken Teerklumpen in dem Fischnetz sogar etwas zu riechen. Als der Duft nachließ, haben wir ihn mit Teerseife wieder aufgefrischt.

In diesem Raum muss man nicht unbedingt still sein. Hier reden oder spielen die Kinder miteinander. Viele Gespräche nehmen hier ihren Anfang. Auch dieses Zimmer ist unverschlossen, aber die Kinder fragen um Erlaubnis, und sie stören einander nicht, wenn das Zimmer besetzt ist. Sie können mit einem Erwachsenen oder mit anderen Kindern hineingehen, um eine Geschichte vorzulesen, etwas zu erzählen oder einfach nur zu reden. Der Schatz erfreut sich natürlich auch großer Beliebtheit.

Wenn die Kinder in dem *Meereszimmer* gewesen sind, schaffen sie sich oft neue, spannende Umgebungen in anderen Bereichen des Kindergartens, sei es draußen oder drinnen.

Das Bällchenbad

Die *Bällchenbäder* waren die ersten Zimmer, die wir neu einrichteten. Wir räumten zwei Abstellkammern aus und setzten vor jede Türöffnung eine 40 cm hohe Wand. Die Abstellkammern sind ziemlich klein, sodass wir mit 1000 Bällchen für jeden Raum auskamen, 250 in jeder Farbe: Rot, Grün, Gelb und Blau.

Wenn die Kinder ohne Begleitung eines Erwachsenen in einem dieser Zimmer sind, bleibt die Tür offen. Wenn ein Erwachsener mitgeht, kann die Tür auch geschlossen werden, sofern die Kinder das wollen.

Auch die *Bällchenbäder* sind nicht verschlossen, aber es gelten dieselben Regeln wie für die anderen Zimmer: Man fragt um Erlaubnis, und man respektiert diejenigen, die bereits dort sind.

Die Bällchen stimulieren durch Berührung, sei es, dass die Kinder in den Bällen schwimmen, dass sie tauchen oder sich darunter verstecken. Das Erlebnis hält lange an. In diesen Zimmern kann es sehr lebhaft zugehen, wenn die Kinder tauchen; es kann aber auch ganz still sein, wenn sie sich langsam und leise zwischen den Bällen wegsinken lassen.

Mit den kleinsten Kindern üben wir Spielsignale, z. B. Geben und Nehmen, und wir machen den Kindern ihren Körper und die Namen der Körperteile bewusst. Wenn ein Erwachsener und ein Kind sich gemeinsam in dem Zimmer aufhalten, können die Kinder viel sprachliche Anregung bekommen und Begriffe lernen, z. B. im Hinblick auf Zahlen und Farben.

Kinder, die regelmäßig zehn Minuten mit einem Erwachsenen in einem dieser Zimmer zubringen, bekommen Anregungen für alle Gefühlsebenen, und das Zusammensein stärkt den Kontakt zwischen dem Erwachsenen und dem Kind.

Die Snoezelen-Methodik in Björkbacken

Schon vor mehr als zwölf Jahren wurde der Kindergarten *Björkbacken* zu 40 Prozent von Kindern besucht, die aus ausländischen Familien stammten. Heute sind es 92 Prozent. Deshalb haben wir hier lange Zeit vor allem mit Sprache gearbeitet. Wir haben uns ständig fortgebildet und ein Programm zur Sprachentwicklung erarbeitet. Es baut, grob gesagt, darauf auf, für jedes Kind einen Weg zu finden, wie es sowohl seine Muttersprache als auch das Schwedische lernen kann.

Dabei versuchen wir so viel Anregung für die Sinne zu geben wie eben möglich. Das Gespräch mit jedem einzelnen Kind ist das wichtigste Element bei der Sprachaneignung, und wir versuchen so viele Gesprächsanlässe zu schaffen wie möglich, geplante und ungeplante. Durch gemeinsame Erlebnisse machen wir die Sprache für die Kinder lebendig, und wir arbeiten mit kleinen Gruppen, in denen jedes Kind Gehör findet.

Björkbacken war einer der ersten Kindergärten, die in der Ruhezeit Massage anboten. Massage ist heute in allen unseren Gruppen für alle Kinder, die sie wollen, eine Selbstverständlichkeit. Die größeren Kinder massieren auch ihre Freunde, was auf die Kindergruppen eine ausgesprochen beruhigende Wirkung hat. Die Massage hat auch uns Erziehern geholfen, Entspannung zu finden, was sich wiederum positiv auf die Kinder auswirkt. Wer Stress bei Kindern verringern will, muss beim eigenen Stress ansetzen.

Die Kinder entscheiden selbst, was sie wollen und was nicht. Die meisten genießen die Massage sehr, aber sie ist nicht für alle Kinder das Richtige. Deshalb wollten wir andere Aktivitäten entwickeln, die dieselben Bedürfnisse befriedigen. Als wir bei einem Vortrag von *Balders Hus* in Norrtälje hörten, wollten wir die dortigen Snoezelräume sehen und erfahren, wie dort mit den behinderten Kindern gearbeitet wurde. Was für Kinder mit besonderen

Bedürfnissen gut ist, ist für alle Kinder gut. Und wir wollten gern lernen, wie wir den Kindern, die es brauchten, »ein bisschen mehr« geben könnten.

Wir beschlossen, die Massage in der Ruhepause durch einige »Zimmer für die Sinne« zu ergänzen, um den Kindern ein weiteres Angebot zu machen, wie sie Ruhe und Harmonie finden könnten. Wir haben uns zum Ziel gesetzt, den Kindern die Fähigkeit zu vermitteln, ihren eigenen Bedürfnissen nachzuspüren.

Das Wichtigste an der Arbeit mit den »Zimmern für die Sinne« ist das Zusammenspiel von Kindern und Erwachsenen und von Kindern untereinander. Wir alle müssen miteinander umgehen und uns gleichzeitig entspannen können. Aber nicht das Zimmer ist das Mittel dazu, sondern der Erwachsene. Ohne die Erzieher sind sowohl das Zimmer als auch das Material darin wertlos. Deshalb ist es wichtig, dass zuerst wir Erwachsenen lernen, mit dem Zimmer umzugehen, und dass wir uns gern darin aufhalten. Wenn ich selbst mich dort wohlfühle, gebe ich etwas von meinem Wohlbefinden auch an die Kinder weiter. Wenn ich selbst mich entspanne, verringert das den Stress, sowohl bei den Kindern als auch bei mir selbst.

Die Arbeit mit den »Zimmern für die Sinne« ist wie eine Kur für uns Erzieher. Wir werden ruhiger und fröhlicher, und indem wir selbst den Raum für uns nutzen, verstehen wir auch das Erleben der Kinder besser. Es kann auch sein, dass ein Kind oder ein Erwachsener Unbehagen vor etwas Neuem empfindet. Dann müssen sie sagen können: »Nein, hier will ich nicht sein!«, auch wenn es sich um ein teuer eingerichtetes Zimmer handelt. Vielleicht wirkt das Zimmer bei späterer Gelegenheit dann doch noch ganz einladend.

Nach unserem Besuch in *Balders Hus* beschlossen wir, einen *Weißraum*, ein *Sprudelbad* und ein *Bällchenbad* einzurichten.

Das Sprudelbad

Das fantastischste Erlebnis für uns Erwachsene bei unserem Besuch in *Balders Hus* war der vollkommene Genuss, den wir alle in dem Zimmer mit dem Sprudelbad empfanden. Wir gingen davon aus, dass viele unserer Kinder nach einer kurzen Phase der Eingewöhnung dasselbe Erlebnis haben würden.

Es war uns klar, dass so etwas ein teurer Spaß war, aber wir wurden den Gedanken einfach nicht mehr los, und in unserem Nassraum befindet sich heute ein einfaches Becken für Wasserspiele, aber auch eine Wanne für Unterwasser-Massage.

Zwischen diesen beiden Einrichtungen hängt ein weicher Vorhang, weiß in weiß gemustert, der den Sprudelbad-Teil abteilt, wenn er in Benutzung ist. Das Zimmer ist mit Glasprismen geschmückt, die von der Decke hängen und in denen sich das Sonnenlicht bricht. Wer will, kann Musik hören, und auf dem Boden steht ein großer Kerzenleuchter.

Meist nutzen wir den Raum so, dass ein oder mehrere Kinder baden, während ein Erwachsener daneben sitzt. Manche Kinder sitzen ganz still und lassen sich vom Wasserstrahl massieren; sie bewegen nur leicht die Arme, damit der Wasserstrahl überall hingelangt. Andere Kinder werden ziemlich aktiv, planschen oder versuchen gegen den Wasserstrahl zu schwimmen. Einige Kinder wagen sich überhaupt noch nicht in das Becken, sondern schauen lieber zu. Andere lieben es heiß und innig. Manche Kinder allerdings fühlen sich sicherer, wenn sie gemeinsam mit einem Erwachsenen ins Wasser steigen können.

Das Sprudelbad hat uns 19 000 Kronen (rund 2 400 €) gekostet und war die teuerste Investition, die wir bei der Einrichtung unserer »Zimmer für die Sinne« tätigen mussten.

Der Weißraum und das Fühlzimmer

Wir haben zwei verschiedene Entspannungsräume eingerichtet. In dem einen Raum wird der Tastsinn durch verschiedene Tafeln angeregt. Diese Tafeln kann man von den Wänden nehmen, sodass alle Kinder, unabhängig von ihrem Alter und ihrem Entwicklungsstand, sie benutzen können.

Eine solche Tafel besteht aus einer Scheibe mit verschiedenen Gegenständen darauf, die unterschiedliche Berührungserlebnisse vermitteln. Das kann eine Wurzelbürste sein (mit nach außen gerichteten Borsten) oder ein geriffeltes Rohr, der untere Teil eines Eierkartons, ein Baustein, der mit Samt überzogen ist, ein kratziger Lockenwickler oder eine große Schnecke. Alles, was sich interessant anfühlt, findet auf einer solchen Tafel seinen Platz.

In diesem Zimmer können die Kinder auch ruhige Musik hören. Das Zimmer ist mit sanften, warmen Farben eingerichtet und steht so in einem gewissen Kontrast zu den fröhlichen Farben und lebhaften Aktivitäten im Gruppenraum.

Das andere »Zimmer für die Sinne« ist unser *Weißraum*, den wir in einer unserer Abstellkammern eingerichtet haben. Eine verspiegelte Kugel an der Decke gibt Lichtreflexe ab, die durch einen Strahler mit einer farbigen Scheibe davor ihre Farbe wechseln. Dieses Licht- und Farbenspiel ist schön und beruhigend; es fördert gleichzeitig die Entspannung und die Konzentration.

In dem *Weißraum* sind wir Erwachsenen, was das Abschalten angeht, den Kindern ein Vorbild. Wenn wir Erzieher uns nicht entspannen und abschalten können, gelingt es den Kindern zumeist auch nicht. Was gut für uns ist, ist auch gut für sie.

Das Ziel des *Weißraums* ist Zusammenspiel, Kommunikation, Nachdenken und die Möglichkeit, Abzuschalten. In dem *Fühlzimmer* können die Kinder selbst herausfinden, was sie wollen und brauchen. Sie können dort mit einem Erwachsenen allein sein oder sich mit anderen Kindern dort aufhalten. Die Tasterlebnisse führen oft zu Gesprächen darüber, wie verschieden sich Dinge anfühlen können, und was Kinder schon früher erlebt haben. Nach dem Aufenthalt im *Fühlzimmer* wollen die Kinder oft selbst etwas erschaffen, und wir haben eine ganze Kammer voll mit Materialien und Gerätschaften, die allen Kindern zugänglich sind.

Ein Meer aus Bällen

Unser *Bällchenbad* besteht aus einem großen Bassin voller verschiedenfarbiger Bällchen. Es steht am einen Ende des kleineren Spielzimmers vor einer Spiegelwand. So können sich die Kinder ganz sehen, wenn sie im *Bällchenbad* schwimmen oder wenn sie vom Trampolin hineinspringen oder tauchen.

Die Kinder dürfen in kleinen Gruppen mit einem der Erwachsenen das *Bällchenbad* benutzen und dort frei spielen. Es gibt auch geplante Spiele gemeinsam mit einem Erwachsenen.

Das Lieblingsspiel besteht darin, sich ganz unter den Bällchen zu verstecken und dann als Überraschung einen Körperteil herauszustrecken. Das Kind liegt ganz still und unsichtbar da, bis es selbst beschließt, wie ein Teufelchen aus der Schachtel aufzutauchen.

Man kann auch Gegenstände zwischen den Bällchen verstecken und nur mit Hilfe des Tastsinns nach ihnen suchen.

»Unter Wasser« klingt auch die Stimme anders, eine Erfahrung, die manchmal auch die schüchternsten Kinder zum Sprechen bringt.

Das *Bällchenbad* lädt zum Zwiegespräch ein; es trainiert das Gefühl der Kinder für Farben, Mengen, Formen und Raum. Es tut auch Kindern gut, die sich sonst nicht gern berühren oder massieren lassen.

Entspannung fördern – Selbstvertrauen stärken

»Zimmer für die Sinne« in der Schule

Die Snoezelen-Methodik ist bei Kindern in Sonder- oder Förderschulen weit verbreitet. Auch in Kindergärten wird sie heute viel angewandt. In normalen Grundschulen dagegen sind »Zimmer für die Sinne« noch eher die Ausnahme. Aber in der Örtagård-Schule in Malmö hat man einen *Weißraum* eingerichtet, zu dem sowohl die Kinder als auch die LehrerInnen Zugang haben. Damit man sich nicht gegenseitig stört, hängt ein Kalender an der Tür, in den man sich einschreiben kann – ein Erwachsener zusammen mit zwei, drei SchülerInnen. Aber es gibt auch jeden Tag so genannte »Akutzeiten« für diejenigen, die unbedingt schnell einmal zur Ruhe kommen müssen.

Die Örtagård-Schule wird von 350 SchülerInnen aus unterschiedlichen Nationen besucht; sie umfasst die Klassen eins bis sechs. Viele SchülerInnen sind Flüchtlinge mit traumatischen Erinnerungen an Krieg und Misshandlung. Es gibt hier auch einen Sonderschulzweig mit 45 SchülerInnen.

Im »Zimmer für die Sinne« sind sie alle gleich, und hier kommt es zu Gesprächen, die sonst nicht denkbar wären. Heute sind drei Kinder im *Weißraum*. Jacob, der in die dritte Klasse geht, liegt auf dem großen, weißen Wasserbett. Er lässt sich sanft in der Wärme des Bettes schaukeln. Über ihm, unter der mit weißen Tüchern verkleideten Decke, leuchten die Wände blau und grün. Der Klang einer Panflöte schwebt durch den Raum.

Rosa sitzt auf einem weißen Würfel neben einer der drei Wasserröhren. Ihr Blick verliert sich zwischen den Luftblasen, die erst rot und gelb, später grün, blau und lila gefärbt sind. Vielleicht denkt sie an ihr früheres Zuhause. Hier kann sie mit sich selbst und mit ihren Gedanken allein sein. In diesem Zimmer gibt es nur Ruhe, keine Forderungen.

Hinter den weißen Vorhängen sitzt Nora, die in die vierte Klasse geht. Sie hält ein leuchtendes Wirrwarr von schmalen Plastikbändern im Arm, von dem blinkende

Lichter ausgehen. Nora lässt eine der Lichterketten auf ihren Fuß gleiten und betrachtet ihren blinkenden Strumpf. Sie fährt mit der Hand durch das Lichterknäuel, das wie Zauberei wirkt.

Die verspiegelte Kugel an der Decke verändert das Zimmer, indem sie Lichtreflexe rund um die Wände führt. Warme Lichtflecken bewegen sich zwischen Jacob, Rosa und Nora, die bald ein leises Gespräch beginnen. Sie gehen in verschiedene Klassen, und sie haben vorher noch nie miteinander gesprochen.

Das Wasserbett ist eine teure Investition, und die Schule konnte es sich nur mit Hilfe eines Unterstützungsfonds leisten. In Schulen oder Kindergärten, wo das Geld für diesen Luxus nicht reicht, tut es auch eine große, weiße Matratze, wie in *Bullerby* und *Björkbacken*, oder eine große Luftmatratze mit weichem Überzug.

Andere Methoden, Stress bei Kindern zu bekämpfen

Die besten Tricks aus Bullerby

Feste Bezugspersonen – das ist ein Begriff, der erst mit Inhalt gefüllt werden muss. In Bullerby bedeutet er, dass sechs Kinder fest zu einem Erwachsenen gehören. Dieser Erwachsene ist in erster Linie dafür zuständig, »seine« Kinder wahrzunehmen und zu bestätigen, in jeder Situation. Hier gibt es keinen Wechsel; Kontinuität ist das oberste Gebot. Wenn ein Erwachsener mit »seinen« Kindern zusammen ist, wird es ruhig. In Bullerby ist geplant, so weit wie möglich in kleinen Gruppen mit fester Bezugsperson zu arbeiten.

Die *Massagepause* ist eine weitere Methode, Kinder ruhiger und vertrauensvoller zu machen. Die älteren Kinder dürfen helfen und die kleineren massieren. Die kleinen warten sehnsüchtig auf den Tag, wo sie groß genug sind, um ihre Freunde zu massieren.

Die *Hängematte* ist schon lange ein fester Einrichtungsgegenstand jedes Gruppenraums. Sie regt den Gleichgewichtssinn an und macht die Muskeln und das Gehirn wacher, wenn die Kinder darin schaukeln. Das Gehirn wird darin geschult, Sinneswahrnehmungen zu organisieren und zu sortieren. Ruhiges, langsames Schaukeln schenkt Ruhe und Entspannung.

Sehnsucht ist ein wichtiger Begriff im Erziehungskonzept von Bullerby. Es ist wichtig, dass Kinder lernen, sich nach etwas zu sehnen und darauf zu warten. Bei den Elternabenden wird darüber gesprochen, welche bedeutende Aufgabe Eltern haben, wenn sie ihren Kinder beibringen, wie man damit umgeht, wenn nicht alle Wünsche auf einmal erfüllt werden. Wenn Kinder lernen sollen, mit Stress und Frustration fertig zu werden, müssen sie das Warten regelrecht »trainieren«. In Bullerby wird versucht, den Kindern zu zeigen, dass sie sich darauf verlassen können, zu bekommen, was sie brauchen, selbst wenn sie ein bisschen warten müssen.

Der *Wald* liegt nicht weit von Bullerby entfernt, und wir gehen dorthin, so oft wir können. Im Wald sind nicht einmal große Gruppen ein Problem. Dort sind alle auf ihre Weise aktiv und finden ihren Platz zum Spielen. Selbst wenn es lebhaft zugeht, ist die Atmosphäre doch sehr entspannt.

Stille ist für viele Kinder gewöhnungsbedürftig. Deshalb wird in Bullerby einmal pro Woche während der Ruhepause die Musik ausgeschaltet. Stattdessen konzentrieren wir uns darauf, in die Stille hineinzulauschen und sich um unwillkommene Geräusche nicht zu kümmern, sondern sie einfach weiterziehen zu lassen.

Die besten Tricks aus Björkbacken

Die *Massagepause* wird seit vielen Jahren praktiziert und ist den Kindern ein echtes Bedürfnis. Sowohl diejenigen, die massieren, als auch diejenigen, die massiert werden, entspannen sich, werden ruhiger und können sich besser konzentrieren.

Nähe zu den Kindern ist sehr wichtig. Es geht darum, für sie zugänglich zu sein, ihnen Zeit zu widmen. Die Kinder sollen spüren, dass sie wichtig sind, dass der Erwachsene ihnen zur Verfügung steht.

Kleine Gruppen und viel Zeit sind das A und O. Wenn Kinder die Zeit bekommen, die sie brauchen, sinkt das Stressniveau in der Gruppe. Deshalb wird in Björkbacken so weit wie möglich mit kleinen Gruppen gearbeitet, vor allem, wenn es um sprachliche Aktivitäten geht, denn hier gibt es besonders viele Kinder, deren Muttersprache nicht Schwedisch ist. Im Übrigen lassen wir die Kinder selbst entscheiden, wann sie mit einer Aktivität fertig sind. Das ist wichtiger als Pünktlichkeit beim Essen oder Spazierengehen.

Bewegung macht Kinder ruhiger. Deshalb spielt Bewegung in Björkbacken eine große Rolle, sowohl mit als auch ohne Musik, draußen und drinnen, und die Kinder haben immer Zugang zur Hängematte und zu den Schaukeln.

Kleine Räume begrenzen die Zahl der Personen. Deshalb sind in Björkbacken viele Einrichtungen auf kleinem Raum untergebracht, z. B. das *Sprudelbad*, die Wasserspiele, das *Bällchenbad*, die Puppenstube, die Kojen und anderes.

Elternarbeit ist unerlässlich. In Björkbacken wird viel über das Bedürfnis der Kinder gesprochen, einfach nur da zu sein und Zeit mit den Eltern zu verbringen. Wir diskutieren über Qualität und stellen die Frage, was für Kinder wichtiger ist: ständig irgendetwas zu tun oder Zeit zu haben und selbst entscheiden zu dürfen.

Vorschläge aus anderen Kindergärten

- in den Wald gehen und die Natur erleben
- in kleinen Gruppen arbeiten
- Geschichten vorlesen

- gemeinsam singen, mit oder ohne Gitarre
- freies Spiel, ohne von den Erwachsenen gestört zu werden
- eine Gedankenecke – ein Platz ohne Spielzeug, wo man mit sich allein sein kann
- viele grüne Büsche im Garten, wo die Kinder sich ihren eigenen Raum schaffen können
- Gliederung der Räume in kleinere Ecken und Nischen
- viel Bewegung
- beim Spiel nicht unterbrechen.

Schulkindern Stress bewusst machen

Wenn die Kinder in die Schule gehen und alt genug sind, ihr Erleben in Worte zu fassen, kann man ihnen auch Stress bewusst machen. Dies geschieht in erster Linie dadurch, dass man mit ihnen darüber spricht, was Stress ist und wie man ihn erlebt. Danach kann man sie mit einem Stressmodell vertraut machen, das aus vier Stufen besteht.

Stufe eins: Die Kinder bekommen die Aufgabe, eine Waage aus Papier zu bauen oder aufzumalen. In die eine Waagschale legen sie alles, was ihrer Ansicht nach Stress verursacht. Die andere Waagschale füllen sie mit all jenen Dingen, die ihrer Meinung nach Stress bekämpfen und für Wohlbefinden sorgen. Danach sollte man mit den Kindern darüber sprechen, wie wichtig Gleichgewicht im Leben ist. Wenn die Waagschalen ungleich belastet sind, müssen entweder Stressfaktoren ausgeschaltet werden, oder man muss mehr Dinge finden, die sich gut anfühlen und Stress lösen.

Stufe zwei: In weiteren Gesprächen sollen die Kinder ihre eigenen Stressreaktionen entdecken lernen. Haben sie Bauchschmerzen oder Kopfweh? Fühlen sie sich traurig, gereizt oder wütend, erleben sie Unruhe oder Angst?

Stufe drei: Jetzt lernen die Kinder, auf verschiedene Stresssituationen aufmerksam zu werden. Wie fühlen sie sich, wenn sie es eilig haben, wenn die Zeit zu knapp ist, wenn die Anforderungen zu hoch werden, wenn die Eltern streiten oder vor einer Prüfung in der Schule?

Stufe vier: Schließlich kann man die Kinder damit vertraut machen, dass es verschiedene Strategien gibt, mit Stress fertig zu werden. Sie sollten lernen, darüber zu sprechen, wie sie Stress erleben, und sie sollten lernen, Pausen zu machen. Sie sollten lernen, einen anderen zu massieren, sollten erfahren, wie wichtig es ist, zu spielen und Spaß zu haben, dass man am Abend vor einer Prüfung zeitig zu Bett geht, und dass man sich gut auf die Prüfung vorbereiten muss. Die Kinder sollten auch gemeinsam darüber nachdenken, wie viele Aktivitäten sie außerhalb der Schule verfolgen, und sie sollten darüber sprechen, wie wichtig es ist, Nein zu sagen, wenn es zu viel wird.

Training in Lebenstüchtigkeit

Stress auszuweichen ist eine Kunst, die Kinder heutzutage meist erst lernen müssen. Ich will hier Auszüge aus einem pädagogischen Programm vorstellen: *Visst kan du! Livsfärdighetsträning i förskola och skola* (Natürlich kannst du das – Training der Lebenstüchtigkeit in Kindergarten und Schule), das Spiele und Übungen enthält, die Kindern dabei helfen sollen, mit Stress umzugehen und abzuschalten (Solin & Orlick 1998).

Das Ziel ist, Kinder in die Lage zu versetzen, sich selbstständig zu entspannen, um besser mit Stress umzugehen und sich konzentrieren zu können. Die Kinder sollen positive Seiten an sich selbst und an anderen entdecken, und sie sollen lernen, dem Leben jeden Tag gute Seiten abzugewinnen. Sie üben sich darin, ihre Gefühle in Worte zu fassen und anderen etwas Gutes zu tun, z. B. in Form einer einfachen Massage. Muskelentspannung und Bewegung sind dabei sehr wichtig. Die Kinder lernen so, zu erkennen, ob ihre Muskeln angespannt oder entspannt sind. Auf diese Weise fällt es ihnen leichter, Ruhe und Entspannung zu spüren. Im Folgenden präsentiere ich einige Appetithappen aus diesem Programm.

Die Hindernisbahn

Mehr Bewegung für Schulkinder bringt eine Hindernisbahn auf dem Schulhof. Die Kinder können und sollten sie mit planen, damit die Bahn auch tatsächlich interessant und herausfordernd genug wird.

Sie könnte z. B. etwa so aussehen: Balanciere ein Stück auf dem Randstein, umrunde einen bestimmten Baum, springe über die Hecke, dann über den Graben, krieche unter einem Brettergestell durch, hüpfe eine gewisse Strecke auf einem Bein, klettere eine Wand hoch, und komme auf allen Vieren durchs Ziel.

Ältere Kinder haben vielleicht Spaß daran, eine Karte der Hindernisbahn zu zeichnen, die sie in der Klasse aufhängen können. Und wann immer ein einzelnes Kind oder die ganze Gruppe das Bedürfnis nach Bewegung hat, können sie die Hindernisbahn durchlaufen, um danach mit umso mehr Energie zurück an die Arbeit zu gehen.

Der Puls

Mit dieser Übung soll den Kindern die körperliche Anspannung bewusst gemacht werden. Die SchülerInnen messen 30 Sekunden lang ihren Puls. Das Start- und Stoppsignal kommt vom Lehrer. Dann dürfen die Kinder sich zu angenehmer Musik oder einer gesprochenen Anleitung entspannen und messen den Puls dann noch einmal.

Sie schreiben ihre Pulswerte vor und nach dem Messen auf. Die ersten Male werden sie vielleicht noch keinen großen Unterschied merken, aber mit ein wenig Übung sinkt der Puls tatsächlich.

Die Kinder entdecken auf diese Weise, dass man durch konstantes Training lernen kann, sich spürbar zu entspannen.

Die Dusche

Als Unterbrechung der Schularbeit kann diese Entspannungsübung im Stehen sehr gut tun. Sie nimmt nicht viel Zeit in Anspruch, aber sie wirkt sofort und lang anhaltend.

Stelle dich mit leicht gespreizten Beinen hin, sodass du fest auf beiden Füßen stehst. Schließe die Augen. Stelle dir nun vor, du stehst unter der Dusche. Das Wasser ist gerade richtig angenehm warm. Fühlst du, wie es über den ganzen Körper strömt? Das warme Wasser strömt über den ganzen Körper und nimmt alle Anspannung aus dem Körper mit: aus dem Gesicht, das weich und ruhig wird, von den Schultern, die immer weicher werden ... Im ganzen Körper bis hinunter zu den Füßen wirst du ganz weich und entspannt. Alle Anspannung fließt mit dem Wasser fort. Strecke dich nun, und öffne die Augen. Spürst du, dass du jetzt wieder mehr Energie hast?

Ein Platz für mich

Kinder und Erwachsene genießen es gleichermaßen, in ihrer Fantasie zu reisen und von einem Ort zu träumen, der sich schön und entspannend anfühlt. Es hat sich gezeigt, dass dies sogar gesundheitsfördernde Wirkungen hat, weil das Gehirn auf diese Weise zu einem ruhigeren Rhythmus findet. Wenn solche Fantasien mit körperlicher Entspannung verbunden werden, sind sie noch wirkungsvoller. Die meisten Kinder finden es schön, wenn dabei ein vertrauter Erwachsener mit ihnen spricht. Dann sollte man sanfte, entspannende Musik auflegen und mit leiser, ruhiger Stimme lesen. Die drei Punkte markieren Pausen.

Setz oder leg dich bequem hin. Schließe die Augen und hör einfach zu.
Mach mit der einen Hand eine Faust, und atme tief ein ...
Öffne die Hand wieder, und atme langsam aus ...
Stell dir vor, du liegst (sitzt) in der Sonne. Die Sonne ist warm und tut dir gut. Die Sonnenstrahlen streicheln dein Gesicht. Das Gesicht wird warm und weich und schön ...

Entspannung fördern – Selbstvertrauen stärken

Die Augen fallen zu ...
Die Sonne wärmt deine Arme. Die Arme werden warm und schwer ...
Die Sonne wärmt auch deinen Bauch. Das tut so gut ...
Die Sonne wärmt deine Beine. Die Beine werden warm und schwer ...
Du wirst ganz warm und schwer. So schwer wie ein großer Sack voller Sand ...
Dein Atem geht leicht und ruhig. Lass die Augen geschlossen. Bleib ganz bei dir selbst ...
Stell dir nun vor, wie du dich an einen ganz besonderen Ort träumst. Das kann ein wirklicher Ort ein, den du magst, oder ein Ort, den du dir ausdenkst. Das ist *dein* Platz. Vielleicht ist es ein Platz irgendwo auf dem Land oder an einem Strand. Vielleicht ist noch jemand da, den du gern magst. Das kannst du selbst bestimmen.

Es ist schön dort, und es ist so ruhig und tut so gut ...

Es ist der schönste Platz auf der Welt, und er gehört dir ganz allein ...

An diesem Ort ist es schön. Es ist still. Das tut so gut ...

Dort bist du ganz ruhig und sicher ...

Du bist ruhig. Warm und schön ist es ...

So schön ...

Es geht dir gut ...

Es geht dir so gut ...

Bleib ein Weilchen da ... (längere Pause, etwa 30 Sekunden)

Jetzt kannst du wieder zuhören. Du kannst dich immer wieder an diesen Ort träumen, wann immer du Ruhe und Frieden haben willst ...

Jetzt kannst du dich strecken und recken, wie eine Katze ...

Öffne die Augen ...

Und hab noch einen richtig schönen Tag.

(nach: Solin/Orlick: *Visst kann du!*)

»Entspannung ist wie eine Schüssel mit Crème brulée.«
(Christian, 7 Jahre)

Das Selbst stärken

Jeder Mensch hat das Bedürfnis, sich geliebt und wichtig zu fühlen. Wir Erwachsenen wenden uns oft an andere Erwachsene, um diese Bestätigung zu bekommen. Wir können uns auch selbst bestätigen, indem wir an Dinge denken, die sich für uns gut anfühlen und unser Wohlbefinden stärken. Kinder können sich diese Bestätigung nicht von anderen Kindern holen, und sie können auch nicht irgendeinen speziellen Menschen aufsuchen. Sie sind abhängig von denjenigen Erwachsenen, die gerade in ihrer Umgebung anwesend sind. Diese Erwachsenen müssen die Kinder in ihrem Tun bestätigen und darüber sprechen, wie sehr sie das Kind mögen.

Wenn ein Kind auf entspannte Weise hören darf, dass es geliebt und erwünscht ist, erhöht das natürlich das Wohlbefinden. In manchen Kindergärten und Schulen erleben Kinder das bei der Fantasiereise zu den Delfinen. Um die Stimmung gut vorzubereiten, eignet sich ruhige Hintergrundmusik oder eine CD mit Wal- oder Delfingesängen.

Das Spiel mit den Delfinen

Hallo du, willst du mitkommen auf eine Fantasiereise?
Leg dich bequem hin und schließ die Augen.
In der Fantasie ist alles möglich.
In deiner Fantasie kannst du alles selbst bestimmen, und alles ist genau so, wie du es dir wünschst ...
Jetzt kannst du auf Reisen gehen und den Delfinen Guten Tag sagen und mit ihnen spielen. Mit Delfinen kann man gut spielen, und man kann auch viel von ihnen lernen ...
Hier kommt das magische Zauberschiff. Es ist groß und schön. Es ist ein Schiff, das sogar fliegen kann.
Komm an Bord.
Jetzt hebt es sich in die Luft und fliegt zu den Delfinen. Bald bist du da ...

Das Schiff landet in einer Bucht, wo das Meer ganz still daliegt wie ein Spiegel. Die Sonne scheint von einem klaren blauen Himmel, und es ist warm und schön hier. In der Bucht siehst du einen wunderbaren Strand mit Palmen.

Die Sonne wärmt dich und gibt dir Kraft. Das ist ein guter, sicherer Platz hier.

Du steckst einen Fuß ins Wasser. Es ist warm und schön.

Das Wasser ist herrlich türkisfarben. Es ist so klar, dass du bis auf den Grund sehen kannst ...

Und da siehst du die Delfine, die zum Schiff geschwommen kommen. Hörst du, wie sie dich rufen? »Komm, spiel mit uns! Komm, spiel mit uns!«

In deiner Fantasie kannst du alles tun, was du willst. Du kannst mit den Delfinen sprechen, du kannst schwimmen, und du kannst sogar unter Wasser atmen, wenn du mit den Delfinen schwimmst.

Ein Delfin kommt, um dich abzuholen. Er stellt sich vor und heißt dich willkommen.

Der Delfin sagt, dass er dein ganz spezieller Freund ist. Erzähl ihm, wie du heißt.

Der Delfin schwimmt bis nahe ans Schiff, damit du auf seinen Rücken steigen kannst. Du hältst dich an der Rückenflosse fest. Das fühlt sich toll an.

Der Delfin nimmt dich mit auf eine Runde durch die Bucht. Du kannst alle Delfine begrüßen, die gekommen sind, um mit dir zu spielen. Alle freuen sich, dich zu treffen. Du bist erwünscht und wirst geliebt.

Die Delfine zeigen dir Spiele, die sie gern spielen, und du lernst neue Sachen. Du bist ihr Ehrengast, und du bekommst alle ihre Aufmerksamkeit und Liebe.

Delfine spielen und lachen gern.

Ihr habt so viel Spaß zusammen.

Es ist schön, gesehen und geliebt zu werden.

Sie mögen dich, genau so wie du bist.

Du bist voller Liebe und Freude.

Ihr lacht und habt Spaß zusammen.

Nun kannst du ein Weilchen mit deinen Delfinfreunden spielen.

... (längere Pause)

Nun schwimmt der Delfin mit dir zurück zu dem magischen Zauberschiff. Es ist Zeit, wieder nach Hause zu fliegen.

Ihr verabschiedet euch und besprecht, wann ihr euch wieder seht. Dein Delfinfreund sagt, du kannst immer nach ihnen rufen, wenn du Hilfe brauchst. Sie hören dich immer.

Alle Delfine winken mit ihren Schwanzflossen, als dein Schiff sich in die Luft hebt.

Das Schiff fliegt nach Hause, und du bist froh und erfüllt nach der Reise zu den Delfinen. Du weißt, du kannst sie so oft treffen, wie du willst. Dein Delfinfreund schwimmt immer in deiner Nähe.

Das Zauberschiff landet. Du bist wieder zu Hause. Streck dich und reck dich und wach langsam auf.

(nach: Solin/Orlick: *Visst kann du!*)

Der stille Spaziergang – eine meditative Wanderung

Susan Humphries, Rektorin an der Coombes-Vorschule in England, arbeitet seit 25 Jahren daran, den langweiligen Schulhof in einen grünen Ort zu verwandeln. Als Teil des Unterrichts durften die Kinder Teiche anlegen und Bäume, Büsche und Blumen pflanzen. Ein großer Teil des Unterrichts findet draußen im Schulgarten statt, sodass die Kinder mit allen Sinnen ihre Umwelt erleben können.

Lernen und Bewegung gehen Hand in Hand, was dazu führt, dass die Kinder sich besser konzentrieren können. Susan hat in einer Fernsehsendung berichtet, dass sie meditative Übungen anwendet, um die Kinder an Selbstkontrolle und Konzentration heranzuführen. Bei diesen Übungen dürfen die Kinder vor allem zu Ende denken, ohne gestört zu werden.

Die Kinder gehen schweigend hintereinander, jedes mit seiner Matte. Ganz vorn geht Susan Humphries. Sie nennt diese meditative Wanderung den »stillen Spaziergang«. Enge Tunnel aus Laub bilden heimelige Plätzchen, und es gibt jede Menge Platz. Erwartungsvoll gehen die Kinder hinter Susan, die jedem Kind einen eigenen Platz zeigt. Die Kinder kriechen zu ihrem Platz, rollen ihre Matte aus und setzen sich still hin. Mit etwas Hilfe können sie ein Weilchen abschalten und in ihre eigenen Gedanken versinken. Sie haben Zeit, nachzudenken, ohne Störung, mindestens für drei bis fünf Minuten. Sie können an einer Blume schnuppern, ein Blatt untersuchen oder durch das Laub in den Himmel schauen. Den Kindern scheint es dabei gut zu gehen. Susan geht derweil leise umher und zeigt auf unterschiedliche Weise, dass sie jedes Kind wahrnimmt und seine Gedanken und sein Bedürfnis nach Stille respektiert.

Auf die Frage, wie sie auf diese Arbeitsweise gekommen sei, antwortet Susan: »Kinder haben Bedürfnisse, und am besten erkennt man diese Bedürfnisse, wenn man den Kindern eine Weile beim Spielen und Arbeiten zusieht. Ein ständiges Bedürfnis ist das nach einem Versteck, nach einem Platz, an den sie sich zurückziehen können, um ihre Ruhe zu haben oder sich gemeinsam mit einem anderen Kind etwas auszudenken – oder einfach nur, um dazuliegen und nachzudenken.«

Musik zum Stressabbau

Ruhige Musik für Säuglinge

Neugeborene, ja selbst Frühgeburten, haben bereits ihr ganz eigenes Verhältnis zu Tönen und Musik. Dieses Verhältnis wird während der zwölften bis sechzehnten Schwangerschaftswoche ausgebildet; ab diesem Zeitpunkt reagiert das ungeborene Kind auf Töne von außen. Der normale Geräuschpegel innerhalb der Gebärmutter beträgt 40 Dezibel und kommt vor allem von den Darmgeräuschen und dem Pulsschlag der Mutter und von den Geräuschen, die die Blutgefäße verursachen. Ab dem fünften bis siebenten Schwangerschaftsmonat kann das Kind auch die Stimme seiner Mutter hören, und ebenso hört es andere Geräusche von draußen. Wenn das Kind dann geboren wird, kennt es bereits viele Geräusche seiner Umwelt.

Unterschiedliche Geräusche wirken sich auf das Kind unterschiedlich aus. Positive Wirkung hat auf jeden Fall ruhige Musik, vor allem beim Stillen und beim Einschlafen. Diese Musik wirkt auf Atmung, Puls und Hormonproduktion, was dazu führt, dass das Kind ruhiger und tiefer schläft.

Musik für die Kinderkrippe

In der Kleinkindergruppe des Nypon-Kindergartens (Nypon = Hagebutte) beginnt der Tag mit klassischer Musik. Hier eine Umarmung, dort eine Umarmung, die Kinder werden begrüßt, wahrgenommen und bestätigt.

»Schön, dass gerade du heute da bist.« Jedes der Kinder beginnt den Tag auf seine eigene Weise. Manche schaukeln erst einmal ein Weilchen in der großen Hängematte, allein oder gemeinsam mit einem anderen Kind. Andere wollen in der Kuschelecke ein Buch ansehen, am liebsten unter dem Moskitonetz. Überall in dem Gruppenraum gibt es kleine Ecken, wohin sich die Kinder zurückziehen können. Die klassische Musik schafft eine harmonische Stimmung im Raum. Das ist sehr wichtig. Die Eltern sollen ihre Kinder beruhigt zurücklassen können. Ein wichtiger Teil der Philosophie im Nypon-Kindergarten beruht darauf, Gefühle und Stimmungen zu vermitteln.

Jeden Morgen wird dasselbe Musikstück gespielt, als Signal, dass der Tag nun begonnen hat. Die Eltern haben diese Musik schon beim ersten Vorstellungstreffen kennen gelernt. Sie konnten sie anhören und auf Dias verfolgen, was unterdessen im Kindergarten geschieht. Bei dieser Gelegenheit haben sie auch die übrige Musik kennen gelernt, die die unterschiedlichen Aktivitäten des Tages begleitet. Für die Ruhepause wird z. B. besonders entspannende Musik ausgewählt. Wenn die »Pausenkerze« angezündet wird und die »Pausenmusik« beginnt, ist das ein Signal für alle, für eine Weile abzuschalten. Die Kinder, die das gern wollen, werden während der Pause massiert. Bilder von den Familien der Kinder sind an die Wände des Gruppenraumes geklebt. Die können die Kinder selbst herunternehmen und mitnehmen, in der Ruhepause oder während des Singens oder wenn eine Geschichte vorgelesen wird.

Abwechselnd können die Kinder in kleinen Gruppen Bewegungsspiele spielen, malen oder sich rhythmisch bewegen. Bei den Bewegungsspielen rollen, aalen, kriechen, hüpfen und drehen sie sich zum Videoband, das der Kindergarten selbst produziert hat, mit eigenen Liedern und Bewegungen. Selbst beim Malen wird Musik gespielt, als Quelle der Inspiration und um eine gute Stimmung zu erzeugen. Dabei handelt es sich um klassische Musik. Bei der Rhythmik klettern sie in das grüne, weiche Schaumgummibecken im Spielzimmer und machen mit Händen, Stimmen und verschiedenen Rhythmusinstrumenten ihre eigene Musik.

Auf einem Regal im Spielzimmer stehen Körbe und Kartons mit Requisiten, die gebraucht werden können, um den Inhalt der Lieder nachzuspielen. Ein Korb enthält z. B. ein Eichhörnchen, einen Tannenzapfen, ein Bett, eine Pillendose, eine Mullbinde und Pflaster. All das gehört zu einem Lied über ein Eichhörnchen, das vom Baum fiel.

Spiele mit Tönen

Während einer vierzehntägigen intensiven Beobachtung stellten die ErzieherInnen im Kindergarten fest, dass die kleinen Kinder sich sehr viel mit Dingen beschäftigten, die Töne hervorbrachten. Inzwischen durften alle Kinder etwas von zu Hause mitbringen, was Geräusche von sich gibt, und so finden sich jede Menge zugeklebte Toilettenpapierrollen, die die unterschiedlichsten Gegenständen enthalten, eine Dose mit getrockneten Erbsen, ein Kamm, auf dem man blasen kann, eine Spieldose, zwei Stäbe, die man aneinander schlagen kann, eine Trillerpfeife, eine Flasche, in die man blasen kann und die verschiedene Töne von sich gibt, je nachdem, wie weit man sie füllt.

Alle diese Instrumente stehen in der Töne-Ecke, zusammen mit den Instrumenten des Kindergartens. Dort hängt auch ein Windspiel mit kleinen Glöckchen. Bei den verschiedensten Gelegenheiten werden die gesammelten Instrumente verwendet, und oft werden auch die Geschichten, die vorgelesen werden, mit Tönen untermalt.

Intelligentere Kinder mit Musik?

Die amerikanische Psychologin Francis Rauscher hat mit ihren Ansichten über Lernen und Entwicklung im Kleinkindalter sehr viel Aufsehen erregt. Sie behauptet, Musik sei der Schlüssel zur Ausbildung der räumlichen und sprachlichen Wahrnehmung und des mathematischen Verständnisses bei Vorschulkindern. Musik stimuliert mehrere Zentren im Gehirn gleichzeitig und verbessert auch die Kommunikation zwischen ihnen, mehr als die meisten anderen Aktivitäten. Aber der Zusammenhang besteht nur in einer Richtung, es nützt nichts, Sprache und mathematisches Verständnis zu trainieren, um die Musikalität zu verbessern.

Eine Studie, die Francis Rauscher und ihre Mitarbeiter durchführten, zeigte, dass Studenten bessere Prüfungsergebnisse erzielten, wenn sie unmittelbar vor der Prüfung Mozart hörten. Ihre Ergebnisse lagen deutlich höher als die der Kontrollgruppe, die die Prüfung ablegte, ohne zuvor abgeschaltet und sich mit Hilfe von Musik vorbereitet zu haben.

Diese Studie prägte den Begriff »Mozarteffekt« – Mozart macht Kinder intelligent. Und, das sollte man wohl noch hinzufügen, der Effekt zeigte sich bereits nach 10 Minuten Musikberieselung.

Mozart macht Schulklassen ruhiger

Es sei dahingestellt, wie intelligent wir werden, wenn wir Mozart hören. Allerdings gibt es Schulen, in denen für die Zeiten, in denen Kinder still für sich arbeiten, klassische Musik gespielt wird. Und sowohl Lehrer als auch Schüler erleben die Klasse als ruhiger und den Stresspegel als bedeutend niedriger.

Kinder eine dritten Klasse haben ihre Ansichten darüber folgendermaßen zusammengefasst:

Musik zum Stressabbau

»Wir Kinder haben es nicht gern ganz still. Wir können besser arbeiten, wenn wir etwas hören. Wenn Musik da ist, muss man nicht reden, aber wenn es ganz still im Klassenzimmer ist, fangen alle an zu reden. Mit Musik ist es gemütlicher, ohne Musik ist es langweilig. Manche Kinder sagen auch, dass sie sich einsam fühlen, wenn es ganz still ist. Wenn die Musik spielt, ist es, als hätte man Gesellschaft.«

Und die Lehrerin der Kinder sagt dazu: »Mit Musik können sich die Kinder besser konzentrieren. Sie werden harmonischer, und die Atmosphäre im Klassenzimmer ist gleich viel ruhiger und freundlicher. Die Kinder sind viel weniger laut, und das Herumgerenne während des Unterrichts hat fast ganz aufgehört. Früher wollten die Kinder andauernd irgendetwas: den Bleistift spitzen, Wasser trinken, zur Toilette gehen usw.«

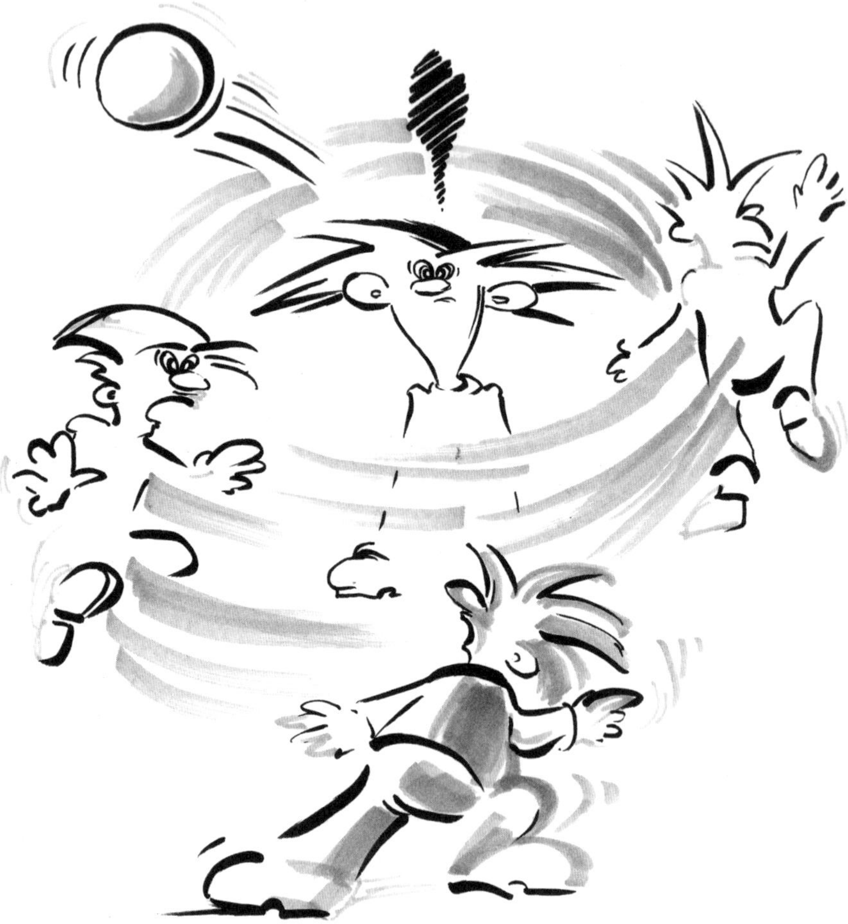

06

Die Bedeutung der Umgebung

Die Umgebung als Stressfaktor

Mehr Erwachsene – weniger Stress

Bereits 1980 hat eine Untersuchung des Regionalkrankenhauses in Linköping in Zusammenarbeit mit dem Karolinska-Institut in Stockholm gezeigt, dass der Spiegel an Stresshormonen im Urin bedeutend höher ist bei Kindern, die sich in Gruppen mit weniger Betreuungspersonal aufhalten. Obwohl dieser Umstand bekannt ist, haben wir heute weniger Personal in unseren Kindergärten als damals.

Die Untersuchung wurde über einen Zeitraum von 18 Wochen in zehn Kindergärten durchgeführt. Während dieser Zeit wurde das Verhältnis zwischen Erwachsenen und Kindern von 1:5 auf 1:3 verringert. Anhand zweier Urinproben von jedem Kind wurde täglich der Hormonspiegel untersucht. Eine Probe wurde nach der Mittagsruhe genommen, eine weitere zwei Stunden später. Die Kinder zeigten einen wesentlich höheren Spiegel an Stresshormonen, als weniger Personal im Kindergarten zur Verfügung stand. Und die Kinder, die ohnehin schon Schwierigkeiten hatten, waren am stärksten betroffen. Am meisten litten die ängstlichen und gehemmten Kinder; Kinder, die ihre Gefühle selten zeigten, und Kinder, die oft in Konflikt mit den anderen Kindern gerieten. Bei den Jungen und bei den älteren Kindern konnte man die stärksten Unterschiede feststellen.

Heute ist ein Kindergarten gut gestellt, wenn auf fünf Kinder ein Erwachsener kommt. Man sollte sich aber die Frage stellen, ob wirklich alle Kinder mit großen Gruppen und wenigen Erwachsenen zurechtkommen. Die Kinder, die nicht damit zurechtkommen, gelten oft als unruhig, hyperaktiv, laut oder unsicher. Vielleicht ist eher erstaunlich, dass so viele Kinder immer noch mit der Situation fertig werden. Die Messlatte wird immer wieder einmal höher gelegt, aber wann ist die Grenze erreicht? Wie viel halten unsere Kinder aus?

Um Stress bei Kindern zu verringern und zu verhindern, dass die Zahl der so genannten Problemkinder weiter steigt, müsste diskutiert werden, wie groß die Gruppen in Kindergärten und Schulen sein dürfen und wie viele Erwachsene gebraucht werden, um die unterschiedlichen Bedürfnisse der Kinder zu befriedigen.

Was kleine Kinder angeht, zeigen neuere Untersuchungen (z. B. die von Pramling 1993), dass kleinere Gruppen mit weniger Personal besser sind. Dort heißt es: »Die Zahl der Kinder pro Betreuungsperson und die Ausbildung des Personals sind die wichtigsten Faktoren, die das Geschehen in einer Kindergruppe und die Entwicklung der einzelnen Kinder prägen.«

Untersuchungen zeigen auch, dass Betreuer in kleineren Gruppen mehr Kontakt mit den Kindern haben. Die Kinder fühlen sich sicherer und sind stärker in das Geschehen im Kindergarten einbezogen. Es hat sich auch gezeigt, dass Kinder umso besser in ihrer individuellen Entwicklung gefördert werden, je besser ihre Betreuer ausgebildet sind. Kleine Kindergruppen und gut ausgebildetes Personal sind also der beste Nährboden für die Entwicklung der Kinder und die Vorbeugung gegen Stress.

Das eigene Wort verstehen

Die meisten unserer Kindergärten und Schulen wurden zu einer Zeit gebaut, in der die Kindergruppen kleiner waren als heute. Man wusste zu dieser Zeit auch noch nicht so viel darüber, wie wichtig eine gute Akustik in Innenräumen ist. Eine gute Akustik im Kindergarten ist gekennzeichnet durch einen kurzen Nachhall, also eine kurze Zeit, bis der Geräuschpegel um sechzig Dezibel abnimmt. Möbel aus einem geräuschabsorbierenden Material oder eine geräuschabsorbierende Zwischendecke können den Nachhall und damit den Lärmpegel beträchtlich senken.

Auch kleine Veränderungen können hier große Verbesserungen mit sich bringen. Wird der Lärmpegel um zehn Dezibel gesenkt, so empfindet unser Ohr dies als eine Halbierung des Lärms.

Fast alle Menschen passen ihre Stimmlage und ihre Lautstärke dem Hintergrundgeräusch an. Ein Geflecht aus Lärm bringt uns dazu, die Stimme zu heben und ihren Klang härter zu machen, um den Lärm im Hintergrund zu durchdringen. Insofern ist es wichtig zu bedenken, wie die Erwachsenen in einem Kindergarten ihre Stimmen gebrauchen, denn davon werden die Kinder beeinflusst. Wenn der Erwachsene die Stimme senkt, werden auch die Kinder leiser. Wenn der Erwachsene quer durch den Raum ruft, werden die Kinder es ihm gleich tun. Heute sprechen Kinder in den meisten Fällen mit einer lauteren Stimme als notwendig, selbst wenn es gar keinen Lärm gibt, der zu übertönen wäre.

Laute Spiele gehören zur kindlichen Entwicklung. Ein überdachter Außen-Spielplatz kann ein Angebot für laute und bewegungsreiche Spiele sein, auch bei schlechtem Wetter. Auch verschiebbare Schirme können helfen, kleinere und ruhigere Räume zu schaffen. Teppiche dämpfen Geräusche, wenn die Kinder mit harten Gegenständen spielen.

Vielleicht lohnt es sich, darüber nachzudenken, wo man Spielmaterialien aufbewahrt. Ebenso lohnend ist es, zu bedenken, wo verschiedene Maschinen aufgestellt und benutzt werden. Natürlich ist eine eigene Spülmaschine für jede Gruppe im Kindergarten eine gute Sache, aber das Geräusch sollte nicht zur Hintergrundmusik ausarten. Knallende oder quietschende Türen oder kreischende Wasserhähne sind nicht naturgegeben und sollten weder von den Kindern noch vom Personal akzeptiert werden.

Die Umgebung als Stressfaktor

Tische und Stühle kann man mit Filzgleitern versehen, damit sie nicht mehr über den Boden schrammen, und Tischdecken, möglicherweise aus Wachstuch, dämpfen ebenfalls Geräusche.

Wir leben in einer von Lärm verschmutzten Umwelt, und viele Kinder haben nie echte Stille erlebt, weder zu Hause noch im Kindergarten. Wir sollten deshalb unsere Kinder dazu anleiten, Stille als etwas Schönes und Interessantes zu erleben. Und wir sollten ihnen die Möglichkeit geben, sich so oft wie möglich in der Natur aufzuhalten. Dort gibt es nur wenige Flächen, die Geräusche reflektieren, aber dafür jede Menge interessanter Laute, die es zu entdecken gilt.

Frühstück und Zwischenmahlzeiten zu flexiblen Zeiten

Obwohl der Lärmpegel in einem Kindergarten während des gesamten Tages ziemlich konstant ist, erleben die Betreuer bestimmte Aktivitäten lauter und stressiger als andere. Frühstück und Zwischenmahlzeiten werden besonders häufig als anstrengend und irritierend benannt: Viele Kinder müssen bei diesen Gelegenheiten ihre Aktivitäten abbrechen, alle sollen sich gleichzeitig die Hände waschen, Besteck klappert, Stühle schrammen über den Boden ...

Immer mehr Kindergärten sind deshalb dazu übergegangen, die Kinder selbst bestimmen zu lassen, wann sie frühstücken oder überhaupt etwas essen wollen. Und es hat sich gezeigt, dass es während dieser Mahlzeiten wesentlich ruhiger ist, als wenn alle Kinder gleichzeitig essen. Der Tisch ist fertig gedeckt, und einer der Betreuer steht bereit, um einzugreifen, wenn es nötig ist, oder einfach für ein Plauderstündchen dabeizusitzen. Die Kinder gehen sich die Hände waschen, essen in aller Ruhe, spülen ihren Teller ab, waschen sich wieder die Hände und kehren wieder zurück zum Spielen oder zu einer anderen Beschäftigung. Für Kinder ab etwa vier Jahren sind flexible Essenszeiten das Mittel der Wahl.

Die heilenden Kräfte der Natur

Die meisten Untersuchungen über die Bedeutung der Natur für den Menschen legen das Hauptgewicht auf die Möglichkeit, sich von einem stresserfüllten Alltag zu erholen. In Bezug auf Kinder gilt die Natur auch als Raum für Spiele, die ihrerseits Stress abbauen können. Die Natur scheint also so beschaffen zu sein, dass sie dem kindlichen Bedürfnis nach Bewegung und Anregung der Sinne entgegenkommt.

Einer der Forscher, die den Einfluss der Umgebung auf den Menschen besonders stark betonen, ist Professor Roger Ulrich. Er ist der Ansicht, dass wir grundsätzlich für ein naturnahes Leben ausgestattet sind, und dass wir mit Stress reagieren, wenn wir zu sehr vom Erleben der Natur abgeschnitten sind. In einer Krankenhausstudie hat Ulrich nachgewiesen, dass Parks und andere natürliche Umgebungen heilende Kräfte entfalten, selbst wenn man sie nur anschaut.

Die Patienten, deren Zimmer zum Park hin lagen, wurden schneller gesund, litten weniger Schmerzen und waren weniger deprimiert als die Kontrollgruppe, der die Aussicht auf den Park verwehrt war. Wahrscheinlich werden durch den Anblick einer natürlichen Umgebung hormonelle Vorgänge in Gang gesetzt, die sich ihrerseits positiv auf Teile des Immunsystems auswirken.

Auch Stephen und Rachel Kaplan untersuchen den Erholungswert der Natur. Sie sind der Ansicht, dass die Natur unsere Sinne anregt, ohne Konzentration zu fordern. Stattdessen verschafft uns die Natur Möglichkeiten, sich von der ständigen Konzentration des Alltags auszuruhen und zu erholen.

Die Umgebung als Stressfaktor

In diesem Zusammenhang spricht man von gezielter Konzentration und spontaner Aufmerksamkeit.

- *Gezielte* Konzentration wird immer dann von uns gefordert, wenn wir arbeiten oder uns in der Gesellschaft bewegen, z. B. im Straßenverkehr.
Gezielte Konzentration ist anstrengend. Nach Ansicht der Kaplans ist unsere Fähigkeit zu dieser Art von Konzentration begrenzt, und die meisten von uns beschäftigen sich zu viel mit Dingen, die gezielte Konzentration erfordern.
Wir haben zu wenig Gelegenheit, uns auszuruhen und zu erholen. Wir sind tagtäglich solchen Mengen von Informationen ausgesetzt, dass wir einen großen Teil unserer gezielten Konzentration dafür verwenden müssen, unnötige Informationen auszublenden.
Das bedeutet, dass wir noch mehr Kraft dafür aufwenden müssen, uns auf die Aufgaben zu konzentrieren, die nötig sind. Für viele von uns führt das irgendwann zu psychischer Ermüdung.

- *Spontane Aufmerksamkeit* wird geweckt, wenn irgendetwas in unserer Umgebung uns fasziniert. Dazu müssen wir uns nicht konzentrieren. Faszination ist nicht anstrengend. Spontane Ausmerksamkeit ist im Gegenteil eine Möglichkeit, sich zu erholen. Und die Natur ist ein Ort, der faszinierende Erlebnisse ebenso ermöglicht, wie er den Gedanken erlaubt, frei zu wandern. In der Natur können wir nachdenken und gleichzeitig zu uns selbst finden.
Sowohl für Kinder als auch für Erwachsene sind Aktivitäten und Orte, die spontane Aufmerksamkeit hervorrufen, ein Gegengewicht gegen Stress. Für Menschen jeden Alters ist es draußen in der Natur möglich, ein Gleichgewicht zwischen Sicherheit und Herausforderungen zu finden. Hier gibt es Spannung und Dynamik in einem Maße, das in einer geplanten Umgebung kaum zu erreichen ist.

Die Bedeutung der Umgebung

Stress und Konzentration passen nicht zusammen

Wer gestresst ist, kann sich nur schwer konzentrieren. Wer sich konzentrieren kann, ist weniger stressanfällig. Wenn man mit Kindern die Fähigkeit übt, sich zu konzentrieren, beugt man damit Stress vor und kann ihm entgegenwirken. Die folgende Liste umfasst verschiedene Voraussetzungen, die die Entwicklung der kindlichen Konzentrationsfähigkeit positiv beeinflussen.

- Kinder brauchen genug Platz.
- Die Spiele der Kinder müssen sich in einem ruhigen Tempo entwickeln können.
- Kinder brauchen genug Zeit und sollten nicht unterbrochen werden.
- Kinder brauchen Orte, die sowohl zum Spiel als auch zur Ruhe animieren.
- Die Umgebung muss dem kindlichen Bewegungsdrang entgegenkommen.
- Sowohl wilde als auch ruhige Spiele sollten möglich sein.
- Kinder brauchen die Möglichkeit, sich allein oder mit einem anderen Kind zurückzuziehen.
- Eine abwechslungsreiche Umgebung macht Kindern Lust, sie zu erforschen; sie hilft Kindern, zu verstehen und Zusammenhänge herzustellen.
- Kinder brauchen die Freiheit, ihre Umgebung so zu erforschen und zu nutzen, wie ihre Spiele das vorgeben.
- Reichlich Zugang zu natürlichen Materialien wie Tannenzapfen, Steinen, Ästen und anderem verringert die Konkurrenz der Kinder um Spielzeug.

Die Umgebung als Stressfaktor

- Wenn Kinder sich ihre eigenen Orte schaffen können und dort spielen dürfen, fördert das ihre Entwicklung.
- Das Spiel muss Spuren hinterlassen dürfen, d.h., es sollte nicht immer alles aufgeräumt werden müssen. Ein Spiel, das Spuren hinterlässt, wird am nächsten Tag gern weitergeführt.
- Kinder müssen sich zwischen dem Außen- und dem Innenbereich bewegen können, wenn sie spielen.
- Kinder brauchen ein Gleichgewicht zwischen Sicherheit und Herausforderungen.

Kinder spielen gern draußen

Die Umgebung, in der wir uns aufhalten, hat große Bedeutung für unser Wohlbefinden. Wir alle haben schon Orte erlebt, an denen wir uns wohl fühlen, während wir an anderen Orten spontanes Unbehagen empfinden.

Als Erwachsene können wir uns aussuchen, an welchen Orten wir uns aufhalten. Diese Fähigkeit entwickeln wir, indem wir lernen, unsere Gefühle zu beobachten und zu verstehen. Aber das kann ein Kind im Vorschulalter noch nicht. Und außerdem ist die Bewegungsfreiheit von Kindern stark eingeschränkt; sie sind gezwungen, sich dort aufzuhalten, wo es Erwachsene für richtig halten.

Erwachsene und Kinder haben oft sehr unterschiedliche Ansichten über die äußere Umgebung, weil sie mit ihrer Umgebung auf unterschiedliche Weise umgehen. Kinder klettern, hüpfen, graben und bauen Dämme. Sie lieben Blumen, Gras und Tiere, sie wollen Höhlen bauen und dort in Ruhe sitzen, sie brauchen Spannung und Herausforderungen. Kinder entwickeln ihre Motorik und ihre Sinne, wenn sie sich draußen bewegen. In der Natur fühlen sie sich wohl, es wird nie langweilig, und es gibt immer wieder etwas Neues zu entdecken.

Kinder sind gern draußen, und sie profitieren davon, aber ihre Bewegungsfreiheit ist allzu oft eingeschränkt. Häufig besteht ihr gesamter Außen-Spielbereich aus einigen Spielgeräten, deren Zweck vorherbestimmt ist und deshalb die Spiele eher einschränkt als fördert. Aber selbst wenn die äußere Umgebung nicht ideal ist, gibt es doch viele Möglichkeiten, etwas daraus zu machen. Dabei hängt viel von der Haltung der Eltern und Erzieher ab, von ihrer eigenen Lust, draußen zu sein. Sie müssen ein Interesse an Veränderungen haben, um etwas zu bewirken. Allzu viele Höfe oder Gärten von Kindergärten sind aus der Perspektive von Erwachsenen geplant und nicht aus dem Wissen darüber, wie Kinder spielen, sich entwickeln und lernen.

Auch aus einem Hinterhof kann man etwas machen

Auf den ersten Blick tun mir die Kinder Leid, die in dem Hinterhof unter der Eisenbahnbrücke aufwachsen müssen. Es sind viele Kinder, schmutzig und fröhlich, in allen Altersgruppen. Die Menschen, die hier leben, haben sich auf einem unbebauten Stück Land am Rand von Buenos Aires angesiedelt, ja, sich ein eigenes Wohnviertel geschaffen. Mit Hilfe von Wellblech und Sperrholz haben sie die Außenwelt ausgesperrt und sich Wohnungen sehr unterschiedlicher Qualität gebaut, die meisten mit einem Boden aus gestampfter Erde und – immerhin – mit einem Stromanschluss. Einfamilienhäuser im Slum. Hier herrscht Ordnung. Nur wer eine Familie hat und sie auf irgendeine Weise versorgen kann, darf hier einziehen. Innerhalb des Wohnviertels hält man zusammen und hilft einander. Einer kennt den anderen mit Namen, und auf die Kinder passen alle gemeinsam auf.

Der Hof ist das Revier der Kinder, ungezähmt und gefährlich, aber dafür randvoll mit anregenden Spielmöglichkeiten. Hier gibt es Gerümpel, aus dem man Höhlen bauen kann, alte Kinderwagen, ein kaputtes Fahrrad, ein alter Kühlschrank, zerbrochene Ziegelsteine, Schnüre und Seile. All das kann im Spiel Verwendung finden und verwandelt sich von Tag zu Tag. Heute haben die Kinder eine Schaukel aus einem Brett und einem Stück Blech gebaut, und eine Hindernisbahn, deren Teile sich abenteuerlich bewegen, wenn die Kinder vorsichtig darauf balancieren. Mit allen Sinnen muss man erspüren, wohin man

Die Umgebung als Stressfaktor

die Füße setzen darf. Oder anders gesagt: Die motorische Planung muss funktionieren.

In den Löchern des Hofes hat der nächtliche Regen große Pfützen hinterlassen. Dort baden die kleineren Kinder, und sie lassen selbstgemachte Boote auf den Wellen schwimmen, die sie selbst mit ihrem Planschen hervorrufen. Einige ältere Mädchen jäten im gemeinschaftlich angelegten Gemüsebeet unter Kichern und Tuscheln das Unkraut. Wenn der Boden so feucht ist wie jetzt, lässt sich das Grünzeug leicht auszupfen. Ein altes Auto ohne Reifen ist heute ein Spielzimmer, in dem ein Fest gefeiert wird. Ein ungebetener Gast klettert durch eines der glaslosen Fenster herein, und schon verändert sich das Spiel: Jetzt wollen sich alle durch das Fenster schlängeln, und eine wilde Jagd beginnt.

Während ich den Kindern auf dem Hof zuschaue, werde ich zu einem Glas Mate eingeladen, dem argentinischen Nationalgetränk. Wie sehr ich mir wünsche, diese Kinder hätten dieselben Möglichkeiten, alle ihre Fähigkeiten zu entwickeln, wie die Kinder bei uns zu Hause. Aber wie sehr wünschte ich mir auch, unsere Kinder könnten ihre Kreativität so entwickeln wie die Kinder, die ich hier sehe.

Kindergärten zum Wohlfühlen

Seit langer Zeit wissen wir, dass es Kindern gut tut, draußen zu sein, aber vielleicht ist uns immer noch nicht richtig klar, *wie* gut. Eine Untersuchung, die unter dem Titel »Draußen im Kindergarten« veröffentlicht wurde und von einer bunt gemischten Forschergruppe unter der Leitung des Landschaftsarchitekten Patrik Grahn im Jahr 1997 durchgeführt wurde, setzt hier an. Sie zeigte, dass Kinder ihre Motorik, Konzentrationsfähigkeit und Kreativität besser entwickeln, wenn sie einen Kindergarten mit vielfältiger natürlicher Umgebung besuchen. Sie unterscheiden sich deutlich von Kindern, deren äußere Umgebung weniger anregend ist, und dies trotz aller Ambitionen der Erzieher, die Entwicklung der Kinder zu fördern.

Patrik Grahn und seine Kollegen verglichen die Voraussetzungen in zwei Kindergärten, beide im südschwedischen Skåne gelegen und mit einer gleich großen Hoffläche ausgestattet. Der eine Kindergarten, Lekatten, liegt in einem Wohngebiet der Stadt Malmö. Der Hof des Kindergartens ist Teil des Wohngebietes, was bedeutet, dass die Anwohner mitbestimmen, wie der Hof aussieht.

Der zweite Kindergarten, Statarlängan, befindet sich in einem traditionellen Gehöft der Gegend, außerhalb von Ljungbyhed, mit einem eingewachsenen Garten und einem Waldstück am Rand. Eines der Gebäude war früher eine Außentoilette, wird aber jetzt als Platz zum Basteln und Malen genutzt. Beide Kindergärten bestehen seit Anfang 1991. Beide haben einen guten Ruf, und das Personal ist hoch motiviert, in einer angenehmen Umgebung gute Pädagogik zu betreiben. Die Qualität der Außenbereiche lässt sich allerdings nicht auf den ersten Blick bewerten. Statarlängan ist ein Kindergarten, der in den Augen der Erwachsenen fast ein wenig schäbig aussieht; Lekatten dagegen verführt mit seiner modernen Architektur und seiner künstlerischen Gestaltung den Blick.

Lekatten

Die Kinder des Lekatten-Kindergartens sind normalerweise zwei Stunden am Tag draußen. Wenn sie hinaus auf den Hof kommen, verbringen sie die ersten 20 Minuten damit, herumzurennen oder auf den Fahrrädern herumzufahren, bevor sie sich konstruktiveren Spielen zuwenden. Insgesamt sind die meisten Spiele von kurzer Dauer und laufen in hohem Tempo ab. Die Kinder wirken gestresst. Einige Kinder suchen nach einer ruhigen Ecke, die es aber nicht gibt, weil überall mit den Rädern gefahren wird. Die Kinder stören und verstören sich mit diesen Spielen gegenseitig. Es ist einfach nicht genug Platz, damit alle Kinder ihr Spiel spielen können. Fantasiespiele und ruhigere Spiele kommen nie richtig in Gang. Schon zu Beginn des Aufenthalts auf dem Hof steigen der Stress- und der Adrenalinpegel bei den Kindern.

Es fällt auch schwer, die Spiele zu vertiefen, und die Kinder machen den Eindruck, als fehlten ihnen Fantasie und Kreativität. Das Einladendste auf diesem Hof ist eine große gelbe, liegende Vase, ein Dekorationselement, in und auf dem die Kinder spielen dürfen. Wenn sie das tun, wird ihre Fantasie angeregt, und das Spiel kommt in Gang, aber oft ist es gerade dann Zeit, aufzuräumen und hineinzugehen.

Das Personal versucht, Rücksicht auf die Anwohner zu nehmen, und deshalb werden die Spiele der Jungen oft im Keim erstickt, wenn die Erzieher wilde Aktionen und laute Stimmen dämpfen. Die Mädchen haben mehr Möglichkeiten, ungestört zu spielen, da ihre Spiele ohnehin leiser sind.

Auf dem Hof des Lekatten-Kindergartens können die Kinder nur schwer ihre Motorik entwickeln, Zusammenhänge schaffen und ihre Spiele vertiefen.

Statarlängan

Im Statarlängan-Kindergarten spielen sich die meisten Aktivitäten im Außenbereich ab. Nur das Mittagessen, das Schulanfängertraining und das Vorlesen finden im Haus statt. Die Kinder halten sich in einer abwechslungsreichen natürlichen Umgebung auf, und sie bewegen sich viel. Hier gibt es Gras, Steine, Baumstümpfe, Bäume und Büsche, und am Rand des Gartens findet sich ein kleines Waldstück. Die Spiele haben ein ruhiges Tempo, was die Konzentration der Kinder fördert. Sie spielen lange und ungestört, und ihre Spiele können sich über mehrere Tage erstrecken. Die Kinder erleben Zusammenhänge. Es gibt genug Platz, um das eigene Revier abzustecken, und die Kinder können ihrem eigenen Rhythmus folgen.

Auf dem Hof gibt es immer viel zu tun. Ein großer Baum, ein leeres Beet, spitze Steine, ein Eckchen zwischen der Hütte und dem Zaun, ein Seil und eine Kletterstrecke im Baum können die Kinder stundenlang beschäftigen.

Die Bedeutung der Umgebung

Jungen und Mädchen müssen nicht um Raum konkurrieren. Auch lebhafte und laute Jungenspiele finden hier ihren Platz. Die Natur bietet mehr Variationsmöglichkeiten als ein einfacher Hof, und so entwickeln die Kinder hier eher ihre Motorik, indem sie in den Bäumen herumklettern, an Ästen hängen und an den Seilen schwingen. So wird der Körper gedehnt und gestreckt, Gelenke und Muskeln werden gestärkt, und die Kinder üben ihr Gleichgewicht auf ihrem Weg durch das wellige Gelände.

Der Aufenthalt in frischer Luft und Tageslicht ist gut für die Gesundheit. Die Kinder im Statarlängan-Kindergarten sind seltener krank als die im Lekatten.

Über ein Jahr hinweg fortgesetzte Messungen zeigten, dass sich die Motorik bei den Kindern in Statarlängan besser entwickelte. Die Kinder waren kräftiger und mutiger, und ihr Gleichgewichtssinn war besser entwickelt. Sie hatten 25 Prozent weniger Krankheitstage als die Lekatten-Kinder, und sie konnten sich doppelt so lange konzentrieren. Die Statarlängan-Kinder waren weniger frustriert und rastlos, und sie nahmen mehr Rücksicht auf andere Kinder.

Ein Kindergarten im Bus

In Kopenhagen hat das Wort »Schulbus« eine neue Bedeutung erhalten. Wegen notwendiger Einsparungen und Schwierigkeiten, genug Kindergartenplätze bereitzustellen, hat die Stadt sechs Omnibusse zu mobilen Kindergärten umbauen lassen. Nach anfänglichem Widerstand stehen die Eltern inzwischen Schlange, um ihren Kindern einen Platz in diesen »rollenden Kindergärten« zu sichern.

Ein teilweise mobiler Kindergarten ist der Garvegård in Kopenhagen. Er verfügt über drei Räume, zu wenig für zwei Gruppen mit jeweils 21 Kindern. Um das Problem zu lösen, wechseln sich die beiden Gruppen ab: Eine Gruppe befindet sich im Kindergarten, die andere fährt hinaus in die Natur.

Die Umgebung als Stressfaktor

Wohin die Reise geht, wird von Tag zu Tag neu bestimmt, je nach Wetter und anderen Umständen. An vielen Tagen geht es in den Wald, an manchen Tagen auch in den Hafen oder an den Strand. Wenn das Wetter wirklich schlecht ist, gibt es Ausweichmöglichkeiten: ein Besuch im Museum oder andere Aktivitäten, die drinnen stattfinden.

Der Bus, den die Kinder »Rummelpott Johnny« getauft haben, ist ein voller Erfolg. Einer der Erzieher fährt den Bus. Er hat den Führerschein auf Kosten der Stadt gemacht. Ganz hinten im Bus befindet sich eine kleine Küche, wo die Lunchpakete der Kinder zubereitet und aufbewahrt werden. Der Bus hat eine Toilette, und für die jüngsten Kinder, die Dreijährigen, gibt es Schlafmöglichkeiten.

Eine umfassende Auswertung von Interviews mit Kindern, Eltern und Betreuern zeigt, dass die Busse eine ausgezeichnete Alternative zu den traditionellen Kindergärten darstellen. Sie haben sich auch als ausgesprochen sparsam erwiesen. Aber es ist nicht das Geld, das Eltern und Betreuer dazu gebracht hat, stationäre und mobile Einheiten miteinander zu verbinden, sondern es sind die guten Erfahrungen, die man damit gemacht hat. Dabei ist am wichtigsten, dass die Konflikte zwischen den Kindern seltener und die Kinder fröhlicher und ruhiger geworden sind. Kinder, die sich viel in der Natur aufhalten können, sind weniger gestresst und allgemein weniger krank als Kinder, die sich sehr viel in großen Gruppen drinnen aufhalten.

Der niedrigere Krankenstand erklärt sich teilweise daraus, dass Kinder, die sich draußen aufhalten, weniger dicht beieinander spielen und sich daher auch weniger leicht anstecken. Aber auch die Stressfaktoren spielen eine Rolle. Die Statarlängan-Kinder und die Kinder in den rollenden Kindergärten können sich in einer harmonischen Umgebung aufhalten, die für ein niedriges Stressniveau sorgt. Und weniger Stress bedeutet ein geringeres Infektionsrisiko.

Die Bedeutung der Umgebung

Der Hof – eine Steinwüste oder ein Abenteuer für die Sinne?

Der Hof meiner Kindheit war riesengroß, und wir konnten dort wunderbar spielen. Wir unternahmen Entdeckungsreisen, und im Winter bauten wir Rutschbahnen und fuhren Ski. Wir hatten immer viele Spielkameraden in allen Altersgruppen. Heute blicke ich mit Erwachsenenaugen auf diesen Hof, der aus einer Wiese mit Bäumen und Büschen besteht. Am einen Ende führt eine Treppe zu einem Aschenplatz mit zwei Schaukeln und einem Sandkasten. Das Tolle an meinem Hof war, dass die Fantasie nie eingeschränkt wurde, und dass sich unsere Spiele über mehrere Tage fortsetzen konnten. Mit Hilfe der verschiedensten Materialien, die wir von überallher heranschafften, veränderten und entwickelten sich unsere Spiele.

Selbst wenn der Außenbereich eines Kindergartens vielleicht nicht alle Wünsche erfüllt, kann man ihn doch auf vielerlei Weise spielfreundlicher und anregender gestalten. Das heißt aber, dass wir unsere Einstellung überprüfen müssen, dass wir neu überlegen müssen, was uns wichtig ist und weshalb wir ihn so und nicht anders gestalten.

In Wohngebieten mit Einfamilienhäusern gibt es das ungeschriebene Gesetz, dass gemähte Rasenflächen und saubere Beete wichtig sind. Aber der Hof eines Kindergartens kann nicht so aussehen, wie ein Reihenhausgarten. Es erfordert viel Mut und Selbstbewusstsein, wenn die Erzieher eines Kindergartens einen lebendigeren, weniger aufgeräumten Außenbereich gestalten wollen.

Wenn das Gras und alle möglichen Wildpflanzen frei wachsen dürfen, lädt schon die Wiese zu mehr unterschiedlichen Aktivitäten ein. Ein trister Hof kann schon gewinnen, wenn man für ein paar Decken, Bretter, Seile, Kartons, eine Wassertonne, Zweige und anderes Naturmaterial aus dem Wald sorgt. Wo ein Hof an ein Waldstück oder sonstige freie Natur grenzt, kann man vielleicht einige Quadratmeter Grund dazukaufen, um Zugang zu Büschen und Bäumen zu bekommen.

Wie man einen Hof verwandelt

Im folgenden Kapitel soll es darum gehen, wie man einen Außenbereich schaffen kann, in dem Kinder sich wohl fühlen und gut entwickeln. Die meisten Beispiele sind Höfe von Kindergärten und Schulhöfe, aber ich glaube, auch Eltern können diese Ideen umsetzen: im eigenen Garten oder Hof, auf einem Spielplatz oder dort, wo man die Sommerferien verbringt.

Im Verlauf von fünf bis sechs Jahren kann sich ein steriler Hof in einen grünen Außenbereich verwandeln. Es muss auch nicht sehr viel Geld kosten, eine interessante, sinnlich erfahrbare Umgebung zu schaffen, die die Wünsche und Bedürfnisse von Kindern berücksichtigt. Wichtig ist, dass Kinder, Eltern und Erzieher die Veränderungen gemeinsam angehen. Mit der Arbeit beginnt auch die Veränderung.

Ein Kindergarten, der solche Veränderungen plant, kann die Kinder zeichnen lassen, wie sie sich den zukünftigen Außenbereich vorstellen. Nach der UNO-Deklaration über die Rechte der Kinder kann Kindern nicht verwehrt werden, ihre Meinung zu allem zu äußern, was sie angeht, und der Hof ist ja nun tatsächlich ausschließlich ihr Revier. Die Kinder wissen sehr genau, wo man am besten spielen kann.

In einem der zahlreichen von mir begleiteten Fälle zeichneten die Kinder Pflanzen, Wiesenflächen, Beerensträucher, Obstbäume, Blumen, Sand, Wasser und Hütten. Die Betreuer deuteten die Zeichnungen: Die Kinder wollten klettern, sich anklammern, herumstromern. Sie wollten graben und bauen, sich nassspritzen, mit Schlamm spielen und Boote fahren lassen. Sie wollten sich verstecken und ihre Ruhe haben können. Sie wollten Dinge pflücken können, die sie essen konnten, sie wollten auf angenehm weichen Flächen spielen – und das Ganze sollte ein schöner Anblick sein.

Ausgehend von dieser Beschreibung und Deutung wurde der Außenbereich des Kindergartens umgestaltet.

Bäume und Büsche

Bäume können viele Funktionen haben. Besser als irgendetwas anderes zeigen sie den Wechsel der Jahreszeiten, wenn sie Knospen, Blüten und Früchte entwickeln, wenn die Blätter die Farbe wechseln und irgendwann im Herbst zu fallen beginnen.

Verschiedene Bäume zeigen das auf verschiedene Weise: Der Ahorn hat große gezackte Blätter, die im Herbst starke Farben zeigen und die man zu farbenprächtigen Bildern und Druckarbeiten verwenden kann. Aus den Samenkapseln kann man lustige Nasen machen.

Unter den Zweigen der Trauerweide, die fast bis auf den Boden hängen, kann man herrliche Verstecke und sogar Hütten bauen. Der schnell wachsende Bambus eignet sich ebenfalls gut zum Verstecken.

Hasel ist sehr dankbar. Er wächst schnell wieder nach, wenn einige Zweige abgebrochen sind, weil die Kinder darin gespielt oder sich ein Versteck gebaut haben. Im Frühjahr zeigt er die hübschen Kätzchen, im Herbst gibt es leckere Haselnüsse. Insekten und Vögel fühlen sich in einer Haselhecke zu Hause, und die Kinder sehen ihnen gern zu.

Auch Salweide und Pappel wachsen schnell. Apfel- und Birnbaum geben Früchte, die die Kinder gern pflücken und essen.

Es lohnt sich, in den Bäumen einige Nistkästen aufzuhängen, die Vögel anlocken.

Gras, Kies oder Asphalt?

Kinder lieben Gras. Sie machen regelrechte Ausflüge auf die Wiese, mit Decke, Saft und Keksen. Gras ist weich, und es macht Spaß, sich darin zu rollen; auch als Unterlage für Raufereien und jede Form von Unfug ist es bestens geeignet. Auf einer Wiese wachsen Dinge, die man pflücken kann. Kies ist sehr belastbar, sodass man darauf gut bauen kann. Mit kleinen Steinen kann man wunderbar spielen, und auf einem Aschenplatz kann man mit der Hand oder mit einem Stock Bilder auf den Boden zeichnen.

Auch wenn Kinder Gras und Grünflächen fast immer vorziehen, kann eine Asphaltfläche gut sein, zum Ball spielen und Fahrrad fahren, zum Seilspringen oder Kästchenhüpfen. Eine asphaltierte Fläche muss nicht trist sein. Man kann sie mit Spezialfarben oder einfach mit bunter Kreide bemalen. Ist der Asphalt schon ein wenig abgenutzt, gibt es sicher einige Wasserpfützen, die die Fantasie anregen und zum Spiel mit Booten, Stöcken, Rindenstücken oder Tannenzapfen einladen.

Ein eigener Gemüsegarten

Man braucht kein großes Grundstück, um sein eigenes Gemüse anzubauen, man braucht nur viele Spaten. Sobald ein Erwachsener einen Spaten in die Hand nimmt und zu graben beginnt, sind die Kinder da und wollen mitmachen. Sie arbeiten eine Weile mit Feuereifer, dann wollen sie etwas anderes tun. Wenn die Kinder eine Mohrrübe aus dem Boden ziehen, um nachzusehen, wie weit sie schon ist (Es ist so schwer, zu warten, bis sie reif ist!), oder nachsehen wollen, wie die Wurzeln einer Erbsenpflanze aussehen: kein Problem. Wenn man die Pflanze wieder in den Boden steckt, wächst sie weiter. Kinder sehen die Wirklichkeit anders als Erwachsene. Sie machen nichts kaputt, sie forschen und suchen nach Zusammenhängen.

Eine Bank oder ein Tisch bei den Pflanzen ist gut; wenn man seine Sachen abstellen kann, macht das die Arbeit bequemer. Es ist auch gut, wenn sich eine Wasserstelle in der Nähe des Beetes befindet, damit die Kinder ihre Pflanzen gießen können.

Kindergärten können vielleicht ein Stück Land oder einen Schrebergarten mieten, wenn sie kein eigenes Gemüsebeet anlegen können. Dann können die Gruppen abwechselnd dorthin gehen und ihre eigenen Beete anlegen, wo sie säen, jäten, gießen und irgendwann ernten. Wenn die Kinder ungeduldig sind und nicht so lange warten können, sind Kresse und Keimlinge eine gute Hilfe. Sie sind schnell »reif« und schmecken gut im Salat.

Wasser, Wind und Feuer

Ein guter Außenbereich braucht unbedingt Wasser. Es lohnt sich, Kindern den Gebrauch von Regenwasser zu zeigen, sowohl für ihre Spiele als auch zum Gießen der Pflanzen. Ein Wasserschlauch im Sandkasten schafft ungeahnte Möglichkeiten für Experimente. In selbst gebauten Abfahrten aus Steinen und Sand, durch die das Wasser abfließen kann, sind Spiele mit Autos und Booten denkbar. Wasser regt zum Bauen und Graben an – tiefe Schluchten und enge Durchgänge können so entstehen. Ein selbst gebauter Staudamm mit einem See aus Grund- oder Regenwasser beschäftigt Kinder fast unendlich.

Eine Fahne auf dem Hof oder einfach ein Stück Stoff auf der Leine zeigt die Windrichtung an. Durch Bewegung und Geräusche bringt der Wind Leben in die Umgebung. Ich kenne einen Kindergarten, wo Dekorationen in die Bäume und Büsche gehängt wurden, sobald die Blätter im Herbst gefallen waren. Die Gegenstände bewegten sich im Wind, unterschiedlich stark, je nach ihrem Gewicht. Ein Windspiel zeigt mit seinen Tönen, wie stark es draußen weht, und ein Baum, der sich im Wind wiegt, sagt einiges über die Kraft des Windes aus. Drachen, Luftballons und Seifenblasen fliegen mit dem Wind, und wenn die Jacke für eine Weile aufgemacht wird und das Kind im Wind herumspringt, füllt sich die Jacke mit Luft wie ein Fallschirm. Dieses Erlebnis kann man später mit selbst gemachten Puppen-Fallschirmen weiter ausspinnen.

Kinder müssen auch mit gefährlichen Dingen bekannt gemacht werden, denn sie müssen lernen, damit umzugehen. Dazu zählt auch das Feuer. In einem Kindergarten mit einem offenen Hof kann man vielleicht eine Feuerstelle einrichten. In der Stadt wird es wohl eher ein einfacher Grill sein. Es schmeckt gut, wenn man draußen isst, und es gibt vieles, was man gut grillen kann: Fisch, Wurst, Fleisch, Brot, Gemüse. Gebackene Kartoffeln oder Äpfel brauchen mehr Zeit. Feuer ist ein ungeheuer interessantes Experimentierfeld. Wie riecht es, wenn verschiedene Materialien brennen, und wie verhalten sie sich dabei? Kinder sind stundenlang beschäftigt, wenn sie Stöcke und Tannenzapfen sammeln, um das Feuer in Gang zu halten. Und einfach dazusitzen und ins Feuer zu schauen, ist entspannend und regt die Fantasie an.

Hügel, Baumstümpfe, Seile

Höhenunterschiede sind außerordentlich wichtig, und für die kleinsten Kinder kann ein Erdhügel eine große Herausforderung sein. Sie können hinaufklettern und hinunterrollen. Im Winter kann ein solcher Hügel ein schöner Rodelberg sein.

Ein abgesägter Baum ist das perfekte Spielzeug: spannendes Klettergerät, Pferd, Hütte – die Kinder erfinden täglich neue Möglichkeiten.

Baumstümpfe können in unterschiedlicher Höhe zugesägt werden. Wenn man sie mit dem richtigen Abstand anbringt, ergibt sich ein Labyrinth. Baumstümpfe in einem Kreis sind ein guter Versammlungsplatz, z. B. zum gemeinsamen Singen oder Essen. In einen größeren Baumstumpf kann man Holzstücke einschlagen – ein wunderbares Training für alle Muskeln und Gelenke. Baumstümpfe, die gerade so schwer sind, dass die Kinder sie tragen können, regen die Fantasie und die Baulust an.

Seile, die man in einen Baum hängt, laden zum Klettern ein, können aber auch als Requisiten für Spiele dienen. Wenn ein Seil mit einem dicken Knoten am Ende versehen wird, verwandelt es sich auf der Stelle in eine wunderbare Schaukel.

Eine Baumwurzel, so angebracht, dass sie nicht verrutschen kann, ist ein gutes Klettergerät, ein Ort für Entdeckungsreisen und fantasievolle Spiele.

Die Ramsch-Ecke

Eine Ecke mit allerlei sonst unbrauchbarem Gerät ist eine Goldgrube mit tausend Spielmöglichkeiten. Dorthin können die Kinder ihre Funde aus dem Wald oder aus der Nachbarschaft bringen. Bretter, Äste, Zweige, Steine, Baumstümpfe und Funde aus Containern – in einem Kindergarten, den ich begleitet habe, durften die Kinder alles mitbringen, was nicht zu gefährlich war. Es gab alte Radios, einen Sessel, Teile von einem alten Auto, ein Fahrrad, einen großen alten Wecker, eine Waschtrommel, einen Kinderwagen und vieles mehr. Die Kinder zerlegten alles und bauten es wieder zusammen.

Damit eine solche Ecke nicht zu sehr nach Schrottplatz aussah, wurde sie mit einem schön bemalten Zaun umgrenzt. Ein Künstler malte ein Schild: »Ramsch-Ecke«. All das zeigte den Nachbarn: Hier soll es so aussehen. In der Nähe solcher Ecken kann man selbst gebaute Hütten finden, Piratenschiffe oder vielleicht eine Mechaniker-Werkstatt, in der die Kinder ständig beschäftigt sind.

Laubbecken

Das bunte Herbstlaub regte die Erzieher in einem Kindergarten dazu an, das große Planschbecken herauszuholen und von den Kindern mit Blättern füllen zu lassen. Immer wieder wurden Pappkartons voll mit Blättern angeschleppt, und als das Becken voll war, durften die Kinder einen Stuhl aus dem Kindergarten mit hinausnehmen und in das Becken springen, um darin zu »schwimmen«. Die sinnlichen Erfahrungen von Duft, Farbe, Gefühl und Geräusch waren wunderbar, und zum Entzücken der Kinder konnten selbst einige Väter nicht widerstehen ...

Autoreifen

Mit alten Autoreifen kann man sehr viel anfangen. Das lernte ich bei meiner Arbeit mit den Straßenkindern in Argentinien. Dort waren die Autoreifen das einzige Spielmaterial auf einem gepflasterten Hof, der 125 Kindern als Spielplatz diente. Die Kinder nutzten die Autoreifen auf vielfältige Weise. Sie bauten einen Gummihügel und sprangen dann von einem Treppenabsatz aus hinein. Gefährlich, aber schön! Sie liefen herum und rollten die Autoreifen neben sich her, oder sie legten sie in eine Reihe, um hinein- und hinauszuhüpfen, hinüber und herüber, in immer komplizierteren Mustern.

Im Außenbereich eines Kindergartens können die Reifen sich in Boote oder Autos verwandeln, mit denen man um die Wette fährt. Man kann sie mit Seilen zusammenbinden und auf einen Abhang legen, wo sie für die kleineren Kinder eine abenteuerliche motorische Herausforderung abgeben. Der Innenschlauch eines LKW-Reifens wird zu einer herrlichen Wiege. Ein Reifen an einem Seil wird zur Schaukel. Alles ist möglich mit Autoreifen.

Die Bedeutung der Umgebung

Tiere – aber nicht im Käfig

Großstadtkinder kommen selten in Kontakt mit Tieren, wie man sie auf dem Bauernhof findet. Es gibt Kinder, die noch nie ein lebendes Schwein gesehen haben und nicht wissen, woher die Milch kommt. In Dänemark hat man seit einiger Zeit angefangen, Tiere und Kinder bewusst zusammenzubringen. Aus meiner eigenen Kindheit erinnere ich mich an die Schildkröte, die zum Haus gehörte. Wir waren ständig damit beschäftigt, sie zu versorgen. Die meisten Kinder gehen gern mit Tieren um.

Auch wenn Haustiere in Kindergärten wegen der Allergiegefahr nicht erlaubt sind, gibt es doch im Außenbereich alle möglichen Tiere: Vögel, Regenwürmer, Spinnen, Ameisen und anderes kleines Getier. Vielleicht wagt sich sogar irgendwann ein Eichhörnchen, ein Kaninchen oder ein Igel in den Garten. Welche Tiere auch immer hier heimisch werden, es ist eine gute Gelegenheit, Kindern zu zeigen, was sie tun müssen, damit die Tiere sich bei ihnen wohl fühlen.

Auf jeden Hof gehört ein Sandkasten

Auf fast jedem Hof, in fast jedem Garten in Schweden gibt es einen Sandkasten mit Eimern, Schaufeln, Sieben, Kuchenformen, Plastikschlangen und Autos. Kinder spielen auf unterschiedliche Weise, aber Sand brauchen sie in jedem Alter. Kleine Kinder wühlen, graben und buddeln einfach im Sand herum, um ihn zu spüren, während die größeren Kinder meistens einen konkreten Plan verfolgen. Sie bauen und konstruieren. Ein Sandkasten braucht Sonne und Schatten, und der Sand sollte an einigen Stellen feucht, an anderen trocken sein. Die Konsistenz von Sand selbst lädt die Kinder zu den unterschiedlichsten Spielen ein.

Aber er eignet sich nicht nur zum Bauen, er hat auch eine heilende Wirkung. Im Sand können Kinder durch das Spiel Konflikte ausdrücken oder Dinge verarbeiten, die sie nicht verstehen. In manchen Kindergärten geben die Betreuer den Kindern daher besonders viel Freiraum für das Spiel im Sand. Wenn die Kinder z. B. eine Familiensituation gestalten und verarbeiten müssen, dürfen sie dazu Gegenstände aus der Puppenecke mit in den Sandkasten nehmen. Und wenn die Betreuer ein Auge darauf haben, was die Kinder zum Spielen brauchen, können sie Gegenstände bereitstellen, die den Sand nicht übelnehmen.

Und der Schnee!

Wir leben in einem Land, in dem es die Hälfte des Jahres sehr kalt ist. Aber auch in wärmeren, schneeärmeren Regionen sollte man den Schnee nicht außer Acht lassen, wenn man den Außenbereich plant. Der erste Schnee wird von den Kindern immer mit großer Begeisterung aufgenommen, und er bietet alle möglichen Erfahrungen. Er fällt leise, wird zu einer weißen Decke, und wenn die Sonne scheint, funkelt er wie Kristall.

Solange es kalt ist, knirscht der Schnee unter den Füßen, und wenn es taut, macht er platschende Geräusche. Schnee lässt sich zu Bällen formen. Viele Schneebälle ergeben eine Höhle, und aus festen Schneehaufen kann man große oder kleine Figuren modellieren.

Man kann Schnee bemalen, sowohl glatte als auch geformte Flächen. Mit Hilfe von Wasser, Schnee und Kälte können Kinder Eisskulpturen gestalten. Und wenn es nur kalt ist, aber kein Schnee liegt, kann man auch Wasser in einem Eimer einfrieren und Eislaternen bauen, in die man eine Kerze setzt.

In Milchpaketen lassen sich Ziegelsteine aus Eis herstellen. Aus diesen Steinen kann man große Eislaternen bauen, und wenn das Wasser vor dem Einfrieren eingefärbt wurde, funkeln die Laternen wie Edelsteine. Wenn man die Farbe ganz vorsichtig hineinlaufen lässt, ohne umzurühren, entsteht Eismarmor.

Und schließlich ist es für jedes Kind spannend, zuzusehen, wie die Eislaternen langsam wieder schmelzen, bis nur noch eine Wasserpfütze mit ein wenig Farbe darin zu sehen ist.

Eine eigene Eisbahn

Eine Eisbahn zu bauen ist nicht schwierig. Wenn man sie begrenzen will, baut man am besten zunächst einen Rahmen aus Holz.

Kindergartenkinder brauchen keine große Eisbahn, aber sie helfen gern beim Bauen. Diese Arbeit dauert mehrere Tage. Wenn die Kinder dann endlich ihre Schlittschuhe mitbringen und das Eis zum ersten Mal ausprobieren dürfen, sind sie mächtig stolz auf das Erreichte.

Um müde Füße auszuruhen, braucht man eine Bank, die an der Eisbahn aufgestellt wird. Und wenn es dann noch ein Feuer gibt, an dem man sich wärmen kann, und ein Stockbrot oder eine Wurst zum Grillen, ist das Abenteuer perfekt.

Doppelseile zum Balancieren

Wenn es im Außenbereich zwei kräftige Bäume gibt, die ein Stück voneinander entfernt stehen, ist dies ein ausgezeichneter Platz für zwei Seile zum Balancieren.

Dazu werden zwischen den Bäumen zwei kräftige Seile aufgehängt, eines wenige Zentimeter über dem Boden und eines in der richtigen Höhe, sodass die Kinder sich mit ausgestreckten Armen daran festhalten können, während sie auf dem unteren Seil balancieren.

Auch die Doppelseile werden schnell in viele Spiele integriert.

Kinder ohne Stress

Bedenkt man die durchschnittliche Lebenserwartung des Menschen, so sind es nur wenige Jahre, die Kinder von uns Erwachsenen vollständig abhängig sind. Wenn wir ihnen in dieser kurzen Zeit geben, was sie brauchen, wenigstens während der ersten sieben Jahre, bis sie selbst ein Teil unseres gesellschaftlichen Systems geworden sind, wäre schon viel gewonnen.

Kinder brauchen

- ihre Eltern
- Zeit, die sie mit ihren Eltern verbringen können
- andere engagierte Erwachsene
- anregende Aktivitäten, die ihrem Alter und Können angepasst sind
- Entspannung und Zeit nur für sich
- eine gute, anregende Umgebung, drinnen ebenso wie draußen.

Wie bereits gesagt, kann es nicht das Ziel sein, allen Stress aus dem Leben des Kindes zu verbannen. Das wäre zum einen unmöglich, und zum anderen würden wir unseren Kindern damit eine wichtige Antriebskraft für ihre Entwicklung nehmen. Man kann unseren Kindern vernünftigerweise nur wünschen, dass sie den Herausforderungen ihres Lebens gewachsen sind, und dass sie ein gutes Selbstbewusstsein entwickeln. Die meisten Erwachsenen geben

Die Bedeutung der Umgebung

sich viel Mühe damit, eine Umgebung zu schaffen, in denen es ihren Kindern gut geht. Erwachsene, die sich darüber im Klaren sind, welche Situationen bei Kindern Stress hervorrufen können und welche Aktivitäten Stress abbauen helfen, können ihren Kindern besser dabei helfen, ein Gleichgewicht zwischen unausweichlichem Stress und wohltuender Ruhe herzustellen.

Denken wir noch einmal an das Bild der Waage mit den zwei Waagschalen. Was liegt in diesen Schalen? In der linken liegt alles, was Stress hervorruft, und in der rechten liegt alles, was dem Stress entgegenwirkt. Wiegt die rechte Seite schwerer, dann hat das Kind viele Erlebnisse, bei denen es ausruhen kann und die ihm helfen, den alltäglichen Stress und besonders belastende Situationen auszuhalten. Sind die beiden Waagschalfen im Gleichgewicht, so müssen wir darauf achten, dass dieses Gleichgewicht nicht gestört wird. Wiegt aber die linke Schale schwerer, so müssen wir ernsthaft darüber nachdenken, weshalb die Situation dieses Kindes so und nicht anders ist und was wir daran ändern können. In den allermeisten Fällen reicht der Einblick in die Situation des Kindes bereits aus, um wenigstens kleine Verbesserungen in die Wege zu leiten. Und selbst kleine Verbesserungen können sich auf das Leben und die Gesundheit des Kindes positiv auswirken.

Unterschiedliche Kinder halten unterschiedlich viel Stress aus. Was bei dem einen Kind Stress hervorruft, beeindruckt ein anderes Kind vielleicht überhaupt nicht. Deshalb ist es schwierig, einzelne Stressfaktoren in der Umgebung eines Kindes auszumachen. Aber das Kind signalisiert uns eindeutig, wenn etwas nicht stimmt. Wenn Sie ein solches Signal von ihrem Kind bekommen, kann es vielleicht nützlich sein, im Geist einmal die folgende Liste durchzugehen:

- Wecken Sie Ihr Kind morgens nicht zu spät.

- Geben Sie Ihrem Kind Zeit, in Ruhe zu essen.

- Versuchen Sie, Ihr Kind nicht dauernd zu ermahnen – das ist ungeheuer schwierig!

- Denken Sie darüber nach, wie viele Stunden Ihr Kind für freies Spielen zur Verfügung hat.
- Begrenzen Sie die Zeit, die Ihr Kind vor dem Fernsehgerät verbringt.
- Helfen Sie Ihrem Kind, seinen Fernsehkonsum in vernünftige Bahnen zu lenken.
- Schalten Sie das Fernsehgerät aus, wenn niemand zuschaut.
- Vermeiden Sie unnötigen Lärm.
- Lassen Sie nicht ständig das Radio dudeln.
- Stellen Sie Forderungen an die Gesellschaft, engagieren Sie sich in Bereichen, die Ihre Kinder angehen.
- Sprechen Sie mit den Betreuern im Kindergarten, im Hort oder in der Schule über die Situation Ihres Kindes.
- Denken Sie darüber nach, ob Ihr Kind vielleicht zu wenig anregende Aktivitäten hat.
- Schränken Sie die Aktivitäten ein, wenn der Terminkalender Ihres Kindes zu voll ist.
- Denken Sie darüber nach, ob Sie selbst, der Kindergarten oder die Schule vielleicht unrealistische Anforderungen an das Kind stellt.
- Kann es sein, dass das Kind um irgendetwas oder um irgendjemanden trauert?
- Sind Sie sicher, dass das Kind gut sieht und hört?
- Schläft und isst Ihr Kind gut und zu regelmäßigen Zeiten?
- Kinder können sich nicht beeilen. Wie oft fordern Sie Ihr Kind dazu auf?
- Könnten Sie mehr Zeit mit Ihrem Kind verbringen?
- Könnten Sie etwas an der Umgebung Ihres Kindes verändern, um den Stress zu verringern?
- Und schließlich: Tun Sie etwas gegen Ihren eigenen Stress!

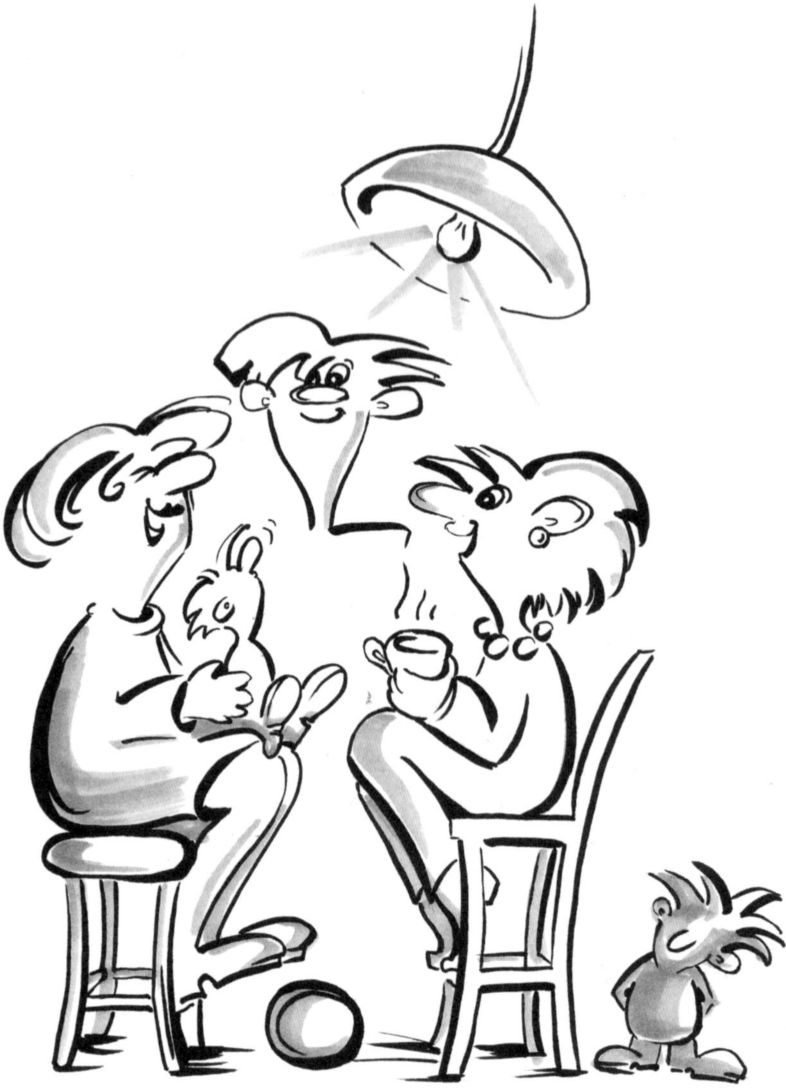

07

Acht Gesprächsabende zum Thema »Stress bei Kindern«

Der Inhalt dieses Buches eignet sich gut dazu, mit anderen Eltern oder mit Erziehern zu sprechen. Um die Planung zu erleichtern, ist im Folgenden ein Vorschlag für acht Gesprächsabende aufgezeichnet. Man kann diesen Plan natürlich verändern, sich auf die Fragen beschränken, die auf die aktuelle Situation passen, mehr oder auch weniger Treffen planen usw.

Ich wünsche Ihnen viel Erfolg dabei!

Stress und Stressfaktoren: zwei Gesprächsabende

Erstes Treffen: Stress in der heutigen Gesellschaft (Seite 13-42)

1 Beginnen Sie damit, Ihren eigenen Stress zu erforschen. Haben Sie Erfahrung mit kürzer oder länger andauerndem Stress? Welche Auswirkungen hat(te) das auf Ihr Wohlbefinden und Ihre Gesundheit?

2 Denken Sie an Beispiele für positiven und negativen Stress. Wie fühlt er sich an? Wie geht es uns bei positivem Stress? Und bei negativem?

3 Wie wird »Gehirnstress«, die Krankheit des 21. Jahrhunderts, unser Leben beeinflussen?

4 In welche Richtung müsste sich die Gesellschaft verändern, damit wir Stress vorbeugen könnten?

5 Sprechen Sie über die unterschiedlichen Fähigkeiten von Menschen, sich an Stress anzupassen. Was tun Sie selbst, um mit Stress zurechtzukommen?

6 Könnte eine niedrige Stresstoleranz die Ursache sein, warum so viele Kinder heute besondere Hilfe brauchen?

Stress und Stressfaktoren

Zweites Treffen: Was löst Stress bei Kindern aus? (Seite 43-75)

1 Wie hat sich die Situation der Kleinkinder verändert? Was ist besser geworden, was schlechter?

2 Wie denken Sie über die Aktivitäten von Kindern außerhalb von Schule und Kindergarten? Wie sollte der Terminkalender eines Kindes aussehen?

3 Sprechen Sie über das Verhältnis von Kindern zu Sport. Ist Sport ein Mittel zur Entspannung, oder bringt er zusätzlichen Leistungsdruck?

4 Wie haben Ihre eigenen oder andere Ihnen bekannte Kinder auf Situationen wie Arbeitslosigkeit, Trennung oder Scheidung der Eltern oder auf einen Todesfall reagiert?

5 Auf welche Weise können Entwicklungsverzögerungen beim Sehen, Hören oder Sprechen bei Kindern Stress auslösen?

6 Ist die Schule heutzutage ein Stressfaktor für Kinder? Wenn ja, auf welche Weise? Haben Sie schon einmal Burn-out-Symptome bei Kindern beobachtet? Wie sollte sich die Schule verändern?

Stressverhalten, Stress identifizieren und aushalten: zwei Gesprächsabende

Drittes Treffen: Stressverhalten bei Kindern (Seite 77-94)

1 Sprechen Sie über die Beispiele Frida, Lotta und Anders auf den Seiten 78-80 im Buch. Haben Sie ein ähnliches Verhalten bei Kindern erlebt? Auf welche Weise hätte man diese Signale deuten können? Wie könnte man solchen Kindern am besten helfen?

2 Sprechen Sie über die unterschiedlichen Stress-Signale, die auf Seite 80 genannt werden.

3 Welche körperlichen Symptome von Stress erkennen Sie wieder?

4 Sprechen Sie über die verschiedenen Wege von Kindern, ihrem Stress zu entgehen. Haben Sie derartige Fluchtreaktionen bei Kindern erlebt?

5 Sprechen Sie über das Kampfverhalten von Kindern, wenn es um Stress geht. Welches Verhalten tritt am häufigsten auf?

6 Sprechen Sie darüber, wie man Kummer und Stress begegnet. Gibt es Unterschiede?

Viertes Treffen: Welche Kinder kommen besser mit Stress zurecht als andere?
(Seite 95-115)

1 Überlegen Sie, in welchem Maße Kinder in Ihrer Umgebung mit Stress umgehen müssen. Nehmen Sie die Punkte auf Seite 95-97 zur Hilfe.

2 Gehen Sie den Stresstest auf Seite 97 am Beispiel eines Kindes durch. Glauben Sie, dass die dort erwähnten Ereignisse Kinder wirklich in der Weise beeinflussen, die der Test angibt?

3 Erkennen Sie an Kindern in Ihrer Umgebung die vier Strategien wieder, die auf Seite 102 erwähnt werden: Stressfaktoren umgehen, sich nicht beeinflussen lassen, sich mit dem Problem auseinander setzen oder einen Weg zur Entspannung finden?

4 Welche Erfahrungen haben Sie mit Kindern, die kreativ, zäh und selbstständig sind, deren Sozialverhalten und Selbstvertrauen gut ausgeprägt ist und die einen positiven Eindruck auf ihre Umgebung machen? Also mit Kindern, die über Eigenschaften verfügen, die nach Ansicht von Forschern bei Stress helfen (vgl. Seite 105)?

5 Welche anderen Eigenschaften haben Sie bei Kindern mit hoher Stresstoleranz noch erlebt?

6 Gibt es heute viele Kinder, die nicht warten können oder die die Befriedigung eines Wunsches/Bedürfnisses nicht aufschieben können? Wenn ja, woran kann das liegen? Wie könnte man diese Fähigkeiten einüben?

Stress bei Kindern entgegenwirken: zwei Gesprächsabende

Fünftes Treffen: Das Verhalten der Erwachsenen (Seite 117-129)

1 Warum, glauben Sie, stressen Eltern ihre Kinder, obwohl die meisten das nicht wollen (vgl. Seite 119)?

2 Sprechen Sie über den Unterschied zwischen Entwicklungsstress und Kraftstress. Erinnern Sie sich an Fälle, wo Sie Kinder gestresst haben?

3 Sind die Erwartungen, die man heute an Kinder stellt, ihrem Alter und ihrer Reife angemessen?

4 Was bedeutet es für Sie, Grenzen zu setzen? Gehört es zum Erwachsensein, oder können Grenzen Kinder hemmen und einschränken? In welchen Situationen ist es besonders schwer zu entscheiden, welche Grenzen gelten sollen?

5 Sprechen Sie über unterschiedliche Erziehungsmodelle und ihre Konsequenzen (vgl. Seite 124-125). Welche Eigenschaften erkennen Sie bei sich selbst oder bei anderen Eltern wieder?

6 Wie empfinden Sie den heute so viel beschworenen Zeitmangel? Glauben Sie, dass Kinder so viel Zeit mit ihren Eltern verbringen, wie sie brauchen?

Sechstes Treffen: Spiel und Empathie gegen Gewalt (Seite 130-161)

1 Auf welche Weise, glauben Sie, kann man die Entwicklung von Gefühlen und Empathie bei Kindern fördern? Wie kann man seinen eigenen und anderen Kindern ein guter Begleiter in der Welt der Gefühle sein?

2 Auf welche Weise kann Spielen den Stress von Kindern verringern?

3 Wie erleben Sie die Spiele von Kindern? Glauben Sie, dass Kinder heute anders spielen als in Ihrer eigenen Kindheit?

4 Haben Kinder heute ausreichend Zeit für freies Spiel im Verhältnis zu geplanten Aktivitäten? Glauben Sie, dass auch ältere Kinder mehr Zeit zum Spielen brauchen?

5 Wie beurteilen Sie den Einfluss von Gewaltspielzeug und Gewalt in den Medien (Video) auf Kinder? Können Kinder heute mehr Gewalt ertragen als früher?

6 Welchen Einfluss haben »soap operas« im Fernsehen auf Kinder?

Abschalten und das Selbstvertrauen stärken: ein Gesprächsabend

Siebtes Treffen: Lebenstüchtigkeitstraining für Kinder (Seite 163-219)

1 Was halten Sie von Massage im Kindergarten und in der Schule? Auf welche Weise könnten sie zu einem natürlichen Bestandteil der Schul- und Kindergartenzeit werden? Massieren Sie Ihre Kinder zu Hause, oder würden Sie es gern tun?

2 Sprechen Sie über die Snoezelen-Methode. Könnte sie in die Einrichtung passen, in der Ihr Kind betreut wird, oder in die Einrichtung, in der Sie arbeiten? Könnte man die Methode auch zu Hause anwenden?

3 Sprechen Sie über die vier Stufen, die auf Seite 206-207 erwähnt werden. Auf welche Weise könnten Sie dieses Modell auf sich selbst anwenden?

4 Wie könnte man Übungen in Lebenstüchtigkeit und Entspannungsübungen im Kindergarten oder in der Schule anwenden? Und zu Hause?

5 Welche Bedeutung hat Musik für Sie? Wie, glauben Sie, werden Kinder von Musik beeinflusst? Wie würden Sie selbst Musik gern nutzen, zu Hause, im Kindergarten, in der Schule?

6 Was tun Sie gegen Ihren eigenen Stress, wenn Sie mit Ihren Kindern zusammen sind? Können Sie etwas tun, um sich gemeinsam zu entspannen?

Die Bedeutung der Umgebung: ein Gesprächsabend

Achtes Treffen: Die Bedeutung einer stressfreien Umgebung (Seite 221-249)

1 Sprechen Sie über Gruppengröße und Personalausstattung. Wie sollten diese idealerweise aussehen?

2 Wie denken Sie über den Lärmpegel in heutigen Kindergärten und Schulen? Wie könnten die Verhältnisse verbessert werden?

3 Wie sieht für Sie eine gute, anregende Umgebung für Kinder aus, was die Innenausstattung von Kindergärten und Schulen betrifft?

4 Wie sah der Hof oder Garten Ihrer Kindheit aus? Gibt es Dinge, an die Sie sich besonders erinnern und von denen Sie sich wünschen, auch heutige Kinder könnten sie erleben?

5 Sprechen Sie über die Unterschiede zwischen den Außenbereichen der beiden vorgestellten Kindergärten (Seite 232-234). Welchem von beiden ähnelt der Außenbereich, in dem sich Ihr Kind regelmäßig aufhält?

6 Wie sollte ein gut gestalteter Außenbereich im Kindergarten, ein Schulhof oder ein Spielplatz aussehen?

Literaturhinweise

Quellenverzeichnis

Antonovsky, Aaron: Hälsans mysterium. Natur och Kultur 1997

Bok, Sissela: Mayhem. Violence as public entertainment. Addison-Wesley 1998

Cederblad, Marianne: Salutogen miljöterapi i teori och praktik. Forskning om barn och familj nr 7. Institutionen för barn och ungdomspsykiatri. Lunds universitet 1996

Dyregrov, Atle & *Raundalen:* Sorg och omsorg. Studentlitteratur 1994

Elkind, David: Det hetsade barnet. Att stressas in i vuxenvärlden. Natur och Kultur 1981

Ellneby, Ylva: Barns rätt att utvecklas. Utbildingsradion 1991

Gottman, John: EQ för föraldrar. Hur du utvecklar känslans intelligens hos ditt barn. Natur och Kultur 1998

Grahn, Patrik: Ute på Dagis. Lantbruksuniversitetet i Alnarp 1997

Konarski, Kristoffer: Jordmån för ett gott liv. Kommentus Förlag 1992

Lagercrantz, Hugo: När livet börjar. Natur och Kultur 1998

Miller, Mary Susan: Stressade barn. Forum Förlag 1982

Näsman, Elisabet & *Gerber, Christina von:* Mamma pappa utan jobb. Rädda Barnen 1998 *o. V.:* Förskoletidningen nr 3, 1998. Temanummer om barnmassage.

o. V.: Barnrapporten. Kunspaksbaserat folkhälsoarbete för barn och ungdom i Stockholms län. Stockholms Läns Landsting 1998

Pramling, Ingrid: Barnomsorg för de yngsta – en forskningsöversikt. Allmänna Förlaget 1993

Solin, Elisabeth & *Orlick, Terry:* Visst kann du! Livsfärdighetsträning i förskola och skola. Läromedia 1998

Uvnäs Moberg, Kerstin: Lugn och beröring. Oxytocinets läkande verkan i kroppen. Natur och Kultur 2000

Weiterführende Literatur

Einige der Titel, auf die sich die Autorin stützt, liegen auch in einer deutschen Übersetzung vor:

Antonovsky, Aaron: Salutogenese. Zur Entmystifizierung der Gesundheit. Tübingen: dgvt-Verlag 1997

Elkind, David: Das gehetzte Kind. Werden unsere kleinen zu schnell groß? Bergisch Gladbach: Lübbe 1992

Ellneby, Ylva: Die Entwicklung der Sinne. Wahrnehmungsförderung im Kindergarten. 2. Auflage, Freiburg: Lambertus 1998

Gottman, John: Kinder brauchen emotionale Intelligenz. Ein Praxisbuch für Eltern. München: Heyne 1998

Weitere deutschsprachige Titel zum Thema »Kinder unter Stress«:

Karin Dörner u. a.: Geschichten für gestreßte Kinder. Freiburg: Herder 1995

Hampel, Petra u. a.: Anti-Streß-Training für Kinder. Weinheim: Psychologie Verlagsunion 1998

Lene Mayer-Skumanz u. a.: Mit dem Tiger um die Wette. Geschichten, Tipps und Übungen bei Prüfungsangst und Stress. Freiburg: VAK 1999

Lohaus, Arnold u. a.: Kinder im Stress. Und was Eltern dagegen tun können. München: C.H. Beck 1999

Vopel, Klaus W.: Kinder ohne Stress. 5 Bände. Salzhausen: iskopress 1994 ff.

Register

A

Adrenalin 44
Allergien als Folge von Stress 81
Anpassung an Stress 39 f.
Anti-Stress-Faktoren 110 ff.
Arbeitslosigkeit 55

B

Bedürfnisse von Säuglingen 45
Berührungsspiele
  für größere Kinder 176 f.
  für kleine Kinder 176
Bewegung, Hindernisbahn 208
binokulares Sehen 62
Blaumeisen-Gruppe 21
Burnout, Stadien des 73

C

Casa de los Niños 28 ff.

E

Eltern
  als Begleiter in der Welt der Gefühle 142 f., 147
  als Stressauslöser 118
  die nie Zeit haben 126
  Gefühlsleben der Kinder anregen 142
  und Stress bei Kindern 20
Anforderungen an 119 ff.
Aufgaben der 21
eigener Stress 120
Sorgen und Ängste 119
Verantwortung der 40 f.
emotionale Intelligenz 142 f.
  Merkmale 144
Empathie 136 ff.
  bei Kindern 25
  Entwicklung von 137
  Erziehung zur 139
Endorphine 44

Entspannungstechniken 164 ff.
Entspannungsübung
  Der stille Spaziergang 213
  Dusche 209
  Fantasiereise 209 f., 211 f.
Entwicklungsstress 120 f.
Erfahrungen, sinnliche 29
Erziehung, Grenzen setzen 121
Erziehungsmodelle 124 f.

F

Fluchtreaktionen 17

G

Gefühle, Umgang mit 130 ff.
Gefühlsleben, Entwicklung 131 ff.
Gewalt
  in den Medien 154
  und Empathie 157
  und Fernsehen 154 ff.
Gewaltdarstellungen 158

H

Hinterhofgestaltung 230, 236, 238 ff.
Hirnstress 37
Hörschäden 59 f.
Hörverstehen 63

I

Impulskontrolle 106

K

Kampfverhalten
  Aufmerksamkeit erregen 90
  Kraftausdrücke 88 f.
  physische Gewalt 88 f.
  Trotz 88 f.
  Zerstörungswut 88, 90

Register

Kinder
erniedrigen 140 f.
Flucht vor Problemen 82 f.
gewalttätige 158 ff.
Kampfverhalten 87, 89
lieben 145
massieren 166 f.
Reaktion auf Arbeitslosigkeit 57
Reaktion auf Scheidung 53 f.
Sehfähigkeit 61 f.
Spätentwickler 68
Sprachentwicklung 64
Sprachvermögen 67
Stressresistenz 105
therapeutische Hilfen für 127
Umgang mit Stress 105 f.
und Berührungen 29
und Gefühle 29, 130
und Gefühlsausbrüche 125
Kindergarten 21 f.
Akustik 223 f.
Einrichtung und Gestaltung 231 ff.
Snoezelen im 188 ff.
Umgestaltung 184 ff.
Verhältnis Kinder – Erwachsene 222
Zwischenmahlzeiten 226
Kindergartenkinder und Stress 113
kindgerechte Umgebung schaffen 238 ff.
Konzentrationsfähigkeit und Stress 228
Kraftstress 120 f.
Krankheiten, psychosomatische 18
Kummer, Spätfolgen von 91 f.

L

Lärm 58 ff., 61, 224
Lebenseinstellung 109
Lebenstüchtigkeit, Training 207

M

Massage 26
Massagegeschichte 168
Massagepause 165 f., 202 f.
in der Schule 170
Rückenmassage, einfache 173
Mobbing 136 ff.
Musik
in der Kinderkrippe 215 f.
und Entspannung 218
und Intelligenz 218

N

Natur, Erholungswert der 226 f.

O

Oxytocin 26

P

Posttraumatisches-Stress-Symptom 93
Pubertät, Verlauf und Probleme 74

R

Rollenspiele 179

S

Säugling
Bindung an die Eltern 47
Geschmacksempfindungen 47
inneres Gleichgewicht 45
Kontakt mit den Eltern 46
Schlafschwierigkeiten 46 f.
schreiende Säuglinge 46 f.
und Stress 39, 44 f.
Wachphasen 45
Scheidung 55
Schule
Bewegungsfreiheit im Klassenzimmer 71
Burnout-Symptome 72
Zimmer für die Sinne 200 f.
Schulkinder, Stress bewusst machen 206
Sehstörungen 62
Selbstvertrauen entwickeln 211
Snoezelen 26, 186 ff.
Bällchenbad 194, 199
Fühlzimmer 198

im Kindergarten 188 ff.
Meereszimmer 192 f.
Sprudelbad 197
Weißraum 190 f., 198
Wirkungen 187
Zimmer für die Sinne 196
Spielen 150 f.
  freies 151
  in der Natur 229 f.
  mit Tönen 217
  und Schulkinder 152
Sport, Überforderung beim 69
Stottern 66
Straßenverkehr, Gefahren für Kinder 70
Stress
  als Krankheitsauslöser 37, 108 f.
  Definition 15, 34 f.
  entgegenwirken 24 f., 117 ff.
  erkennen 206, 208
  identifizieren 95 ff.
  negativer 38 f.
  positiver 38 f.
  Ursachen bei Kindern 49 ff.
  während der Geburt 43
  während der Schwangerschaft 43
Stressabbau 163 ff.
  durch Berührungsspiele 175 ff.
  durch eine ansprechende Umgebung 183 ff.
  durch Massage 164 ff.
  durch Musik 215 ff.
  in Kindergärten 204
  Tricks 202 f.
Stressfaktor 15 f., 34 ff.
  Arbeitslosigkeit 55 f.
  Beziehungen zu anderen Menschen 49
  Essen 47 f.
  Gewalt 154 ff.
  Lärm 58 ff.
  mangelnde Anregung 51
  mangelnde Aufmerksamkeit 50
  Pubertät 74
  Scheidung der Eltern 53 f.
  Schule 71
  Spätentwicklung 68

Sprachschwierigkeiten 65
Straßenverkehr 70
überfüllter Terminkalender 51 f.
Umgebung 222 ff.
zuwenig Raum 50
Stressforschung 35
Stresshormone 36
Stressreaktionen 17, 35
  Abschalten 82
  Angst und Phobien 83
  Apathie 86
  Fernsehen 83, 86
  Krankheiten 83, 86
  Kummer 91
  Leugnen 82
  posttraumatische 93
  Schlaf 82, 86
  Schuleschwänzen 86
  Sex und Drogen 87
  übertriebene Schularbeit 86
  Vergessen 83
Stresssignale 80
Stresssymptome, körperliche 83
Stresstest 97 ff.
Stresstoleranz 77 ff.
Stressverhalten
  Symptome 78 ff.
  Ursachen 78 ff.
  von Kindern 26
Stressvermeidung 102 f.
Symptome, psychosomatische 84

T

Teenager, Fluchtverhalten 86
Tomatis-Methode 64 f.

U

UNO-Deklaration über die Rechte der Kinder 30

Y

Yoga-Übung für Kinder 180 f.

Z

Zorn, Umgang mit 123

Stevanne Auerbach
**SQ –
Spielerische Intelligenz**

Nach IQ und EQ macht nun der SQ von sich reden. Stevanne Auerbach alias »Dr. Toy« stellt den Spielquotienten in den Mittelpunkt ihrer Studien, deren Ergebnisse sie in diesem informativen und gut verständlichen Ratgeber zusammengefasst hat.

Eltern lernen nicht nur, welches Spielzeug für welche Altersgruppe geeignet ist, sondern wie Spielen Lebensfreude, Selbstbewusstsein und Selbstwertgefühl des Kindes sowie dessen eigene Motivation zum Lernen fördert. Spielen stellt eine der wichtigsten Aktivitäten für Heranwachsende dar, da im Spiel der Umgang mit den Altersgenossen, Sprachfähigkeit und abstraktes Denken erprobt werden. SQ lädt Eltern zu einer »Spielreise« mit ihren Kindern ein, welche sie in ihre eigene Kindheit zurückführt und Erinnerungen an den lang vergessenen Lieblingsteddy weckt. Die Weitergabe der eigenen Spielerfahrung, ergänzt durch Auerbachs Spielideen, bringt eine völlig neue, innige Eltern-Kind-Beziehung hervor, die nicht nur eine schnellere Entwicklung des Kindes fördert, sondern auch das Verständnis der Eltern für den Entwicklungsprozess ihres Sprösslings öffnet.

Hardcover   236 S., 2-farbig, 25 Illustr., 15 Fotos, 14,2 x 21,7 cm
ISBN 3-89530-066-7   DM 31,80 [ab 1.1.02 15,90 € (D)]
SFr 29,00   öS* 232,00 [ab 1.1.02 16,40 € (A)*]
unverb. empf. Preis

Wolfgang Bergmann
Gute Autorität

Autoritär erzogene Kinder sind glückliche Kinder. In der aktuellen Diskussion die Grundlagen moderner Erziehung vertritt der renommierte Kinderpsychologe Wolfgang Bergmann diesen Standpunkt mit allem Nachdruck.

Dabei legt Bergmann dem Begriff Autorität eine völlig neue Bedeutung bei, indem er autoritäre Eltern als liebevoll, verlässlich und entschlossen definiert, als Eltern, die ihre Kinder nicht zu kleinen Tyrannen werden lassen, sondern aktiv zu sozialen, einfühlsamen und selbstbewussten Persönlichkeiten erziehen.
An zahlreichen Praxisbeispielen zeigt er, wie sich mangelnde Erziehung auf kindliches Verhalten auswirkt, welche Folgen falsch verstandene Elternliebe nach sich zieht – und wie Eltern wieder Einfluss auf das Verhalten ihrer Sprösslinge nehmen können.

Hardcover   216 S., 14,2 x 21,7 cm
ISBN 3-89530-062-4   DM 31,80 [ab 1.1.02 15,90 € (D)]
SFr 29,00   öS* 232,00 [ab 1.1.02 16,40 € (A)*]
unverb. empf. Preis

Kevin Steede
Die 10 goldenen Regeln guter Eltern

Zehn Goldene Regeln:
eine Grundlage für dynamische und effektive Erziehung im 21. Jahrhundert.

Die Zeit
»... der Ratgebermarkt blüht, auf dem dies Buch des amerikanischen Familientherapeuten Steede ein Lichtblick ist.«

Ein Buch für Eltern, die ihre Kinder nicht ›so nebenbei‹, sondern bewusst erziehen wollen. In zehn Kapiteln widmet sich der Autor zehn Problemfeldern, die bei der Kindererziehung auftreten können. Als Lösungsvorschläge bietet er »Zehn Goldene Regeln« an, mit denen Eltern die häufigsten Fehler bei der Erziehung vermeiden und eine positive Grundeinstellung entwickeln können.

Paperback   208 S., 2-farbig, 10 Illustr., 12 Fotos, 15 x 23 cm
ISBN 3-89530-031-4   DM 29,80 [ab 1.1.02 14,90 € (D)]
SFr 27,00   öS* 218,00 [ab 1.1.02 15,40 € (A)*]
unverb. empf. Preis

Gisela Preuschoff,
Rona Mohr
**Störenfriede, Nerven-
sägen Quälgeister**

Die Befunde sind alarmierend: immer mehr Kinder zeigen Verhaltensstörungen, sind aggressiv und zappelig.

Anhand zahlreicher Beispiele legen die Autorinnen die Schwierigkeiten im Umgang mit hyperaktiven und aggressiven Kindern dar. Ihre Diagnose: oftmals ist die Ursache für Hyperaktivität und Aggressivität auf das Verhalten von Eltern zurückzuführen, die zu wenig Zeit mit ihren Kindern verbringen. Mit mehr als 30 Übungen, Meditationen und Spielen gibt dieser Ratgeber Erziehenden wertvolle Hilfestellungen zur Bewältigung des Alltags mit Problemkindern an die Hand.

Hardcover   200 S., 2-farbig, 26 Fotos, 14,2 x 21,7 cm
ISBN 3-89530-058-6   DM 31,80 [ab 1.1.02 15,90 € (D)]
SFr 29,00   öS* 232,00 [ab 1.1.02 16,40 € (A)*]
*unverb. empf. Preis

Steve Biddulph
Das Geheimnis glücklicher Kinder

Dieser Bestseller unter den Erziehungsratgebern erklärt, was wirklich in den Köpfen der Kinder vor sich geht – und wie man am besten darauf reagiert.

Steve Biddulph ermöglicht Eltern, mit ihrem Nachwuchs wieder fröhlicher, konfliktfreier und entspannter umzugehen.

Südwestrundfunk
»Der beste Erziehungs-Ratgeber seit langem. Ein wunderbares Buch für ›Praktiker‹, dem es gelingt, mit ›Aha‹-Erlebnissen bei der Lektüre wirklich weiterzuhelfen.«

Paperback   208 S., 2-farbig, 74 Illustr., 15 x 23 cm
ISBN 3-89530-900-4   DM 29,80 [ab 1.1.02 14,90 € (D)]
SFr 27,00   öS* 218,00 [ab 1.1.02 15,40 € (A)*]
                              *unverb. empf. Preis

Evi Crotti, Alberto Magni
Die verborgenen Ängste der Kinder

Neben Wut, Freude und Trauer ist Angst eine der vier grundlegenden Gefühlsregungen des Menschen.

Demgemäß ist auch die psychische Welt der Kinder von vielen Ängsten geprägt, von Ängsten, die wir Erwachsenen uns oftmals nur »ausgeredet« haben.
Dr. Evi Crotti und Dr. Alberto Magni schildern deshalb zunächst, in welchem Alter Kinder üblicherweise mit welchen (entwicklungsbedingten) Ängsten konfrontiert werden und wie Eltern diese anhand der Kinder-Zeichnungen erkennen können.
In zweiter Linie gehen Dr. Evi Crotti und Dr. Alberto Magni auf Ängste ein, die nicht in das kindliche Entwicklungsschema passen.

Hardcover   224 S., 4-farbig, 25 Illustr.,15 Fotos, 14,2 x 21,7 cm
ISBN 3-89530-042-X   ca. DM 33,80 [ab 1.1.02 16,90 € (D)]
SFr 30,00   öS* 247,00 [ab 1.1.02 17,40 € (A)*]
unverb. empf. Preis